杜威

教育薪火书系·第一辑

传奇教育家杜威

杨光富◎著

山西出版传媒集团
山西人民出版社

图书在版编目（CIP）数据

传奇教育家杜威/杨光富著.—太原：山西人民出版社，2018.10(2021.6 重印)
（教育薪火书系/张斌贤主编）
ISBN 978-7-203-10463-6

Ⅰ. ①传… Ⅱ. ①杨… Ⅲ. ①杜威（Dewey. John 1859-1952)-教育思想-研究 Ⅳ. ①G40-097.12

中国版本图书馆 CIP 数据核字(2018)第 134604 号

传奇教育家杜威
CHUANQI JIAOYUJIA DUWEI

著　　者：杨光富
责任编辑：贾　娟
复　　审：赵虹霞
终　　审：阎卫斌
装帧设计：李尚斌　张国仁

出 版 者：山西出版传媒集团·山西人民出版社
地　　址：太原市建设南路 21 号
邮　　编：030012
发行营销：0351-4922220　4955996　4956039　4922127(传真)
天猫官网：https://sxrmcbs.tmall.com　电话:0351-4922159
E - mail：sxskcb@163.com　发行部
sxskcb@126.com　总编室
网　　址：www.sxskcb.com

经 销 者：山西出版传媒集团·山西人民出版社
承 印 厂：山西出版传媒集团·山西人民印刷有限责任公司

开　　本：787mm × 1092mm　1/16
印　　张：16.5
字　　数：300 千字
印　　数：3001—13000 册
版　　次：2018 年 10 月　第 1 版
印　　次：2021 年 6 月　第 2 次印刷
书　　号：ISBN 978-7-203-10463-6
定　　价：82.00 元

教育薪火　传承不息(总序)

钟秉林

在人类的历史长河中,教育一直伴随人类的文明进程在不断发展进步,那些弥足珍贵的教育著作、教育思想、教育人物和事迹,无时无刻不在拨动着教育工作者的心弦。我们永远无法忘记那些给我们留下宝贵思想财富的教育家,他们的思想、言论和实践,依然是激励我们教育工作者前进的动力。时至今日,教育的发展与变革更成为世界各国应对日趋激烈的国际竞争的重要战略。在科教兴国战略的指导下,党和国家对教育工作给予了高度的重视,深刻认识到教育家对教育事业的重要性。《国家中长期教育改革和发展规划纲要(2010—2020年)》就明确提出:“创造有利条件,鼓励教师和校长在实践中大胆探索,创新教育模式和教育方法,形成教学特色和办学风格,造就一批教育家,倡导教育家办学。”

要想成长为教育家或者在教育实践中能够起到扛鼎作用并非易事,需要我们教育工作者吸收过往教育家留下来的丰富教育营养,清晰地认识什么是真正的教育家,教育家应该具备什么样的素质和条件,做到融会贯通,大胆实践,自成一家。与此同时,在教育改革的大背景下,普通教师同样迫切需要能够在教书育人过程中得到启迪和突破的催化剂,教育家的思想和实践是经过检验的真理,是教学启迪催化剂的最佳选择。

然而,在浩瀚的书海中,以教育家为主线、囊括中外、跨越古今、自成体系的书系并没有面世。策划团队在教育的广袤园地上深耕多年,熟知一线教师的需求,希望为普通教师策划一套教育理论普及读物,以使广大中小学教师能够“近距离”地接触中外历代教育家的教育思想、实践经验和办学理念,促进教育理论水平的提高,从而更好地开展教育教学实践。书系的策划人与张斌贤教授为理事长的中国教育学会教育史分会的夙愿不谋而合,合作编写一套大规模的、以教育家为主线的书系的想法随之形成。

策划团队把书系命名为“教育薪火”,是希望教育家的教育思想能够薪火相传,不断推动人类文明的发展。“教育薪火”书系拟分为三辑出版,按照中国古代、中国近现代、外国古代和外国近现代分类。第一辑共选择了一百余位中外教育家,一位教育家一本书,规模宏大,应该说能够在中国教育出版史上留下浓墨重彩的一笔。所选教育家都是经过书系编委会认真研究、充分论证而定的,他们在教育史上有较大的影响,能够启迪或者感染教育工作者,推进教育和教学的发展。当然,其中有的教育家更为名声在外的不是在教育上,但是他们在教育上的贡献毫不逊色于其他方面的贡献,比如我们熟知的一些革命家;另外,还包括了一些具有地方特色的教育家以及还没有被人们真正认识的教育家。

必须提及的是,中国教育学会教育史分会非常荣幸地邀请到我国著名的教育学者顾明远教授、叶澜教授、史宁中教授、宋乃庆教授、田正平教授、裴娣娜教授和朱小蔓教授等担任书系的顾问,成立了由40多位教育学界具有重要影响的学者组成的编委会,为书系的质量保驾护航。

还需提及的是,策划团队为物色学有专长的作者付出了巨大的辛劳。书系的作者地域和院校分布广泛,既有北京师范大学、华东师范大学、东北师范大学、华中师范大学、陕西师范大学、南京师范大学、首都师范大学等师范院校的学者,也包括武汉大学、四川大学、南京大学、南开大学、天津大学、河北大学、河南大学等综合大学的学者。作者以教育史专业的中青年教师为主力军,他们朝气蓬勃、时代感强,研究范围涉猎较广,能大胆地探索和怀疑,一些新的教育研究成果不断涌现,为书系注入了难得的新鲜气息;他们与一线中青年教师同处一个频道,其思维模式很容易被接受。

客观而言，现在每年出版的教育类图书很多很多。一类为实践性强和操作性强的教学类图书，教师拿来就可以在课堂上使用；另一类为理论性强和学术性强的图书，印数少，流通范围小，普通教师往往望而却步。然而，教育理论只有指导教育实践才有存在的价值。在我看来，书系最具特色的价值就是秉承了教育理论通俗化这一理念，在教育理论研究者和普通教师之间架起了一道桥梁。书系以教育家为主线，坚持学术性与普及性并重，用通俗化的语言，或阐述教育家的教育思想精华，或叙写教育家的精彩教育事迹和教育实践，力图"润物细无声"，让教师喜欢读，在读中提高素养，深刻理解教育家，形成自己的理论，推进"教育家办学"。

当然，书系在真实性上也颇下功夫。以史料为依据，实事求是叙述，客观全面评价，不有意拔高教育家的贡献，注重教育家闪光点的挖掘和传播，是教育家历史画卷现代版的呈现。书系成规模、系统化，学术性和可读性强，具有较强的收藏价值，非常适合各中小学图书室和大学图书馆选择配置。

中国教育学会教育史分会为教育事业做了一件好事，张斌贤理事长请我作序，我觉得理应支持，欣然应允。

希望广大教育工作者能够认真阅读这套图书，为自己的教育职业生涯发展打下坚实基础，为成长为新时期的教育家而不懈努力。

丁酉年正月于北京

（作者系中国教育学会会长、北京师范大学原校长）

前　言

约翰·杜威(John Dewey,1859—1952),美国现代著名的教育家,实用主义教育思想的创立者。在他长达九十多年的人生和学术道路中,曾先后在佛蒙特大学、约翰·霍普金斯大学求学,之后还在密歇根大学、芝加哥大学和哥伦比亚大学三所高校做过大学老师,一直到1930年退休。他曾到过日本、中国、土耳其、墨西哥和苏联等国,考察各国基础教育状况,并宣传他的实用主义教育思想。杜威被誉为20世纪最伟大的教育思想家之一,他的实用主义教育思想"不仅在美国,而且在其他国家产生了最广泛和最深刻的影响"。

杜威一生在哲学、教育学和心理学等方面写了大量的著作和文章。他的教育著作主要有:《我的教育信条》(1897)、《学校与社会》(1899)、《儿童与课程》(1902)、《民主主义与教育》(1916)和《经验与教育》(1938)等。其中,1916年出版的《民主主义与教育》一书全面阐述了他的实用主义教育理论,是其教育著述的代表作。该书出版后,曾被译成许多国家的文字,产生了世界性的学术影响。学界把这本书与柏拉图的《理想国》、卢梭的《爱弥儿》一起视为外国教育史上三个里程碑式的著作。本书稿的研究撰写于2016年正式启动,恰逢《民主主义与教育》出版100周年,因此将书名确定为《传奇教育家杜威》,算作是本书著作者对杜威这本专著出版100周年的一个纪念。

本书以杜威实用主义教育思想为研究主线,共分十一章内容,各章具体内容如下:第一章"杜威的生平简介",对杜威的生平及成长经历进行了简单的回顾,重点梳理了杜威实用主义教育思想的形成脉络。第二章"杜威教育思想的渊源",论述了杜威实用主义教育思想产生的背景、实践基础和理论基础等。第三章"中学教书经历与职业生涯的确立”，考述了杜威在宾夕法尼亚州的石油城中学和佛蒙特州的莱克维尤高级中学三年鲜为人知的教书经历，以帮助读者了解这位教育家的成长历程以及他实用主义教育思想形成的历史渊源。第四章“芝加哥大学实验学校的实践”，阐述了杜威如何通过实验学校来孵化并检验他的实用主义教育思想的。第五章“构建新型的师生关系”，从批判传统师生关系出发，提出从儿童的兴趣、自由、师生平等诸方面构建新型的师生关系。第六章“以学生的兴趣设计课程”，论述了杜威实用主义课程观及对当前课程的影响。第七章“教育与生活”，对儿童的教育与生活问题进行讨论，提出学校教育要以儿童的生活为起点，联系更广泛的社会实际。第八章“学校与社会”，从教材、教学方法和行政管理等方面论述了如何使学校与社会保持一致的问题。第九章“思维与教学”，对什么是思维、我们该如何思维等问题进行了阐述，重点论述了思维与五步教学及其借鉴价值。第十章“教育与职业”，从职业教育的价值、狭隘的职业教育观分析出发，提出通过综合性课程实现职教与普教的融合，为人的一生发展奠定基础。第十一章“杜威的中国之行”，对杜威的中国之行、影响及其原因进行了全面的分析。杜威的成长及实用主义教育思想的形成得益于母亲自小对他的严格要求、大学时代托里（H.A.P.Torrey）教授的影响与帮助。加之，他对学术研究的热爱，并努力将理论研究与教育实践相结合，最终他也由一名普通的中学教师成为当代世界瞩目的教育家。

杜威的实用主义教育思想是在19世纪末20世纪初美国社会转型时期传统教育暴露出诸多弊端的历史背景下产生的。他亲身经历了这一时期美国由农业社会向工业社会的转变，亲眼目睹了美国传统学校割裂了学校与社会生活的联系，深切感悟到了学校教育已经无法满足美国工业化社会发展的需要。因此，在美国社会转型的背景下，杜威把实用主义哲学运用到了教育领域并结合自己的教育实践，最终创立了他的实用主义教育思想。

杜威实用主义教育思想全面系统地论述了教育与生活、学校与社会、经验与课程、思维与教学、教育与职业、儿童与教师等多方面的关系，他的实用主义教育观点与主张至今仍熠熠生辉。在课程方面，杜威反对“传统教育”学科课程以及课程内容与儿童现实生活严重脱节的弊端，倡导要以儿童为中心，主张课程内容既要与社会生活相联系，又要符合儿童的天性。在教学方面，杜威提出了著名的“从做中学”的理论，认为“从做中学”要比“从听中学”更是一种较好的方法。在师生关系方面，杜威强调“以儿童为中心”，倡导“民主型”的师生关系。在职业教育方面，他认为不宜过早地为学生预先选择一份职业，强调把职业教育与个人兴趣联系起来，注重技术科目与人文科目的结合，走职业教育普通化、普通教育职业化之路，为全面提高人的素质打下基础。

我国著名的杜威研究专家赵祥麟教授曾指出：“只要旧学校里空洞的形式主义存在下去，杜威的教育理论将依旧保持生命力，并继续起作用。”因此，杜威的实用主义教育思想的提出虽然已经有一百多年了，但他的很多观点与见解对当代世界各国教育尤其是对我国当前和今后的基础教育仍具有较好的借鉴价值。当务之急，我们应该本着“古为今用”“洋为中用”的原则，尽快吸收、借鉴杜威实用主义教育思想的精华，更好地为我国基础教育改革与发展服务。

华东师范大学教育学部基础教育改革与发展研究所、教育学系　杨光富

目 录

第一章

杜威的生平简介

约翰·杜威(John Dewey,1859—1952),美国现代著名的教育家,实用主义教育思想的创立者

第一节 大学前的教育概况

约翰·杜威(John Dewey,1859—1952),美国现代著名的教育家,实用主义教育思想的创立者。1884年至1894年任教于密歇根大学。1894年,杜威任芝加哥大学哲学、心理学和教育学系教授、系主任。1896年,他开办了一所实验学校,即芝加哥大学初等学校(亦称“杜威学校”)。1904年,他转到哥伦比亚大学任教,一直到1930年退休。杜威先后担任过美国心理学联合会会长、美国大学教授联合会第一任会长、人民座谈会主席、独立政治联盟全国主席等职。1919年至1928年,他曾到过日本、中国、土耳其、墨西哥和苏联等国,期间考察教育状况,宣传实用主义教育思想。杜威被近代中国知识界誉为“美国教育大家”“世界思想领袖”,他的实用主义教育思想“不仅在美国,而且在其他国家也产生了最广泛和最深刻的影响”。有人说,杜威的教育学说,不仅塑造了现代的美国教育,且影响了全世界。

1859年10月20日,约翰·杜威在美国佛蒙特州柏林顿(Burlington)小镇上出生。他的父亲阿奇博尔德·斯普雷格·杜威(Archibald Sprague Dewey)出身农民家庭。在独立战争中,他曾在一个佛蒙特骑兵团里当过4年兵,后来成为当地的一个杂货店老板。母亲卢西娜·里琦(Lucina Rich)比他的父亲小20岁,出生在富裕的家庭里。杜威在家排行老三,他的兄长约翰·阿奇博尔德在两岁的时候因掉进沸水烫伤而死。兄长夭折40周之后,杜威出生了,父母以其兄长之名为之命名。杜威小时候是个害羞腼腆的男孩,他还有一个哥哥戴维斯·里琦·杜威(Davis Rich Dewey)及一个弟弟查尔斯·米纳·杜威(Charles Miner Dewey),他的哥哥后来成为一名著名的经济学家。

母亲与父亲之间,除了年龄和性格上的区别外,他们的婚姻是美满的。母亲为人热情,性格开朗,但对孩子的教育要求严格,杜威的女儿简·M.杜威(Jane M. Dewey)在《杜威传》一文中这样写道:“她对孩子们的要求是严格的,并对他们提出更多的具体目标。孩子们之所以摆脱家庭的传统，获得了大学教育，这主要应该归功于她的影响。”①

在母亲严格的家庭教育下，杜威度过了幼儿时代。1867 年 9 月，杜威在 8 岁那年进入当地公立学校第三区小学上学，这个镇的所有儿童几乎都进这所公立学校读书。在这所学校里，杜威学习了阅读、写作、修辞、算术、历史和地理等学科。

这所学校的设施非常简陋，教学方法也非常机械，没给杜威留下什么好感。但由于家庭的教养和性格的关系，他还能耐下性子跟着教程走。当时学校里的老师主要采用死记硬背的传统教育方法，这无疑为杜威后来反对传统教育提供了一个很好的素材。杜威的女儿认为：“在形成约翰·杜威教育理论的各种因素中，他童年时代的环境显然起了很大的作用……学校是一个惹人厌烦的地方，不仅对杜威的同伴来说是这样，而且对戴维斯和杜威自己来说也是如此。除学校课本外，他们几乎对阅读任何书籍都感兴趣。”②

由于杜威酷爱读书，除了学校的课本外，他还常常到当地的公共图书馆和佛蒙特大学图书馆广泛涉猎。为了买更多书籍阅读，杜威还和他哥哥一起为《柏林顿日报》分送下午版，为木材场清点木材，在亲戚的农场里做一些力所能及的事，然后用挣来的钱买各类书籍。他的母亲说，“当孩子们还在上学时，一所公共图书馆建立起来了，大学图书馆也增加了一批可供他们借阅的书籍。在一次书籍拍卖中，他们用自己辛苦挣来的钱买了一套钱伯斯的《百科全书》和一套《威弗利》小说集。后来，他们阅读了这些书籍。”③

1872 年，杜威进入柏林顿的一所中学。当时的中学分两个班，一个是大学预备班，另一个是不升学班。出于个人的兴趣和母亲的主张，杜威选择了前者。在学校里，杜威主要学习了拉丁文、希腊文、法文、文学和数学等课程。由于他天资聪颖、学习认真，仅用 3 年的时间就完成了 4 年的中学课程。1875 年，他以优异的成绩从中学毕业。

①[美]简·杜威：《杜威传》(修订版)，单中惠译，合肥：安徽教育出版社，2009 年版，第 6 页。
②[美]简·杜威：《杜威传》(修订版)，单中惠译，合肥：安徽教育出版社，2009 年版，第 9 页。
③[美]简·杜威：《杜威传》(修订版)，单中惠译，合肥：安徽教育出版社，2009 年版，第 7 页。

第二节　入读佛蒙特大学

1875 年，未满 16 岁的杜威进入佛蒙特大学（University of Vermont）读书，当时的学校校长由马修·巴克汉姆（Matthew Buckham）教授担任。杜威选择这所大学主要是因为学校离家很近，学费低廉，同时还能得到一些奖学金。当时，佛蒙特大学只是一所规模很小的农工学院，仅有 12 年时间的办学历史，全校只有 8 名教师和 100 名左右的学生。①

在杜威 1875 年进入佛蒙特大学之前，这所大学在哲学上盛行的超验主义已让位于苏格兰直觉主义，学校建立了英国语言文学、语言、数学（包括自然科学）和哲学四个系。整个学科结构的顶端是哲学。在杜威读大学的 4 年里，学院课程变成由五个系的教学组成：修辞和英语文学、语言、数学、自然科学和哲学。自然科学已从数学中脱离出来，自成一系，可见自然科学已然受到了学校的重视。然而，这一时期的课程中没有选修课。杜威上大学期间，所学的课程都是必修的。

大学的课程和高中差不多，主要有希腊文、拉丁文、修辞学、文学、历史、哲学、政治经济学和心理学等课程。在这所大学的前两年，学生们学习希腊文、拉丁文、古代史、解析几何和微积分等课程；第三学年，学生们学习的课程以自然科学为主，其中包括动物学、生物学、生理学等；而在大学的最后一年里，学校提供给学生的课程有政治经济学、国际法、（基佐的）文化史、心理学、伦理学、宗教哲学（以约瑟夫·巴特勒《自然宗教与启示宗教之类比》为教材）和逻辑学等课程，旨在给学生介绍一个更为广阔的学术世界，使他们在大学前三年里已经建立起来的学术知识结构更加完善。②

大学前两个学年所开设的课程没有给杜威留下深刻的印象。但是，在大学的

①[美]吉拉尔德·古特克：《教育学的历史与哲学基础：传记式介绍》，缪莹译，长沙：湖南教育出版社，2008 年版，第 456 页。

②单中惠：《现代教育的探索：杜威与实用主义教育思想》，北京：人民教育出版社，2002 年版，第 4页。

图书馆里，杜威阅读了当时正在流行的书籍和期刊。佛蒙特大学图书馆的记载证明，在杜威读大学一年级时，从图书馆借出的第一本书就是《思辨哲学杂志》(*Journal of Speculative Philosophy*)第一卷，即1875年5月刊。《思辨哲学杂志》当时是由威廉·多利·哈里斯(W.T.Harris)任主编。杜威在后来向哈里斯寄去他的第一篇哲学文章，题为《唯物论的形而上学假设》(*The Metaphysical Assumptions of Materialism*)，就足以证明《思辨哲学杂志》对其影响力之大。也就是在读大学一年级时，哲学期刊成了杜威关注的对象。另外，图书馆订阅了大量的期刊，杜威通过阅读这些期刊，了解到了他那个时代知识分子所争论的内容。

在读大学一年级时，杜威对政治哲学的兴趣就已经很浓了。他不仅借阅哲学杂志，还阅读了相关书籍。这一年，他读了托克维尔著的《论美国的民主》(*Democracy in America*)和巴杰特著的《物理学与政治学》(*Physics and Politics*)。到了大学二年级，杜威的思维在好奇心的带领下开始关注英国大学和德国大学之道，已经超出了佛蒙特州学校所教授的内容。[①]

由此可见，在佛蒙特大学的前两年，对杜威影响最大的不是课程而是从图书馆里借阅的书籍和杂志期刊。

然而，大学的第三学年开设的一门生物课程，引起了杜威极大的关注与兴趣。在杜威看来，最后一学年的“这些课程未必符合所确定的目的；但是，它却满足了我的爱好。我永远感谢我的最后一学年的大学教育”。

在大学所有的课程中，有两门课程对杜威后来的发展影响最大。一门是生物学，一门是哲学。

在杜威大三的时候，学校开设了生物学课程，所采用的课本是托马斯·亨利·赫胥黎(Thomas Henry Huxley，1825—1895)的《生理学基础》。赫胥黎是英国著名生物学家、近代人类学的奠基人。他长期从事生物学的研究和教学，仅1871—1881年期间就编写出版了包括教科书在内的10本权威性著作。《生理学

①[美]刘易斯·费尤尔：《约翰·杜威在大学期间的阅读》，《观念史杂志》1958年第19期，第420—421页。

基础》这本书，仅1868—1915年间美国就再版重印了29次。[①]这门课程为杜威提供了生物有机体及其各个部分相互依存的原理，给了他一种辨别力，使他有可能去观察以相互依存和相互联系的统一体为特征的实在。杜威承认自己受到了课程的影响，他对这门课评论道："要精确地讲出这么多年前我在学业上所发生的事情，是困难的；但是，我有一种印象，即从这门课程中学习到一种相互依赖和相互统一体观念。这种统一体观念给从前开始的一些学术活动提供了一定的形式，并产生了表现某种事物观点的形态或模式。任何领域的物质，都应该符合这种形态或模式。至少，它使得我下意识地期望一个世界和一种生活。在学习了赫胥黎的著作之后，我了解到，我所期望的这种生活将具有赫胥黎所描述的人类有机体生活的同样特点。总之，从这种学习中，我得到了很大的刺激，比我从以前的任何学习中所得到的刺激都多。虽然没有什么原因促使我继续学习那门特别的学科，但从这个时候起，我被唤起了对哲学的特有兴趣。"[②]

但真正引杜威走上哲学道路的是托里教授，在大学最后一年里，杜威接触到了托里教授执教的心理学和哲学课程。他通过哲学课程向同学系统地介绍了康德、黑格尔和谢林等哲学家的思想，杜威从中受益匪浅，杜威回忆说："佛蒙特大学教授托里先生是一个真正有见识和有教养的人，对美学具有明显的兴趣和爱好。……托里是一位优秀的教师，我的成长应该归功于他对我的双份恩惠：一是他使我的思想明确地转向了把哲学研究作为终生的职业；二是在那一年里他用了大量时间对我进行指导，我开始专心于哲学史方面经典著作的阅读，并学习富有哲理性的德国哲学著作。"[③]

1883年11月17日，杜威写给托里的信中也有一段话："我要感谢您的帮助，因为在我开始学习时您给我介绍了康德。我想，我对哲学已有了更好的了解，超过我用其他任何方法所了解的。……它必定会给我的全部思想引入一个彻底的变革，同时为我的其他阅读和思考提供了一个基础。"由此可见，托里教授在杜威的学术道路上产生的巨大影响。他跟杜威的关系可谓亦师亦友。不仅在佛

①赵祥麟主编：《外国教育家评传》（第二卷），上海：上海教育出版社，1992年版，第226页。
②[美]简·杜威：《杜威传》（修订版），单中惠译，合肥：安徽教育出版社，2009年版，第10页。
③[美]简·杜威：《杜威传》（修订版），单中惠译，合肥：安徽教育出版社，2009年版，第46—47页。

蒙特大学求学期间，托里教授给予杜威很大的指导和帮助，而且在杜威离开佛蒙特大学后很长一段时间，他们依然保持着联系。

正是由于托里教授的影响，激起了杜威对康德和德国哲学思想的兴趣。在阅读康德以及柯勒律治等人的哲学著作中，杜威渐渐总结出，他原来接受的宗教观念是被动的、外来的、他律的。然而随着理智与情感的成熟，杜威希望能转变这种被动的接受，走向自律和自立。在康德那里，杜威遇到了对于哲学问题的深刻辨析，一种强调行为的而非心灵被动的，因而令人兴奋的认识论，还有通过发掘道德律和人的理性律的内在一致性而使前者内化的伦理学。从此，杜威开始在哲学的殿堂里尝试追求个人的身份感和自我与世界的统一。

杜威不仅是个爱读书的学生，还是个偶尔爱“惹是生非”的孩子。与今天的大学相同的是，那时的大学也有社团。在大学的四年里，杜威是社团的一员，经常参加社团的活动。在杜威求学时的一份教师会议记录透露：学生请愿把大学祷告时间从早 8 点改为早 9 点；他们请求将难的课程替换成容易的课程或者把困难课程的期末考试取消；他们逃课；他们在宿舍扰乱；他们焚烧学校的草坪；他们在闹市区的沙龙打台球；他们在一年一度的足球赛上带啤酒进学院楼；他们拴住教室门，囚禁教师。约翰·杜威并没有远离所有的这一切。在 1877 年 11 月21 日的一份文件里，有这样的记录：由教师投票，分配 12 个记过处分名额给当月 14 日捣乱的 9 名学生。根据记录记载，在这 9 人当中就有约翰·杜威。而在1878 年4 月 24 日的另一份文件里，也有一条类似的记录：由教师投票，分配 5 个记过处分给做操点名缺勤的 21 名学生。在这 21 名学生当中，约翰·杜威的名字也在其中。由此可见，杜威在大学期间并非是一个“规规矩矩”的孩子。

1879 年，杜威以全班第二名的优异成绩从大学毕业，获得了文学学士学位，并成为美国大学优秀生联谊会会员，杜威的大学生活至此结束。应该说，从佛蒙特大学起，杜威就对哲学产生了兴趣，并开始确立了研究哲学的志向。[①]这为他实用主义教育思想的形成奠定了很好的基础。

①单中惠：《现代教育的探索：杜威与实用主义教育思想》，北京：人民教育出版社，2002 年版，第 1页。

大学毕业后，杜威在宾夕法尼亚州南方石油城中学(Oil City High School)教了两年书(1879—1881年)。1881年冬，他回到柏林顿，担任佛蒙特州夏洛特村莱克维尤高级中学教师(1881—1882年冬)。这3年中学教师的教育实践，对他后来实用主义教育理论的形成无疑产生了重要的影响(关于杜威3年教书生涯的研究，本书的第三章进行了全面的研究，在此不再赘述)。

第三节　霍普金斯大学的读博时光

1882 年 9 月，霍普金斯大学（Johns Hopkins University）迎来了又一批新学子，杜威就在其中。在这样一个享誉盛名的大学里，杜威度过了两年学习生涯，并取得了丰硕的成果。

一、申请霍普金斯大学

杜威在中学工作期间，曾多次与佛蒙特大学托里教授讨论自己的职业的问题。托里建议杜威以哲学为职业，杜威遂决定听取托里教授的建议，最终求学于霍普金斯大学哲学系。除此以外，杜威在哲学方面的造诣已经得到了当时《思辨哲学杂志》编辑哈里斯（Harris）的赏识，他是杜威进入霍普金斯大学之前对杜威有深远影响的第二位恩人。

杜威在中学任教期间，薪金微薄，勉强够支撑生活。当杜威在得知霍普金斯大学向 20 位研究生提供资助后，立即提出了申请，并请求托里教授为自己写一封推荐信。但霍普金斯大学很少把资助用于哲学学科，杜威的资助申请经历了第一次失败。后来杜威又向当时霍普金斯大学校长吉尔曼（Gilman）申请较低的奖学金，但他又一次失败了。杜威无奈之余向姑妈借了 500 美元作为自己进入霍普金斯大学读博士的第一年学费。杜威筹集到学费便申请了去霍普金斯大学读博士，很快就收到了来自霍普金斯大学的入学通知书。

二、霍普金斯大学的恩师

杜威在霍普金斯大学修读的所有课程当中，出现了 4 位对杜威有深远影响的教授。

第一位教授是 H.B 亚当斯(Adams),是杜威辅修专业政治与历史的任课教授。在亚当斯的影响下,杜威开始将兴趣转到德国哲学史方面,并对政治学产生了兴趣,杜威的《民主主义与教育》在一定程度上也受益于亚当斯的政治学。

第二位教授是皮尔士(Peirce),教授逻辑学。读博期间,杜威两次选修了皮尔士的课程,但对他的课并没有好评。直到 20 年后,杜威才逐渐意识到,当年皮尔士的逻辑学课程对于自己的重要作用,使自己能够更加牢固地掌握基础知识。杜威与皮尔士思想上的再次相遇,是杜威走向实验主义的时候,与皮尔士并驱成为实验主义的重要代表人物。

第三位教授是霍尔(Hall)。霍尔在哈佛大学获得博士学位,曾拜师在冯特门下,回国后,他创办了全美第一所心理学实验室。杜威在校期间选修了霍尔所有的心理学课程。霍尔对于杜威的影响更多地体现在使杜威倾向于把哲学与心理学相联系。杜威最后的博士毕业论文是《康德的心理学》,除此之外,《意识心理学》《新的心理学》等论文的出现,也都或多或少有霍尔教授的影响。

第四位教授是莫里斯(Morris),他在霍普金斯大学主讲哲学方面的课程。博士一年级下学期,杜威开始选修莫里斯的课程,第一学年主要学习英国哲学史以及黑格尔历史哲学;第二学年,杜威主要学习了斯宾诺莎伦理学以及如何从康德、黑格尔看德国哲学。①杜威在给哈里斯的信中讲道:"这两门课程的教授我都非常感兴趣。"②杜威的女儿简·杜威也指出莫里斯教授是对杜威影响最大的教授。

三、加入形而上学俱乐部

杜威的哥哥戴维斯比杜威晚一年来到霍普金斯大学修读经济学。杜威经常

①George Dykhuizen.*John Dewey at John Hopkins* (1882—1884),*Journal of the History of Ideas*. 1961,22(1):p.107.

②George Dykhuizen.*John Dewey at John Hopkins* (1882—1884),*Journal of the History of Ideas*. 1961,22(1):p.107—108.

和哥哥或是一两个好朋友去逛巴尔的摩，这也是杜威在校期间的娱乐活动，在杜威看来，巴尔的摩对他的印象要比霍普金斯大学还要深刻。①

另外，杜威还加入了形而上学俱乐部（The Metaphysical Club）。该俱乐部最初由哈佛大学的一批各界精英教授于 1871 年创立。霍普金斯大学的形而上学俱乐部是皮尔士教授 1879 年创办的，为教师和学生的学术交流与研究开拓了平台。杜威在霍普金斯大学读博士期间的心理学教授霍尔，在 1883 年被任命工作于形而上学俱乐部，霍尔任职的 3 年里，主张"新的心理学"，在皮尔士 1885 年离开后，霍尔将形而上学俱乐部解散。②在一些文献当中多次提到，杜威读博士期间准备将论文发表在形而上学俱乐部，将论文提交到那里，等待审批。杜威在霍普金斯大学就读期间的第一篇论文《认知和感觉的相对性》于 1882 年 12 月12 日投给了霍普金斯大学的形而上学俱乐部；第二篇论文《黑格尔与范畴理论》是在 1883 年4 月 10 日投给霍普金斯大学形而上学俱乐部。③杜威在校期间，形而上学俱乐部主要研究霍尔所提倡的新的心理学，这让杜威产生了极大的兴趣。杜威的女儿也曾说到，杜威在霍普金斯大学期间，对新的心理学与新的黑格尔主义非常感兴趣。这足以看出，形而上学俱乐部对杜威的影响是很大的。

在了解了杜威在霍普金斯大学期间的活动之后，不免会让人觉得杜威参加的活动少之又少，除了加入形而上学俱乐部、和三两个朋友逛逛巴尔的摩之外，我们很难再追溯到一些其他的活动。究其原因，第一，当时的霍普金斯大学课外活动本就缺乏；第二，我们可以追溯到杜威少时的性格。杜威在小时候性格害羞、腼腆，在生人面前不善言谈，一直到读博，杜威的性格还是比较内向，这一点，也被善于观察的霍普金斯大学校长吉尔曼发现，在与杜威的一次谈话中，吉尔曼耐心教导杜威要改变生活方式，鼓励他多交朋友，扩大自己的交际圈。④也正是杜威不善交际的内向性格，才导致了校长吉尔曼在授予杜威本科生教学资格的问题上有些犹豫，尽管我们知道结局是好的。

---

①［美］简·杜威：《杜威传》（修订版），单中惠译，合肥：安徽教育出版社，2009 年版，第 132 页。

②Peter J. Behrens. *The Metaphysical Club at the Johns Hopkins University*（1879—1885），*History of Psychology*，2005，p.331—346.

③［美］简·杜威：《杜威传》（修订版），单中惠译，合肥：安徽教育出版社，2009 年版，第 124—125页。

④George Dykhuizen. *John Dewey at John Hopkins*（1882—1884），*Journal of the History of Ideas*.p.115.

四、担任本科生哲学课老师

霍普金斯大学1882—1883年第二学期时，本科生的哲学课缺一名任教教师，校方欲从研究生当中为这批本科生寻一名在哲学方面能担当重任的教师。莫里斯教授在得知校方的消息后，极力推荐了杜威，但是杜威的性格以及教师能力方面还是受到了学校的质疑。最终，学校决定向杜威之前所在的大学——佛蒙特大学打听些杜威的基本情况。

霍普金斯大学校长吉尔曼写信给佛蒙特大学校长巴克汉姆和杜威的大学教授托里，询问杜威的一些情况。吉尔曼校长的来信受到了佛蒙特大学校长巴克汉姆和教授托里的重视，立即给吉尔曼回信。巴克汉姆的回信说："约翰·杜威的逻辑严谨，一丝不苟，见识独到。他为人从善如流……他是否具备一位教师所应有的果敢和执著，我个人认为，如果相信他并对他委以重任，那肯定会增强他的自信，并使他逐渐克服这一缺点。"[①]托里的信中介绍杜威说："我自己从未遇到过像他这样在哲学上有着如此清晰的见地和敏锐的洞察力，以及富有真知灼见的学生。杜威先生在道德品格方面无可指摘……至于他的教学能力，我确实无法加以判断。我个人认为，在讲授一门完全投其所好的课程方面，他完全有能力成为一位成功的教师。"[②]这样，在巴克汉姆校长和托里教授的支持与认可下，霍普金斯大学校长吉尔曼和其他人员终于放心让杜威担任本科生哲学教师。

杜威的本科学生在当时只有7人，并且课时很少，每两周才有一节课，相对来说比较轻松，重要的是他终于能从事自己感兴趣的学科教学。杜威将自己的理论与实际教学相联系，显示出了杜威哲学知识的实用性。虽然杜威在这个阶段思想上还没有出现完整的实用主义，但不得不说，他已经在实践实用主义的真谛了。

杜威在霍普金斯大学读博士的两年是充实的，意义十足的。在学业上，杜威蒙受几位恩师的指导，课余通过社团活动或其他方式放松娱乐，还获得宝贵的在

①[美]简·杜威：《杜威传》(修订版)，单中惠译，合肥：安徽教育出版社，2009年版，第131页。
②[美]简·杜威：《杜威传》(修订版)，单中惠译，合肥：安徽教育出版社，2009年版，第131页。

校任教的机会，好似所有的好事都让杜威占尽了，然而在这背后是什么？是杜威的兢兢业业，是对学科的无限热情，这些也都跟杜威以后声名四海是分不开的。

五、累累的硕果

在霍普金斯大学读博士的两年是杜威渐出成果的两年。数据资料显示，杜威就学于霍普金斯大学期间，比较有影响的论文总共有六篇：三篇写于读博期间，并公开发表；两篇也成于读博期间，但未公开发表；另一篇是博士毕业论文。这六篇论文分别是：《认知和感觉的相对性》《黑格尔与范畴理论》《康德和哲学方法》《意识心理学》《新的心理学》《康德的心理学》。

上述成果中，《康德的心理学》是杜威的博士论文。从杜威的论文题目当中很明显可以得出的信息就是康德对杜威的影响不容小觑，事实也的确如此。在博士毕业4年后的1888年，杜威曾经这样说："发表在《思辨哲学杂志》上的《康德和哲学方法》这篇文章，在一些方面与博士学位论文的思路有点相似。它的发表是为了获得奖学金，但是博士学位论文……从未发表过，其题目是'康德的心理学'。"①

博士毕业后，杜威任教于密歇根大学（1884—1894），这得益于莫里斯教授。莫里斯教授不仅在学业上给予杜威很大的帮助和引导，在学业之外，莫里斯教授也实属杜威的一大恩人。博士二年级时杜威获得任教资格，教授本科生的哲学，除了杜威本身的优秀，还少不了莫里斯这位"伯乐"的赏识与推荐。1884年，杜威博士毕业，莫里斯教授积极推荐杜威到密歇根大学任教。后来，杜威收到来自密歇根大学校长安吉尔的来信，邀请其任教密歇根大学，工资900美元。杜威欣喜之余给安吉尔校长回信说道："贵校密歇根大学的聘任通知我已收到，本人十分愿意接受这份聘请。我希望，在今后的工作不会辜负对我的聘任。非常感谢您为我的聘任所做的一切；同时我要从个人的角度感谢您的那些亲切和蔼的话，我还

①[美]简·杜威：《杜威传》(修订版)，单中惠译，合肥：安徽教育出版社，2009年版，第127页。

要感谢您的美好祝福。时隔那么多年,您仍能记得我,这是我的荣幸。我的父母和我向您及夫人致以最美好的祝愿。"①

杜威在霍普金斯大学读博士的生活就此画上了句号，正是这一个个的句号，一点点的进步,慢慢成就了大师杜威。画上这个句号,杜威将开始一段新的旅程。

1894 年,杜威任芝加哥大学哲学、心理学和教育学系教授、系主任。1896 年,他在芝加哥大学开办了一所实验学校,通常称"杜威学校"。

①[美]简·杜威:《杜威传》(修订版),单中惠译,合肥:安徽教育出版社,2009 年版,第 133 页。

第四节 芝大实验学校的探索

1894 年夏，杜威担任芝加哥大学哲学系和教育学系主任，开始形成其哲学思想。他认为当时的教育方法与儿童的心理不协调，决定将其哲学和教育理论付诸实践。1895 年秋天，芝加哥大学拨款 1000 美元建立了杜威期盼已久的教育学实验室。1896 年 1 月，杜威在芝加哥大学开办了"芝加哥大学实验学校"（The Laboratory School of the University of Chicago），该校通常被称为"杜威学校"（Dewey School）。杜威学校完全是实验性的，是为检验杜威的教育思想而开办的，是杜威哲学和教育理论的"实验室"。正如杜威在一次演讲中明确了创办实验学校的宗旨，他说："学校的基本构想是一个实验室。它有两个主要目的：（1）展示、检验、证实和评价教育思想上的观点和原则；（2）以特定的标准对实施和原则进行总结。"①

芝加哥大学允许给这所学校教师的子女免除 100 美元的学费，除此之外并没有提供更多的财政资助。在这所学校存在的七年半时间里，经费主要来自一些朋友和赞助人的资助。学校当时只有 2 位教师和 1 位负责手工训练的指导老师，招收 6~9 岁的儿童。1903 年学校增设了幼儿园，开始招收 4~5 岁的儿童，师生人数也不断增加，最高时学生达 140 人，教师达到 23 人。据克雷明在《杜威实验学校浅析》一文中统计："实验学校刚开办时，只有 16 名学生，2 位教师。到 1902 年，它已发展到了 140 名学生、23 位教师和 10 名助手。"②

在实验学校开办前（1895），杜威拟了一个《组织计划》，规定实验学校必须根据实验，编写出一整套的课程、教材和相应的教学方法。根据这个计划，实验学校按照儿童的发展情况，分为下列三个阶段：第一阶段 4~8 岁，第二阶段 9~12 岁，第三阶段（中等教育）13~15 岁。在第一阶段，学校生活与家庭邻里间的生活

①[美]简·杜威：《杜威传》（修订版），单中惠译，合肥：安徽教育出版社，2009 年版，第 70 页。

②[美]简·杜威：《杜威传》（修订版），单中惠译，合肥：安徽教育出版社，2009 年版，第 89 页。

密切联系。例如自然研究、手工训练和缝纫被看做是与儿童的校外生活相联系的活动。第二阶段重点是获得读、写、操作、算的能力，不是为了这些能力的本身，而是为了获得规律性的知识和掌握每门学科所使用工具的技巧。第三阶段是中等教育的开始，在儿童掌握每门学科所使用的工具范围内，一门一门地进行学习，并在一定程度上进行专门文化的活动。实验学校的课程就是由相互联系的种种活动的计划组成。

在学校建立初期，杜威计划让不同年龄的儿童在一起学习，较大的儿童帮助较小的儿童，就像在家里一样，但是，这种想法很快就被放弃了。他还设想，每个活动小组由一位教师教所有的科目，但是，他很快就意识到这样做太具挑战性和刺激性，这驱使他认为各门课程还是由专业的教师来教。

到1898年，学校在分部的基础上，在文学、历史、科学、木工、体育、编织、烹饪和音乐方面都有专门教师。在实验学校里，学生没有被分入不同年级，而是按照儿童年龄和兴趣进行分组。分组的原则是按照学生共同的兴趣、智力和反应速度进行。

在较小的儿童中，8~10岁的儿童为一组；在较大的儿童中，12~15岁儿童为一组。教师的工作就是向儿童提出问题，然后帮助他们确定在解决问题的过程中需要做什么。杜威学校有一份小型报纸——《大学纪事》(University Record)，每周五发行，几乎持续报道了从1896年11月初到1897年7月的整个学年关于杜威学校一些小组教学的情况，下面内容是其中一个关于小组教学的报道：①

第一组由年龄较小的儿童组成，他们烹饪谷类食品、玉米粉、玉米粥，制作酸梅酱、苹果酱、酸梅果冻，焖梨子、杏子和西梅。他们称糖时使用盎司，计算杯子中的其他成分，以分数和其他数字运算配合使用，并学习读仪表。

第二组的活动是在烹饪时对切片与滚刀进行比较，从全部谷粒中分离小麦，计算每个谷粒的淀粉含量，进而得出烹饪所需水的分量和时间。

---

①[美]简·杜威：《杜威传》(修订版)，单中惠译，合肥：安徽教育出版社，2009年版，第76–77页。

第三组由6岁和7岁的儿童组成，他们加热蔗糖制作糖浆，从棉籽中分离皮棉，为棉布染色。

第四组由7岁和8岁的儿童组成，他们的活动是将融化的铅管倒入砂模中来制作不同刻度的砝码，估算每一重量所需融化铅的重量。他们的活动还有制作温度计。

第五组由8~10岁的儿童组成，他们通过显微镜观察羊毛，对羊毛纤维与棉纤维进行比较，用手梳理羊毛，然后在手工训练课上制作一套用来做杯子的骨架。

第六组由9岁儿童组成，他们通过熔化锌、铅、锡，然后加入铋、钠和锑制成白蜡。

第七组由10岁的儿童组成，他们播下种子，试验不同的温度和湿度对种子发芽的影响。

第八组由11岁的儿童组成，他们制作加强棉纤维的机器。

第九组由12岁的儿童组成，他们为较小年龄的儿童制作三叶草的几何形状的模型，因为低年龄组的儿童用这个模型来印染布料。

第十组由13岁的儿童组成，他们观察太阳的高度，利用观察结果测定芝加哥的纬度。

杜威为学校拟定了教育目标、组织计划，并常与教师和家长共同讨论学校发展中遇到的问题。学校课程以杜威关于儿童社交、制作、探究和艺术四种本能的理论为基础。木工、织布等手工劳动的作业为课程联结的中心环节。与各种作业平行的有三种理智活动：历史的或社会的研究、自然科学研究和思想交流。

为了使儿童的本能得以适当的表现，学校的教学方法灵活多样：有加深学生对社会认识的手工劳动；有通过鼓励学生在活动中运用观察、探究、调查、实验的方法培养学生思维能力的智力训练；有合作设计，即每逢开学时，师生在一起讨论本学期的工作计划。儿童在教育过程中始终处于中心地位，一切活动均根据儿童的生活需要引出，儿童的经验成为课程和教材的依据。

学校在美国教育界影响甚大，但也就在这段时期，杜威学校的管理中潜伏的危机也逐渐显露出来。在芝加哥大学的最后几年里，杜威与芝加哥大学校长哈珀之间在有关实验学校行政管理问题上的摩擦日益增加。

1901年，实验学校校长一职空缺。考虑到自己夫人艾丽丝·奇普曼在教育方面的能力，杜威提名她为校长。但是，在这之前杜威并未征得芝加哥大学校长哈珀的同意，只是在通过聘任后才去函致歉。

1902年，芝加哥学院（前身是芝加哥库克县师范学校）得到埃蒙斯·布莱恩（E.Blaine）夫人的大批捐赠而并入芝加哥大学。在合并过程中又合并了两所学校，一个是芝加哥工艺训练学校，另一个是南方中学。芝加哥学院主要是培训师资的机构，它设有一所供学生实习的初等学校（帕克学校）。这样芝加哥大学里除了杜威学校外，又增加了一所附属学校。芝加哥大学决定将两所学校合并，但因为两所学校经费（杜威学校缺乏资金，而另外一所初等学校资金充足）和教育理念的不同，遭到了杜威学校教师和家长的强烈反对，两校合并的计划一度搁置下来。1903年，帕克上校逝世，两校合并问题恢复谈判，并且最后完成了。[①]杜威接受了教育学院院长的职务，并同意由教育学院接管实验学校的教学人员和行政人员。1903年秋，实验学校迁至刚竣工的教育学院大楼。教育学院就这样成了芝加哥学院、芝加哥工艺训练学校，芝加哥大学实验学校和南方中学的统一体，矛盾也日益凸显出来。

1903年，两所初等学校被合并，两个单位合成一个单位，其融合的过程是缓慢而艰难的，而且双方不是很友善，出现了小集团和对抗的现象。杜威学校的教

---

①[美]凯瑟琳·坎普·梅休等：《杜威学校》，王承绪、赵祥麟、赵端瑛、顾岳中译，北京：教育科学出版社，2008年版，第10页。

师只忠于杜威先生；同样，帕克学校的教师也只忠于帕克的精神。后者拥有布莱恩夫人这个盟友，只要一有麻烦的事情，她就会写信给哈珀校长要求他解决。杜威和帕克学校教师之间的关系也非常紧张。布莱恩夫人不给哈珀校长写信的时候，杰克曼(W.S.Jackman)(原帕克学校的教师)也会给哈珀校长写信，有时抱怨杜威先生不关心帕克学校的教师委员会和会议，有时抱怨教职员工会议没有定期召开，有时抱怨杜威先生的态度是一种哲学即冰冷的科学态度，有时抱怨杜威先生自己缺席了重要的会议。杰克曼先生明显地感到帕克学校的教师遭到了冷落，他写信给哈珀校长说："冰河时代应该被迅速终结。"他还表示，不能接受杜威先生的夫人作为初等学校的校长，尤其是帕克学校的教师。[①]

1904 年初，杜威被告知，这一年年末将终止其夫人奇普曼的校长工作。此后不久，杜威提出辞职。尽管杜威要求哈珀校长向董事会澄清，辞职的原因并不是哈珀校长拒绝重新任命他的夫人。但他女儿在后来出版的书中写出了杜威辞职的真正原因是哈珀校长对杜威学校漠不关心且充满敌意，她说："可是，大学校长(哈珀)对这所没有资助的学校的态度仍是那样的冷淡和不友好，因此，杜威在 1904 年辞去了职务。"[②]

虽然辞职信于 1905 年 1 月 1 日生效，但在 1904 年春季学期结束时，杜威与芝加哥大学的联系实际上已终止。实验学校活动亦告中止，因此学校实验未延伸至中等教育阶段。

杜威在芝加哥实验学校的 8 年是他教育理论形成和发展的关键时期，该实验学校对整个美国的教育思想和教育实践产生了深刻的影响，我国知名的杜威研究专家单中惠教授在他的《现代教育的探索——杜威与实用主义教育思想》一书中是这样评价的：

> 虽然芝加哥大学初等学校只存在了八年时间，但是，它为杜威建构他自己的教育思想体系打下了必要的基础，也为杜威撰写许多重要的教育著作

①[美]简·杜威：《杜威传》(修订版)，单中惠译，合肥：安徽教育出版社，2009 年版，第 85—86 页。

②[美]简·杜威：《杜威传》(修订版)，单中惠译，合肥：安徽教育出版社，2009 年版，第 33 页。

> 提供了大量素材。从某种意义上讲，正是在芝加哥大学初等学校实验的时期，杜威开始形成了具有特色的教育思想。①

可以说，在教师的努力和家长的支持下，芝加哥大学初等学校的实验活动获得了很大的成功，该学校成为美国一所著名的进步学校。杜威这个时期也发表了一系列重要的著作，如《我的教育信条》(1897)、《学校与社会》(1902)、《儿童与课程》(1903—1904)等。这些著作对杜威实用主义教育思想的形成起到了至关重要的作用。

1904年，杜威转到哥伦比亚大学任教，一直到1930年退休。他曾到过日本、中国、土耳其、墨西哥和苏联等国，考察教育状况，宣传实用主义教育思想。

1952年6月1日，杜威在纽约去世。他一生著述甚多，涉及政治、哲学、心理、教育、伦理学、逻辑、宗教、社会学等领域，一共有三十多部著作和近千篇论文。他的主要教育著作有：《我的教育信条》(1897)、《学校与社会》(1899)、《儿童与课程》(1902)、《民主主义与教育》(1916)、《经验与教育》(1938)等等。其中《民主主义与教育》一书是杜威实用主义教育思想的代表作，是现代理论体系相当完整和系统的教育巨著。

美国塞顿·霍尔大学教授托马斯·贝里(T.Berry)这样概括杜威漫长的一生，他说："杜威的70年哲学活动，从19世纪80年代的初期起，可以分为三个时期：10年的门徒身份；10年的摆脱影响和崭露头角；其后50年杜威成了杜威自己——在这50年中，他自己创立的若干原始的观念，产生了丰盛的果实。"②

---

①单中惠：《现代教育的探索：杜威与实用主义教育思想》，北京：人民教育出版社，2002年版，第125—126页。

②[美]简·杜威：《杜威传》(修订版)，单中惠译，合肥：安徽教育出版社，2009年版，第185页。

第二章

杜威教育思想的渊源

杜威年轻时的照片

第一节　实用主义教育思想产生的时代背景

杜威是实用主义教育思想的代表。“实用主义”，英文“Pragmatism”，源自于希腊文，寓意行为、行动。实用主义以效果、功用为标准，强调“生活”“行动”和“效果”，把“经验”和“实在”归结为“行动的效果”，把“知识”归结为“行动的工具”，把“真理”归结为“有用”“效用”或“行动的成功”。

实用主义起源较早，可以追溯到欧洲，从培根、洛克、卢梭、达尔文等大家的著作中可以寻觅到实用主义的影子。实用主义正式成为一种哲学派别始于19世纪70年代，由美国皮尔士创立，后经过詹姆斯、杜威等人的发展，对法律、政治、教育、社会、宗教和艺术的研究产生了重大影响。其中，实用主义对教育的影响主要体现为实用主义教育思想的形成。杜威身为实用主义传播者，将实用主义与教育联系起来，创立了实用主义教育思想。

杜威实用主义教育思想的形成是多种因素集体作用的结果。19世纪末20世纪初的政治、经济、社会、文化等为实用主义教育思想的形成提供了有利的社会背景；杜威的生活经历使其亲身感受了传统教育的弊端，从而激起强烈的教育改革念想；实用主义哲学、机能心理学等流派思想为杜威实用主义教育思想的形成提供了理论基础；芝加哥实验学校的创办为实用主义教育思想的形成提供了实验场所，使其教育理论与实践紧密结合。总而言之，杜威的实用主义教育思想，借鉴了哲学、心理学等领域成果，加之个人经历与创新，将实用主义理念引入教育，是适应时代发展的产物。

杜威实用主义教育思想的渊源并不是简单的思想继承，而是与特定的社会背景密切相关的。正像杜威自己说的，他的教育理论“把民主主义的发展和科学上的实验方法、生物科学上的进化论思想以及工业的改造联系起来，旨在指出这些发展所表明的教材和教育方法方面的变革”。[①]杜威思想形成于 19 世纪后期至 20 世纪初期的美国社会，深受美国民主观念、经济状况、科学发展、移民浪潮以及教育状况的影响。

19 世纪后期至 20 世纪初期是美国史上重要的转折时期，此时期的美国发生了全面而深刻的变化，民主政治获得新的发展，工业化程度逐步提升，自然科学获得充分发展，移民浪潮出现新高，教育领域开始推陈出新。与此同时，美国也面临着各种问题，如新移民问题、贫富差距拉大、经济不稳定、社会矛盾、种族偏见等，这些都对杜威实用主义教育思想的形成产生影响。对本时期社会状况的总结与反思，为更清晰地了解杜威实用主义教育思想提供了可能。杜威的实用主义教育思想是时代发展的产物，脱离时代研究杜威的教育思想是不全面、不公允的。在一定程度上说，没有 19 世纪后期至 20 世纪初期美国的时代背景，没有杜威对这一时代的认识与思索，就不会有杜威实用主义教育思想的形成。

一、民主观念的革新

19 世纪后期至 20 世纪初期是美国历史上的转折期，民主观念发生重大变化，对民主要求也随之发生变化，急需培养新型的民主制度。

美国南北战争后，政治发展进入了历史性的新阶段。工人阶级逐步强大，面对阶级的不平等与剥削，工人阶级奋起反抗，连续掀起多次工人阶级斗争高潮。工人运动的开展带来广大人民群众的思想大解放，无产阶级在历史舞台上发挥了越来越重要的作用。在教育方面，无产阶级开始提出为子女争取教育权的政治要求，提倡工人子女接受义务教育。为促进民主社会的构建，维护统治地位，资产阶级不得不做出调整。

杜威是资产阶级教育的利益代表，在分析美国时势的基础上，他提出了新的

①吴式颖主编:《外国教育史教程》,北京:人民教育出版社,1999 年版,第 507 页。

民主要求，并指出："民主社会的建立和保全，唯有诉之以民主的手段，社会的进步依赖的不是革命，而从知识品德的培养入手更为切实有效……因为教育比起革命来显得和平而稳妥。"[①]在杜威看来，教育应该在分析时代政治背景的基础上，培养适合时代发展的公民，通过教育培养公民品德，为实现民主主义社会贡献力量。杜威的《民主主义与教育》更是把民主与教育结合起来，为适应当时美国政治需要构建民主主义教育系统，充分体现了教育与政治的关联，由此可以得知，杜威实用主义教育思想的形成离不开特定的政治背景。

二、工业化、城市化时代的到来

工业化通常被定义为工业（特别是其中的制造业）或第二产业（或收入）在国民生产总值（或国民收入）中比重不断增加，以及工业就业人数在总就业人数中比重不断上升的过程。

19世纪后半期南北战争后，美国资本主义的桎梏解除，经济发展速度加快，迅速从自由资本主义过渡到垄断资本主义。到19世纪末，美国超过英国，成为资本主义第一经济大国，美国的工业化就是在这段时期内实现的。

1870年，美国工业总产值占世界工业总产值的25%；但是1900年时，美国工业总产值已占世界工业总产值的30%，超过英国（20%）、德国（17%）、法国（7%）。其中制造业的发展也极为迅速，美国制造业产值从1859年的18亿美元攀升至1899年的130亿美元，到1912年时，制造业产值已相当于1900年产值的205%。[②]从就业人数比重看来，到1889年，仅从事制造业的人数就占到了劳动力总人数的48%。[③]

工业化时代的到来给生产技术带来了巨大变革，质量与效率成为新的着眼

①滕大春主编：《外国近代教育史》，北京：人民教育出版社，1989年版，第50页。

②H.N.沙伊贝，H.G.瓦特，H.U.福克纳：《近百年美国经济史》，彭松建译，北京：中国社会科学出版社，1983年版，第32页。

③朱丽莉：《美国社会转型下的约翰杜威实用主义教育思想》，上海：华东师范大学，2006年版，第6页。

点。美国的工业领域开始广泛利用机器，开始机器时代的标准化作业。社会对劳动力的需求不再是简单的机械劳动，而是融入了更多技术的成分，传统培育人才的教育方式不再能满足经济发展的需要。随着工业化程度的加深，美国社会对技术的要求逐步提升，在工人需求量减少的基础上，对工人质量的要求提高。工人的教育与再培训成为提升工人质量的重要途径。

工业化的发展直接影响了美国的城市化。工业化的加剧，工业对劳动力的需求增加，农业人口迅速减少，大量农业人口奔涌到城市工作，促进了美国的城市化发展。1860 年，美国城市人口占总人数的 20.8%，1870 年是 26.2%，1880 年是 28.5%，1890 年是 35.3%，1900 年是 39.9%，1910 年是 45.8%，1920 年到达 51.4%。[①]从 1860—1920 年的城市人口比重可以看出美国城市化进程的发展。

工业化、城市化与教育是相辅相成的，工业化、城市化的发展为教育提供了机遇，也提出了挑战。一方面，工业化、城市化的发展为教育提供了充足的物质基础，满足了教育发展所需的物质条件；另一方面，也正是因为工业化、城市化的发展，为更高质量的劳动力提出了要求，教育必须做出行动。杜威也正是在正确认识工业化、城市化与教育关系的基础上思考教育发展方向的。

三、自然科学的长足发展

19 世纪后期开始，自然科学领域取得了很大进步，其中最有代表性的就是达尔文的进化论。1859 年，就在杜威出生的这一年，达尔文的《物种起源》发表，提出以生存竞争、自然选择为基础的进化论思想，打破了物种不变的传统观念。

进化论思想的问世，冲击了传统观念的束缚，推动了人们精神的解放，促进了自然科学的发展，实现了思维方式的大变革。美国受进化论思想的影响较大，这与美国的文化传统也息息相关。契约、法制、机会、竞争、务实、实干等都是美国普遍的思想与生活观念。这种讲究实效的美国文化与进化论相辅相成、相互

①[美]吉尔伯特·C.菲特，吉姆·B.里斯：《美国经济史》，司徒淳、饭秉铸译，沈阳：辽宁人民出版社，1981 年版，第 364 页。

协同，使人们对未来发展充满了信心。由此，进化论成为众多领域的指导思想，教育也不例外。

杜威实用主义教育思想的形成也受到进化论的影响。对杜威实用主义教育思想产生重大影响的实用主义哲学以及机能心理学都是在进化论思想的推动下发展起来的。实用主义者大多是进化论的热烈拥护者，认为进化论是人类思想史上的重大变革。杜威在《哲学的改造》《达尔文对哲学的影响》等书籍中提到，进化论有哲学意义，在实用主义的形成中起着不可忽视的作用。机能心理学的发展寻根究底也与进化论脱离不了关系。机能心理学的重要代表人物詹姆斯、杜威等的心理学实验，也建立在进化论基本原理之上。

由此，由进化论思想渗透的实用主义哲学与机能心理学，作为实用主义教育思想的理论渊源，搭建起了进化论与杜威教育思想的关联，见证了以进化论为代表的自然科学发展对杜威实用主义教育思想的意义。

四、新移民高潮的到来

美国是一个“世界民族的大熔炉”，19 世纪后期至 20 世纪初期的美国迎来移民的新高潮，新移民问题成为社会关注的焦点。1861—1910 年，大约有 2300 万新移民进入美国；19 世纪 90 年代新移民占总移民人数的半数以上；到 1910 年，新移民比例占到 72%。①

新移民的到来给美国注入了新鲜的血液，带来新鲜的活力。新移民为美国劳动力市场提供了充足的人力，满足了美国社会迅速发展所需的劳动力。在美国，新移民在市场中主要从事较低端的工作，只能拿到廉价的工资，这对于雇主来说是“物美价廉”的，但对于新移民以及整个美国社会的发展是不利的。

---

①单中惠：《现代教育的探索：杜威实用主义教育思想》，北京：人民教育出版社，2001 年版，第 49—50 页。

新移民作为新公民，是美国的一分子，他们的生活状态与整个社会的发展息息相关。新移民的到来给美国带来了新的社会问题，为更好地处理新移民高潮带来的挑战，除了从法制、机制上确保新移民的公平公正待遇，教育也成为缓和不公的途径之一。

据了解，新移民从事的工作类型及工作效率与其受教育程度低有关，这就要求教育要根据时代发展，考虑新移民的教育问题，重新考虑适应时代发展的教育系统。杜威的实用主义教育思想正是在分析时下社会境况的基础上提出的。

五、传统教育的弊端与现代教育的呼吁

19 世纪后期至 20 世纪初期的美国教育，受赫尔巴特为代表的传统教育影响深远。杜威对赫尔巴特的传统教育作出了公正的评判，指出："赫尔巴特的哲学考虑教育的一切事情，唯独没有考虑教育的本质，没有注意青年具有充满活力的、寻求有效地起作用的机会的能量。"[①]

具体来讲，传统教育中，由成人强制为儿童设置教育目的，忽视教育过程本身的目的，学校与社会、儿童经验分离，教学呆板，给美国教育带来了严重问题。当时的公共教育系统在传统教育理论的影响下，出现教育质量低劣、教育资源浪费等现象，严重影响了公共教育的声誉，致使社会各界对教育感到十分失望。

在这种情况下，杜威批判了传统教育的弊端，认为教育应该适应时代的需求与呼唤，提出教育必须进行改革。杜威提到："根本的情况改变了，在教育方面也只有相应的改变才行。"[②]于是，杜威提出建立适应时势的现代教育体制，即杜威的实用主义教育思想体系。美国教育家布鲁纳也曾说："一个人写作总离不开其

①[美]约翰·杜威：《民主主义与教育》，王承绪译，北京：人民教育出版社，1990 年版，第 76 页。

②[美]约翰·杜威：《学校与社会·明日之学校》，赵祥麟、任钟印、吴志宏译，北京：人民教育出版社，2005 年版，第 30 页。

时代背景。杜威就是针对19世纪90年代学校教学的僵硬，尤其是对儿童本性的忽视这一点来著书立说的。”①

杜威的实用主义教育思想是时代发展的产物，是在特定社会背景下形成的。正是因为杜威看到了时代的需求与缺陷，把教育作为促进时代发展的方式之一，才构建起实用主义教育思想体系。可以说，如果没有19世纪后期至20世纪初期的社会背景，就不会有杜威实用主义教育思想。

①单中惠：《现代教育的探索：杜威实用主义教育思想》，北京：人民教育出版社，2001年版，第45页。

第二节　杜威人生经历与实用主义教育思想

杜威实用主义教育思想的形成与其人生经历息息相关。杜威的童年经历、大学时光、研究生生涯以及工作经历都对其教育思想的形成产生了重要影响。可以说，读书经历使杜威亲临其境，感受时下教育状况；工作经历让杜威有更多机会进行调查与研究，找寻美国教育的出路。

一、童年环境的影响

杜威出生于佛蒙特州的小镇柏林顿，父亲阿奇博尔德出身于农民家庭，在柏林顿做杂货生意，母亲卢西娜·阿特梅西·里琦出身于富裕家庭，对孩子要求极为严格，杜威之所以能接受大学教育，很大程度上归功于母亲的影响。两位家长为孩子们的成长提供了广泛有趣的读物，使得杜威从小养成了阅读的习惯。

杜威的童年时代，见证了学校教育的单调无趣，认为学校是一个惹人厌烦的地方。在接受中小学教育期间，杜威亲身体会“传统教育”，教科书的死板也让他对学校教育感到厌烦。但好在得益于父母家庭教育风格，杜威喜欢阅读任何类型的书籍（教科书除外）。

这样看来，杜威实用主义教育思想中对普通学校死记硬背方法的所作的愚蠢的评论，很大程度上应该归因于他童年时代的经历。

二、大学时代与哲学结缘

大学前两年，杜威潜心于课程学习。课程之外，杜威热衷阅读，根据佛蒙特大学图书馆的记载，在大学一年级时，杜威从图书馆借阅的第一本书是《思辨哲学杂志》(*Journal of Speculative Philosophy*)。《思辨哲学杂志》是当时美国唯一一本非神学哲学杂志,由威廉·多利·哈里斯(W.T.Harris)主编。

直到第三年,杜威对哲学的兴趣逐步强烈。这主要归功于生理学课程的开设,教材选用赫胥黎的《生理学基础》,激发了杜威广泛的学术好奇心。杜威在评论生理学课程时讲道:“……从这种学习中,我得到了很大的刺激,比我从以前的任何学习中所得到的刺激都多。虽然没有什么原因促使我继续学习那门特别的学科,但从这个时候起,我被唤起了对哲学的特有兴趣。”①

杜威在佛蒙特大学的第四年,学业集中在哲学系。哲学特色的学习满足了杜威的哲学兴趣。这一年,巴克汉姆校长和托里教授对杜威影响很大。巴克汉姆校长开设的政治经济学、国际法、文化史等课程,启发杜威思考更多社会问题。托里教授开设的心理学和哲学课程对杜威影响也很大。杜威曾在《从绝对主义到实验主义》一文中写道:“佛蒙特大学教授托里先生是个真正有见识和教养的人……他对哲学的兴趣是真诚的,不是草率的。托里是位优秀的教师,我的成长应该归功于他对我的双倍恩惠。他使我的思想明确地转向了把哲学研究作为终生的职业……”②最后一年,杜威还阅读了《理想国》《修辞学》等,并获得了有关英国经验主义的知识,这些都成为杜威实用主义的早期基奠。

三、中学工作经历与哲学兴趣的延续

杜威大学毕业后,曾在宾夕法尼亚州石油城中学和夏洛特镇一所乡村学校教书,中学教学的经验使杜威对学校教育有了更深刻的认识。这段时间,杜威教过拉丁文、代数、自然科学等,对杜威后期教育思想的形成有重要影响。

中学工作期间,杜威并没有放弃对知识的寻求,与托里教授的联系也从未中断。杜威与托里教授经常在一起散步,讨论哲学问题,在托里教授的指导下,杜威阅读了大量哲学史名著。此外,杜威还一直订阅哈里斯教授主编的《思辨哲学

①[美]简·杜威:《杜威传》(修订版),单中惠译,合肥:安徽教育出版社,2009年版,第46页。

②[美]简·杜威:《杜威传》(修订版),单中惠译,合肥:安徽教育出版社,2009年版,第46—47页。

杂志》，在该杂志上发表了《唯物论的形而上学假设》等文章。

杜威的哲学兴趣在中学工作期间非常浓厚，托里教授与哈里斯教授给了杜威极大的鼓励。在两位教授的支持下，杜威结束了中学教学的工作，开始为进入高一级教育机构深造而努力。

四、霍普金斯大学与杜威思想的发展

在托里教授与哈里斯教授的鼓励下，1882 年，杜威顺利进入霍普金斯大学攻读博士。两年时间，杜威的政治观、哲学观及心理学等方面都得到不同程度的发展，对杜威实用主义思想产生了重要影响。

（一）皮尔士、莫里斯与杜威哲学观的发展

皮尔士（Peirce），霍普金斯大学逻辑学课程教授，主张实验主义，是杜威接触最早的实验主义学者。杜威曾两次选修皮尔士的课程，但对他的课程并没有好感，在给哈里斯的信中，杜威表示："对于皮尔士先生开设的逻辑学课程，相对而言，数学系的学生远比哲学系的学生对此更加感兴趣。"[①]杜威对皮尔士思想有所转变是在 20 多年后，那时候的杜威有了更深刻的思想，这才反应过来当年皮尔士逻辑学课程的重要性。

莫里斯（Morris），密歇根大学教授，1878 年始，每年都有一些时日来霍普金斯大学讲授哲学课程。杜威从莫里斯的课程中，学习了知识科学的研讨、英国哲学史、黑格尔历史哲学、斯宾诺莎伦理学以及如何从康德、黑格尔看德国哲学等。杜威的女儿简·杜威指出莫里斯教授是对杜威影响最大的教授。受莫里斯影响，杜威潜心研究黑格尔哲学，即使后期杜威逐步背离黑格尔主义，但他对莫里斯黑格尔主义的评价仍旧很高，认为自己从来没有想忽视，更没有想否定一个事实，即与黑格尔主义的结识在他心中留下了不可磨灭的痕迹。

①[美]简·杜威：《杜威传》（修订版），单中惠译，合肥：安徽教育出版社，2009 年版，第 121 页。

(二)霍尔与杜威心理学的发展

霍尔(Hall)曾拜师冯特,回美国后创办了全美第一所心理学实验室。杜威修了霍尔所有的心理学课程,包括“生理心理学”“实验心理学”“心理学和伦理学理论”以及“科学心理学”的讨论课程,还在霍尔实验室中独立完成了一些实验。

在霍尔的影响之下,杜威将哲学与心理学联系起来进行研究,并将博士毕业论文的题目确定为《康德的心理学》。此外,《意识心理学》《新的心理学》等论文也都或多或少受霍尔教授的影响。

霍尔对于杜威的影响不可磨灭。实用主义思想中“教材心理学化”,主张教材适合儿童心理水平,符合儿童实际,正是霍尔新心理学对杜威长久影响的体现。

(三)亚当斯与杜威政治观的发展

亚当斯(Adams)是杜威辅修专业政治与历史的任课教授。杜威修读了制度史、英国史、比较宪法史、美国制度与经济以及国际法等。亚当斯讲学时,把重点放在欧洲史的讲授上,认为美国的历史追根溯源要回归到德国初期的政治形态。

亚当斯的欧洲史为主的思想,影响了杜威,杜威开始将兴趣转到德国哲学史方面,并对政治学产生了兴趣。可见,杜威政治学的初始点是从亚当斯开始的,由此,杜威的《民主主义与教育》的成型在一定程度上也受益于亚当斯的政治学。

五、大学工作经历与实用主义教育思想的形成

1884—1888 年,杜威任密歇根大学哲学讲师与助理教授。密歇根大学提供真正民主的环境,提倡自由权利和个人责任感,这些都成为杜威教育理论的思想基础。在密歇根大学期间,杜威结识妻子艾丽丝·奇普曼,艾丽丝使得杜威的哲学兴趣得以扩大,从古典领域扩展到现代生活领域。

杜威进入密歇根大学,与莫里斯教授成为同事,交往逐步加深,莫里斯对杜威的影响更加深远。1889—1894 年,杜威任密歇根大学哲学系主任。期间,学校

开设美国第一个教育学讲座，主要是通过访问州立学校，为中学生作报告。据杜威女儿记载，杜威对普通教育的兴趣就是从这里发展起来的。

1888—1889 年，杜威工作于明尼苏达大学。在这一年里，杜威中断了密歇根大学的教学工作，也是在这一年，杜威最尊敬的莫里斯教授去世，带给杜威很大的悲痛。

1894—1904 年，杜威任芝加哥大学哲学、心理学、教育学系主任。1902—1904 年，他成为芝加哥大学教育学院院长。在芝加哥大学工作期间，杜威创办“芝加哥实验学校”（杜威学校），将理论与实践结合起来。期间，杜威还创立机能主义心理学派，提出工具主义理论。之后因为在芝加哥实验学校管理上与校长意见相悖，杜威毅然离开。

1904—1930 年，杜威任哥伦比亚大学哲学教授，1930—1939 年任哥伦比亚大学荣誉教授。期间，杜威曾担任美国哲学学会会长，出版《伦理学》《学校与社会》《明日之学校》《民主主义与教育》《哲学的改造》《经验与自然》《进步教育与教育科学》《确定性的寻求》《教育科学的资源》《旧个人主义与新个人主义》《我们怎样思维》等著作。其中 1916 年《民主主义与教育》的出版代表着杜威实用主义教育思想的正式形成。

退休后，杜威的学术生涯仍未中断，《人的问题》《认知与所知》等著作相继出版。1952 年杜威发表最后一篇文章《〈教育资源的使用〉一书引言》，他在生命最后一刻仍不忘教育探索，直至同年在纽约去世。

第三节 实用主义教育思想的理论基奠

实用主义教育思想不是全新的事物,其形成也不是一蹴而就的。实用主义教育思想建立在一定的理论奠基上,有其哲学、心理学、社会学、生物学以及人性论基础,受实用主义哲学、机能心理学、民主政治、进化论以及人性论的影响。

一、哲学基础:实用主义哲学

杜威实用主义教育思想的形成离不开实用主义哲学的奠基。作为实用主义教育思想创立者的杜威,还是实用主义哲学的创始人之一,其实用主义教育思想的形成很大程度上归根于把实用主义哲学引入教育。克伯屈也曾指出:“当我们考察杜威的教育思想时,同时也必须考虑他的哲学思想。因为对他来说,教育和哲学这两个方面是相互联系的。”①

19 世纪 70 年代,实用主义在美国崭露头角,20 世纪初正式形成一派,并在哲学派别中占据主导地位长达半个世纪,影响持续至今。皮尔士、詹姆斯、杜威被称为美国实用主义运动“神圣家族”中的苏格拉底、柏拉图、亚里士多德。

(一)实用主义哲学创始人:皮尔士

美国的实用主义起源于 1871—1874 年以皮尔士为首的“形而上学俱乐部”,皮尔士在“形而上学俱乐部”的报告,后来整理成《信念的确定》《我们怎样使观念明确》发表,成为皮尔士实用主义的代表作,也是美国实用主义最早的纲领性著作。

1.“存在即被信仰”

皮尔士在《我们怎样使观念明确》中首次提出了实用主义哲学的基本思想,

①单中惠:《现代教育的探索:杜威与实用主义教育思想》,北京:人民教育出版社,2001 年版,第 70页。

提出了实用主义的基本原则。皮尔士实用主义哲学思想主要散落在大量的论文与札记中,比较著名是皮尔士关于存在、信仰与意义的认识。

皮尔士认为存在与信仰是同样的东西,我们信仰的东西就是存在的东西,存在的东西就是我们信仰的东西。在皮尔士看来,事物的存在是由人的主观信仰决定的,坚信"存在即被信仰"。皮尔士的哲学思想带有一定的唯心主义性质,他指出存在依赖于信仰,并不是因为事物存在才被人们所信仰,而是人们信仰的事物才存在,即现实存在的事物都是被信仰的事物。

2.确定信仰的方式

皮尔士坚信所信仰的事物都是存在的,在此基础上他概括了确定信仰的四种方式:第一,根据个人主观意志确定信仰;第二,通过国家组织力量和暴力从政治上确定信仰;第三,按照理性的原则确定信仰;第四,以实用主义为原则来确定信仰。皮尔士指出,第四种方式才是科学确定信仰的方式,是与现实符合的唯一方式。

3."存在就是有用"

皮尔士认为,一个观念是否清晰有意义,与其实际效果和功用密切相关。皮尔士所说的实际效果指的是个人在经验中体验到的效果,这种效果才是判断事物有意义与否的标准。也就是说,事物产生了一定的功用就是有意义的,否则就是无意义的,即"存在就是有用"。很显然,皮尔士的"意义论"体现了其哲学思想的实用性、工具性理念。

皮尔士阐释了实用主义的根本原则,却没有来得及应用于社会生活的各个方面。生前,皮尔士的思想并未引起人们注意,他的著作大多在其逝世后才发表出来,为感激皮尔士对实用主义所作的贡献,人们把他称为实用主义哲学的创始人。

(二)实用主义哲学奠基者:詹姆斯

詹姆斯是实用主义哲学的重要代表人物,继承并发展了皮尔士的哲学思想。詹姆斯有多本讨论实用主义的著作,其中《哲学概念与实际效果》被杜威称为"开创了实用主义的运动",正式提出"实用主义"这一概念;《实用主义——一些旧思想方法的新名称》系统阐释了实用主义哲学的基本概念，是实用主义流派最有代表性的作品。

詹姆斯将皮尔士抽象的实用主义方法论原则发展成为一个系统的实用主义理论体系，并将它用来分析各种具体问题，实用主义得到广泛的传播。

1.世界的多元论

关于对世界的看法，詹姆斯与皮尔士观点不同。皮尔士的哲学思想具有唯心性质，而詹姆斯不满唯物主义和唯心主义的一元论，认为这种逻辑体系不能满足人的一切需求。詹姆斯提出，世界是多元的，在多元的世界中，所有事物都是动态的、变化的、偶然的。所以在詹姆斯看来，事物的不确定性决定了世界是丰富多彩的。

2.彻底的经验主义

在詹姆斯看来，世界应该统一于“纯粹的经验”，事物都是由经验组成的，认为实在的东西都是经验，在经验之外没有实在。这里“经验”既包含了感觉又包含了人的其他心理和本能活动。詹姆斯哲学思想中“经验”的地位与皮尔士的“信仰”是类似的，皮尔士强调信仰与存在是同一事物，而詹姆斯认为经验与存在是同一事物。

詹姆斯认为：“任何实在的东西必须能够在某一个地方被经验，而每一种类的被经验了的事物必须在某一个地方是实在的。”[①]可见，詹姆斯的哲学思想是彻底的经验主义，认为经验决定事物的存在。

3.“有用即真理”

詹姆斯继承皮尔士的哲学观，认为效果与功用是检验事物的真理。在《实用主义》一书中，詹姆斯讲道：“真理必须具有实际的效果。”[②]詹姆斯十分注重对真

①[美]威廉·詹姆斯：《彻底的经验主义》，庞景仁译，上海：上海人民出版社，2006年版，第85页。

②[美]威廉·詹姆斯：《民国丛书》，《实用主义》，编辑委员会译，北京：商务印书馆，1979年版，第188页。

理的追求,他反对把理智作为判定真理的唯一条件,指出真理的意义在于真理本身的实际效用,价值大小取决于真理对人的重要程度。

4.作为手段的实用主义

詹姆斯指出,实用主义是"调节哲学争论的方法",能调和各个基本哲学派别的分歧。他还把实用主义比作一个旅馆各个房间之间的一条大走廊,可以通向任何一个房间。[①]也就是说,詹姆斯认为实用主义"不代表任何特别的结果,它不过是一种方法",而"实用主义的方法,不是什么特别的结果,只不过是一种确定方向的态度。这个态度不是去看最先的事物、原则、范畴和假定是必需的东西,而是去看最后的事物、收获、效果和事实"。

詹姆斯的哲学启发了杜威,杜威曾指出:"詹姆斯构成了美国哲学思想史中可纪念的一个转折点。"[②]

(三)实用主义哲学集大成者:杜威

杜威是美国实用主义哲学的集大成者,在继承皮尔士和詹姆斯实用主义理论体系的基础之上开拓创新,实用主义哲学应用于社会和教育领域,创立了一条新的哲学思路,将实用主义哲学发展推向顶峰。

1.反对传统哲学二元论

传统哲学认为人与环境、物质与理念、主体与客体等如何联系的问题是无法解决的,把整个环境看做是静态的、确定的,即传统哲学的二元论。杜威认为传统哲学二元论脱离了现实世界,不能有效解决事物间的矛盾,因此必须进行改造。杜威反对传统二元论,认为环境是动态的、不确定的;从人与环境关系上来讲,杜威指出环境与人的关系紧密,人是环境的一部分,人的发展依赖于环境。

2.自然主义的经验论

在《经验与自然》一书中,杜威把他的实用主义称为"自然主义的经验论"

①康·梅里维尔:《美国的实用主义》,郭力军译,上海:上海人民出版社,1958年版,第42—43页。
②[美]约翰·杜威:《人的问题》,傅统先、邱椿译,上海:上海人民出版社,2014年版,第337页。

“经验的自然主义”以及“自然主义的人文主义”。杜威的经验论与传统哲学是有区别的。

传统哲学对经验的解释是把经验当知识，即主体对于对象的一种认识，这意味着把认知的主体、经验者和被认知的对象分割开来，把经验和自然、物质分割开来。

而杜威反对传统哲学对“经验”的解释，杜威所说的“经验”不是静止的知识或事物，而是将人（经验的主体）和环境（经验的客体）统一为一个整体，是人的有机体与环境相互作用的结果。杜威的“经验”是指：“包含一个主动的因素和一个被动的因素，这两个因素以特有的形式结合着。只有注意到这一点，才能了解经验的性质。在主动的方面，经验就是尝试……在被动的方面，经验就是承受结果。”①

3.工具主义的实用主义

杜威在《哲学的改造》中提到：“所有概念、学说、系统，不管它们怎样精致，怎样坚实，怎样视为假设……它们应该被看做验证行动的根据，而非行动的结局。它们是工具，同一切工具一样，它们的价值不在于它们本身，而在于它们所能造就的结果中显现出来的功效。”②

可见，杜威把思想、观念、理论等视为人类行为的工具，当作人类行动的方法与途径，而不是直接作为行动的结果，因此，杜威的实用主义又被称为“工具主义”。詹姆斯也曾提出将实用主义作为一种手段的说法，杜威的“工具主义”与詹姆斯有相似之处，在一定程度上继承了詹姆斯的学说。

此外，从工具主义出发，杜威进一步概括了“真理论”，指出真理性标准在于能否指引人们的行动取得成功。可见杜威的“真理论”也受到皮尔士、詹姆斯的影响，与皮尔士的“存在就是有用”以及詹姆斯的“有用即真理”非常相像。

---

①[美]约翰·杜威：《民主主义与教育》，王承绪译，北京：人民教育出版社，1990年版，第148页。

②单中惠：《现代教育的探索：杜威与实用主义教育思想》，北京：人民教育出版社，2001年版，第85页。

4.哲学之于教育

杜威对实用主义哲学的贡献之一，在于把实用主义哲学引入教育，扩大了实用主义哲学的应用领域。杜威指出：哲学与教育是紧密联系的，在教育理论方面，哲学是最一般的理论，对教育产生普遍的影响。杜威认为假如哲学理论对教育活动毫无影响的话，那么这种哲学理论必然是矫揉造作和没有意义的。而假如教育不能像哲学那样广泛地观察，那么教育会变得机械，陷入经验主义。

杜威实用主义哲学对教育有重要影响，新的教育理论的问世需要新的哲学理论支撑。杜威主张自然主义的经验论，提倡"存在就是被经验"，即事物的存在是经验的结果。体现在教育领域，即杜威提倡的"教育即经验的改造或改组"，用杜威的话就是："教育应该被认为是经验的继续改造。"[①]不仅如此，杜威教育思想中"教育即生活"也体现了杜威哲学观中反对传统哲学二元论的理念，将哲学与教育紧密结合起来。

实用主义哲学是与美国实际相结合的哲学思想，实用主义经过皮尔士、詹姆斯、杜威的发展迎来了黄金时代。实用主义哲学，鼓励年轻人不断开拓进取；把经验和实在归结为行动的效果，把知识归结为行动的工具；把真理归结为有用、效用或效果的成功。总之，实用主义哲学强调知识或理论的实用性、有效性和工具性，这种立足于现实生活，倡导积极行动和追求实效的精神对杜威实用主义教育思想的形成具有重要作用。

二、心理学基础：机能心理学

机能主义心理学的兴起也是实用主义教育思想形成的重要因素。杜威重视教育学与心理学的联系，认为如果教师缺乏对儿童心理结构的深入了解，教育的过程就会变得偶然与独断，所以提倡教师必须充分认识儿童心理。

---

①[美]约翰·杜威：《杜威全集·早期著作(1882—1898)第五卷(1895—1898)》，上海：华东师范大学出版社，2010年版，第68页。

詹姆斯、霍尔是美国机能主义心理学的先驱。机能主义心理学强调研究意识的机能和功用，主张心理学应该研究心理活动，采用内省法和观察法，强调意识的适应功能和协调作用，重视心理学在实际生活中的应用。其中，对意识的研究不重在其结构而重在探讨意识在有机体适应环境中的作用，突出了心理的功用，把心理看做是生物适应环境的工具或机能，反映了注重务实、拼搏竞争以求成功的实用主义精神。

杜威则是芝加哥机能主义心理学的创始人，是在詹姆斯、霍尔的基础上对机能心理学的进一步发展。芝加哥机能主义心理学是杜威实用主义教育思想的一个重要理论基础。这一心理学派与旧心理学大大不同，新的理论观点为杜威实用主义教育思想做了铺垫。

（一）机能心理学的先驱

杜威一生中接触的，对其有重大影响的心理学家主要是詹姆斯和霍尔，他们在芝加哥机能心理学的形成过程中给予杜威诸多启发，加速了杜威芝加哥机能心理学的成型。

1.詹姆斯与新心理学

詹姆斯被认为是美国机能心理学的先驱，他的学术思想对美国机能心理学的发展起了重要作用。他将心理学定义为："关于意识状态的描述和解释的科学，意识状态是指感觉、愿望、认识、推理、决心、意志以及诸如此类事件……包括它们的原因、条件和直接后果的研究。"詹姆斯提出"意识流"理论，解释了本能、习惯与情绪，认为心理是人对环境适应的一种机能。

詹姆斯曾开设"生理学和心理学的关系"课程，成为美国人开设的第一个新心理学课程。詹姆斯在《心理学原理》中提出的心理学观点，之后成为机能心理学的基本观点，为机能心理学在美国的发展开辟了道路，这本书的出版也对杜威的心理学与教育学观点产生了强烈影响。

根据《杜威传》的记载，杜威对詹姆斯的心理学贡献给予了肯定："在历史上和现实中，由詹姆斯介绍的那个变革已经具有并仍然具有一种特殊意义。……这个变革是重要的，因为就消除对低劣心理学的大量指责来说，它是必不可少的。”[①]可见，杜威把詹姆斯的心理学看做是有革命意义的，认为詹姆斯开启了新心理学的研究进程。

2.霍尔心理学

霍尔是对杜威心理学影响较大的另一位心理学家，也是机能心理学的先驱之一。杜威在霍普金斯大学攻读博士期间，霍尔是学校的心理学教授，杜威选修了霍尔教授的所有课程，课程引起了杜威学习心理学的浓厚兴趣，启发杜威将哲学与心理学结合起来。

霍尔心理学主要研究了儿童心理与生理发展的关系，指出人的心理发展与生理发展是同步的，心理的发展离不开生理的发展；霍尔主张复演说，认为人一生的发展复演了人类种族的发展历程，而儿童早期的发展受遗传因素的影响很大；霍尔还将儿童分为婴儿期（0~4 岁）、幼儿期（4~8 岁）、青春前期（8~12 岁）、青春期（12~25 岁）四个阶段，认为每个阶段的特性不同，心理发展水平也不同，主张根据不同年龄阶段的发展实施有区别的教育。

在霍尔心理学的影响下，杜威对心理学产生强烈的兴趣，为实用主义教育思想奠定了心理学基础，使其教育理论顺应儿童的身心发展规律，更具科学性。

（二）芝加哥机能主义心理学派的成立

杜威被认为是芝加哥心理学派的创始人，《心理学》和《心理学中的反射弧概念》是杜威心理学发展的重要成果。在杜威的老师莫里斯看来，《心理学》一书的价值超过了任何其他心理学著作。杜威于 1896 年发表的《心理学中的反射弧概念》一文，更是被认为是芝加哥心理学派正式崭露头角之作，也被看做是机能主义芝加哥学派的正式开始。

杜威心理学理论的形成受达尔文主义、詹姆斯心理学、霍尔心理学以及其他

①［美］简·杜威：《杜威传》（修订版），单中惠译，合肥：安徽教育出版社，2009 年版，第 55 页。

因素的影响。杜威在借鉴前人思想的基础上，进一步推动了美国机能心理学的发展，提出了自己的心理学理论体系，形成芝加哥机能主义心理学派。

1.区分新旧心理学

杜威的心理学对旧心理学与新心理学进行了明确区分，认为两者之间主要存在三个方面的区别。

第一，心理的个人与社会属性。杜威指出："以前的心理学把心理看做纯粹是与一个外部世界直接地、赤裸裸地接触的个人的事情。要问的唯一问题是外部世界与心理相互作用的方式……现在的趋势是把个人的心理看作社会生活的功能——看做不能自己运作和发展的而是需要来自社会媒介的不断刺激并从社会的供应中获得营养的。"[①]所以，在杜威看来，旧心理学是个人所有物，而新心理学具有社会属性。

第二，心理的知识与行动属性。杜威提出，旧心理学是知识心理学、智力心理学，其研究领域狭隘，对人的动机、情感研究较少，对行动的研究几乎没有，严重忽视行动的需要，把观念对行动的影响看做是一种外部附属品。而新心理学研究领域扩大，对动机、情感、行动等有了全新的认识，把它们看做是成功的中介而不是最终目的加以研究。杜威还指出在旧心理学指导下出现的教育问题：目标狭隘，为知识求知识，严重影响了教育质量。

第三，心理的固定与生长属性。杜威认为，旧心理学中心理是固定不变的，认为儿童心理与成人心理相同，只存在一些数量和形体大小的差别。而新心理学把心理看做是一个生长的过程，在不同的时期会呈现出不同特点的能力和兴趣。

2.心理作为一种调节机能存在

杜威认为，心理作为一种调节机能而存在，通过调节使有机体能够适应环境。因此，心理学应该是以环境中发生作用的整个有机体的协调机能为研究对象。

---

①[美]约翰·杜威：《学校与社会·明日之学校》，赵祥麟、任钟印、吴志宏译，北京：人民教育出版社，2005年版，第70页。

杜威认为心理机能的主要器官应该是反射弧起到调节的作用，对反射弧的概念进行了新的解释。在杜威看来，通常所说反射弧的概念，让人感觉心理学是被人拆散了的，不具有连续性。这种概念经常把一个零碎的部分当作一个完整的过程，不利于正确认识事物的本质。杜威认为，反射弧应该被看做是一个完整的、连续的运动，是一个"感觉—运动回路"的过程。

人的心理在反射弧器官的配合下成为一种调节技能，根据环境刺激的变化适时做出调整，朝向有益于人的方向发展。

3.儿童本能与兴趣

杜威的芝加哥机能心理学深入研究了儿童的本能与兴趣，认为人生下来就有原始的本能冲动，儿童的心理发展实际上就是儿童本能发展的过程，儿童的生长也是靠本能发展支撑的。按照杜威的说法，儿童的本能是教育最根本的基础。

杜威认为儿童天生就有四个方面的本能，包括语言和社交的本能、制作的本能、研究和探索的本能以及艺术的本能。在四种原始本能里，最重要的是制作的本能，也就是动手实践的本能。

根据四种本能，儿童相应的有四种兴趣，即语言和社交的兴趣、制作的兴趣、研究和探索的兴趣以及艺术的兴趣。在此基础上，杜威将本能与兴趣的研究成果引入教育领域，认为教育应该考虑儿童的本能与兴趣。

4.儿童发展阶段

受霍尔的影响，杜威在研究儿童心理过程中也将儿童的心理发展分为几个阶段，但与霍尔有所差别，杜威将儿童的心理发展分为三个阶段。

第一阶段（4~8岁），儿童通过活动进行学习的阶段。杜威认为这一年龄阶段儿童是"以直接的社会兴趣和个人兴趣、印象、观念和行动之间的直接的即时的关系为特征的。……所以这个年龄阶段是从参与儿童自己的社会环境中的生活状况选择教材，尽量让他自己重演接近于社会方式的事情——从事游戏、竞赛、作业或微型公益、讲故事、富于想象力的图画和交谈”。[①]

第二阶段（8~11、12 岁），儿童自发的注意阶段。这一阶段的儿童能力逐步增强，活动重点更为广泛，能够学习间接知识。教育要使得儿童能够认识到活动的意义，以及对实现结果所采取的探究和操作方法有所认识，并能理智地进行控制。

第三阶段（11、12 岁之后），儿童反射的注意阶段。“当儿童对现实的各种状态和各种活动方式有了充分的直接的了解时，当他充分掌握了与经验的各个方面相适应的方法，掌握了思维、探究和活动的工具，能够为了专门的、智力的目的而对不同的学科和艺术进行专门研究时，这个时期就到来了。”[②]这一阶段的儿童已经开始学习系统化的专门知识，拥有了某种习惯并掌握了科学的思维方式，儿童视野也变得开阔与自由。

机能心理学注重意识对环境的适应作用，重视个体差异理论对杜威实用主义教育思想产生的重要影响。正是在机能心理学理论之上，杜威提出了与传统教育不同的教育思想和教学方法，开辟了教育学新的理论方向，为美国教育发展指明了新的道路。

三、社会学基础：民主主义信念

杜威的社会观是影响教育观的重要因素之一。杜威追求民主主义，把教育作为构建民主主义社会的有效手段。他指出：“除非教育有某个参照点，否则它必然是无目的的，缺乏一个统一的目标。必须承认要有一个参照点。……一个统一的参照点，这就叫做民主主义。”[③]因此，杜威的社会观成为研究杜威教育思想的重要线索。

---

①冯克诚主编：《杜威实用主义教育思想与论著选读》（下），北京：人民武警出版社，2011 年版，第 43 页。
②冯克诚主编：《杜威实用主义教育思想与论著选读》（下），北京：人民武警出版社，2011 年版，第 47 页。
③滕大春主编：《外国教育通史》（第五卷），济南：山东教育出版社，1993 年版，第 252 页。

杜威指出，民主的内涵广泛，不仅指政治上的民主，真正的民主应该表现为一种生活方式。民主要做到积极征询每个人的意见，使每个人本身成为权威过程和社会支配过程的一部分，使每个人的需要与欲望有被记录下来的机会，并在社会政策的决定上起作用。

杜威所说的民主，并非是静止的，“没有生活方式站着不动或能够站着不动；它或者往前走，或者往后退，往后退的结果是死亡。作为生活方式的民主主义不能站着不动。如果它要继续存在，它亦应往前走，去适应当前的或即将到来的变化。如果它不往前走，如果它企图站着不动，它已开始走上引导到灭亡的道路”。①

杜威指出，教育是实现民主社会的有效途径，认为“民主主义与教育有相互的关系，因为不但民主主义本身是一个教育的原则，而且如果没有我们通常所想的狭义教育，没有我们所想的家庭教育和学校教育，民主主义便不能维持下去，更谈不到发展。教育不是唯一的工具，但它是第一的工具，首要的工具，最审慎的工具”。②可见，民主主义与教育密不可分。一方面，实现民主主义社会离不开人才，人才的培养靠教育；另一方面，民主主义又是教育的原则，教育是实现民主主义社会的途径与方法。因此，在民主主义社会理想的基础上，民主主义教育要求打破传统教育桎梏，尊重儿童身心发展规律，采取适合儿童发展的教与学的方式。此外，民主主义教育还在民主和谐师生关系的构建等方面提出了要求。

四、生物学基础：达尔文进化论

达尔文的进化论对西方思想界影响深远，对哲学、心理学、教育学等领域都产生了重大影响，在教育界受达尔文进化论影响显著的就有杜威的实用主义教育思想。

达尔文的进化论强调“优胜劣汰，适者生存”，主张只有符合自然、社会发展规律的事物才会被留下来，反之就会被淘汰。从进化论的角度思考教育问题，能

①[美]约翰·杜威：《人的问题》，傅统先、邱椿译，上海：上海人民出版社，2014年版，第46页。

②滕大春主编：《外国教育通史》（第五卷），济南：山东教育出版社，1993年版，第252页。

够对教育产生新的认识。根据进化论,教育教授的知识应该是经过优胜劣汰的知识,只有那些有利于人类发展的知识才能够传承下来,因此知识要根据不断变化的环境而变化。

杜威接受达尔文的进化论思想,指出“人总是生存在各种环境之中的,有机体要生存下去,就必须适应环境。而在人与环境相互作用的过程中便产生了经验,这种经验使人与环境形成一个不可分割的整体,而心理就是在生物与环境的相互作用过程中形成的,并且认为心理学必须对环境与心理活动作整体性的理解”。

杜威还吸收了达尔文学说中“事物的一种整体性的观念样式”和生物进化意识，从反驳二元对立的认识论前提入手，提出了超越二元对立的整体性生存论和包括实验方法及探求逻辑的新经验论，进而构建起了极其丰富的实用主义理论体系。

此外，达尔文的进化论给了杜威思维方式的启迪，杜威吸收了进化论的思想,提倡知识的学以致用,成为实用主义教育思想的重要部分。由此可见,进化论为杜威实用主义教育思想的形成提供了生物学基础。

五、人性论基础:人性可变论

杜威的人性论主要在《人性可变吗?》中获得了阐释。杜威认为“人性是可变的”,而其关于人性可变的解释则是独具特色的。

杜威在这本书中指出,人性当中既有固定的部分也有可改变的部分。人性当中有不可改变的需要,但是这部分需要的表达方式却是可以改变的。因此,从这个意义上来说，人性是可变的。但是，人们总是混淆人性中的可变与不可变因素,导致一部分人形成了人性的不可变理论。人性不可变的理论是悲哀的,这意味着不论做出各种努力,结局都是不可逆转的,人性都是不可变更的。

杜威主张"人性可变"成为其实用主义教育理论的人性论基础。杜威认为，只有在人性可变的基础上，才能确保教育的有效性，若人性是不变的，就意味着教育无用，意味着教育与否、教育质量好坏对于人的本性不会产生影响，人的本性不会变化。"教育的意义就是要改变人性以形成原初人性中所没有的新的思考方式、感觉方式、奋斗方式。如果这些都不可改变，那么就没有教育，只有训练。"[①]所以，承认人性的可变成为杜威教育思想形成的前提，反之，一切都是无效的。

①[美]约翰·杜威:《民主·经验·教育》,彭正梅译,上海:上海人民出版社,2009年版,第272—273页。

第四节　实用主义教育思想的实践基础

杜威实用主义教育理论是经过实践检验的产物。杜威的教育思想不仅受到时代因素、成长经历以及各种理论的影响，还是经过实践验证，并在实践中确立的理论体系。提及杜威的教育实践，最重要的当属芝加哥大学实验学校（又称“杜威学校”“芝加哥大学初等学校”）的创立。

一、芝加哥大学实验学校的发展过程

芝加哥大学实验学校成立于 1896 年，最初学校名称是“大学初等学校”，直到 1902 年才改名为“芝加哥大学实验学校”。学校成立之初，只有 16 位学生，2 位教师。之后，学校得到不断发展，得到更多的外界支持，到 1903 年，学生人数达到 140 名，教师人数达到 23 名，还有另外的研究生助教加入，学校规模不断壮大。

尽管学校规模在进一步扩大，但自 1901 年前后，学校逐步出现了一系列的管理问题，杜威开始与校方产生矛盾，关系越来越紧张。直至 1904 年因矛盾无法调和，杜威离开芝加哥大学实验学校，这个曾轰动一时的学校也很快销声匿迹。

在杜威看来，芝加哥大学实验学校的办校目的在于检验作为工作假设的某些来自哲学和心理学的思想。也正是杜威把理论与实践结合的想法，才有了芝加哥大学实验学校的成立。

二、芝加哥大学实验学校的办校特色

芝加哥大学实验学校是一个实验场所，主要是为了检验杜威自身思想中的基

本假设，主要包括：第一，如何使儿童的家庭生活与学校教育更密切地联系起来；第二，如何使儿童在学校中学到的知识与他的经验相互联系；第三，如何激发儿童学习知识和技能的动机、兴趣；第四，如何使教材和儿童的活动相联系；第五，如何处理发展个性与社会合作的关系。

经过检验，芝加哥大学实验学校体现了杜威的办校理念，德彭希尔[①]总结道："一是使学校与儿童的家庭生活联系起来；二是儿童应该适应现在的生活，而不仅仅为将来的成人生活作准备；三是学校成为儿童通过问题而激发好奇心的一个场所，面对挑战的儿童在那里尽可能运用自己的方法去发现结论；四是应该使儿童得到训练；五是教师牢记教学的中心是儿童而不是教材。"[②]而这些办校理念与杜威实用主义教育思想的主张是一致的，可见芝加哥大学实验学校时期的实践对杜威的影响是深远的。

芝加哥大学实验学校的课程计划依据不同年级、不同班级的特点制定；通过活动进行教学，让学生在活动中、经验中生长；学校教学符合儿童兴趣，把兴趣作为教学的原则之一；构建了新型的师生关系，教师作为咨询者、指导者，而不是权威。此外，芝加哥大学实验学校在学校管理、课程改革、教学组织、人际关系等方面都做出了不同于传统教育的努力，实践与发展了杜威的教育思想。

三、芝加哥大学实验学校的实践价值

芝加哥大学实验学校只存在了短短 8 年时间，就由于财政问题、行政管理问题以及杜威突然辞职而遗憾地结束了。但芝加哥大学实验学校产生了比较深远的影响。一方面，对当时美国进步主义教育运动来说，芝加哥大学实验学校是一个很好的楷模，标志着进步主义教育运动的开端；另一方面，对杜威本人来讲，实验学校是检验其教育理论的实践场所，芝加哥大学实验学校的开办，检验了杜

①德彭希尔：《芝加哥大学实验学校史》(*The History of the Laboratory Schools, the University of Chicago*)一书的作者。

②单中惠：《现代教育的探索：杜威实用主义教育思想》，北京：人民教育出版社，2001 年版，第132页。

威的教育理论，并使其更为充实。正是因为此时期的教育实践，杜威才开始慢慢形成自己独具特色的教育思想。此外，芝加哥大学实验学校的创办也为杜威撰写教育论著提供了大量素材，其中《民主主义与教育》一书的问世就在很大程度上得益于芝加哥大学实验学校的实践，《民主主义与教育》的出版也标志着杜威实用主义教育思想的正式形成。

芝加哥大学实验学校存在的时期是杜威实用主义教育思想形成的关键时期，对学校创办历程、课程设置、教学方式、师生关系、管理风格等方面的进一步研究是深入了解杜威实用主义教育思想的必要之举，具体内容详见本书第四章。

第三章

中学教书经历与职业生涯的确立

佛蒙特大学

第一节 大学毕业结缘中学教育

在杜威长达93年的人生和学术道路中，他曾经在佛蒙特大学、约翰·霍普金斯大学求学，之后还分别在密歇根大学、芝加哥大学和哥伦比亚大学三所高校做过大学老师，直至他退休。在漫长的职业生涯中，杜威和大多数教育家成长经历一样，在中小学担任过老师。1879年，杜威从佛蒙特大学毕业，随后他分别在宾夕法尼亚州的石油城中学（Oil City High School）（1879—1881年）和佛蒙特州夏洛特村（Charlotte）的莱克维尤高级中学（Lake View Seminary）（1881—1882年冬）教了3年书。对杜威这段鲜为人知教书生涯材料进行挖掘与整理，有助于我们了解这位教育家的成长历程，有助于我们了解这段经历对杜威后来职业生涯的影响，更有助于我们了解他实用主义教育思想形成的历史渊源。

杜威在来到石油城中学任教之前，刚刚从佛蒙特大学（University of Vermont）毕业。1875年，杜威进入佛蒙特大学学习，成为杜威家族的第一个大学生。在大学求学期间，他兴趣非常广泛，学习勤奋努力，读书如饥似渴，他几乎读完了佛蒙特大学所有引起他注意的书籍，这对他的思想产生了深刻的影响。

杜威从小学到大学一直是个学霸，他仅用了3年的时间就完成了4年中学课程，1875年以优异的成绩从中学毕业。在大学学习阶段，杜威的成绩也一直名列前茅。“在大学前三学年里，杜威的各门课程的平均成绩为83.5分。但由于对第四学年的课程特别感兴趣，他的平均成绩提高为92.35分，在同一班毕业的18位学生中名列第二。”[①]因此，杜威不仅以全班第二名的优异成绩从大学毕业，获得了文学士学位，更由于他突出的表现，还在毕业典礼上获得了全美大学优秀生联谊会（Phi Beta Kappa）会员的资格。

①单中惠:《现代教育的探索:杜威实用主义教育思想》,北京:人民教育出版社,2002年版,第8页。

虽然杜威以优异的成绩从大学毕业，他却没有找到一份适合的工作。这时候的杜威没有工作，没有生活的目标，不知道该往哪儿去，一切都显得那么的无助。对此，杜威的女儿简·M.杜威(Jane M. Dewey)在她的一篇文章中这样写道：

毕业的那年夏天，杜威感到非常的忧虑，因为他像其他年轻的毕业生一样没有确定好自己的工作。其实，杜威很想得到一份教师的职位，由于他的年轻和经验的缺乏导致他很难找到这样的工作。但他的经济状况又让他感到，找到一份工作对他来说是一件非常重要的事情。[①]

正当为工作一筹莫展的时候，1879 年 9 月下旬，杜威接到了远在宾夕法尼亚州石油城担任中学校长的表姐阿菲娅·威尔逊(Affia Wilson)的一封电报，告诉杜威她所在的学校正好缺一名老师，于是杜威在石油城中学找到了他第一份教书的工作，开始了他两年的教书生涯。[②]

石油城是一座位于宾夕法尼亚州西北部的工业城市，它位于石油河谷口，临阿勒格尼河（Allegheny River)。1825 年，这个地方形成了名为康普兰特(Cornplater)的村庄。1859 年 8 月 27 日，在该村北约 24 公里处发现美国第一个油田。随着人口的增多和石油工业的发展，当地老百姓干脆把这个村庄改名为“石油城”，它的原名很快就被人们遗忘了。

杜威来石油城工作的时候，正是宾夕法尼亚州石油开采和工业发展的黄金时期，而石油城所在地的油井产量是全美最高的。放眼望去，随处可见高耸的井架、轰鸣的钻机、星罗棋布的抽油机，到处呈现出一派欣欣向荣的景象。1860 年时，这里只有 12 户人家聚居，人口不过 50 人。随着第一口油井成功出油，人们疯狂地蜂拥而来，想得到一块地盘开井采油。这个小村的人口一夜之间成倍增加，到 1880 年的时候，人口已增加到 7315 人。[③]随着人口的增加，物质的日益富足，人们对教育的需求有了更高的要求。

---

① Paul Arthur Schilpp.*The Philosophy of John Dewey*.Evanston,Chicago:Northwestern University,1939.p.13.

②Jay Martin. *The Education of John Dewey:A Biography*.New York:Columbia University Press,2002.p.47.

③杨光富:《西方著名教育家的成长之路》,上海:华东师范大学出版社,2016 年版,第 216 页。

第二节　最初的教书生涯不尽人意

19世纪七八十年代，石油城仅有一二所小学，直到1875年这里才有了第一所中学——石油城中学。这所中学主要为石油城精英们的后代提供中等教育。石油城中学一开始没固定的校舍，而是租住别处的房子进行教学。在杜威到来的前一年，即1878年，才正式新建了一栋砖石结构的三层楼房。

“这栋坐落在中央大道（Central Avenue）上的教学楼可以容纳200多名学生，但在杜威任教的两年里，只有45名学生入学，19名学生毕业。”[①]可见，这所中学的规模并不算太大，估计当时学校的在校生约为70~90名。

石油城中学像很多同期其他中学一样，很少有档案记录。所以，关于杜威在石油城中学的教书情况无从得知。乔治·戴克威曾（George Dykhuizen）在一篇文章中提到：

> 杜威在这所中学任教的唯一证据是他参加的两次毕业典礼：一次是1880年6月7日；另一次是1881年6月10日。两次毕业典礼都记录了杜威是当时学校的副校长以及三位教师中的一位。[②]

从这段文字可以推断，当时石油城中学的规模的确很小，只有三名教师，除了杜威是男教师外，另外两名均为女教师，一位是该校的校长，即杜威的表姐阿菲娅·威尔逊，另一位是肯特（E. A. Kent）小姐。

杜威在这所中学担任的职务是副校长，每个月的薪水仅有维持糊口的40美元。他主要给学生们教授几何、自然科学和拉丁语等几门课程。不到20岁的杜威

---

① Jay Martin. *The Education of John Dewey: A Biography*. New York: Columbia University Press, 2002. p.48.

②［美］简·杜威：《杜威传》（修订版），单中惠译，合肥：安徽教育出版社，2009年版，第110—111页。

虽然认识希腊语与拉丁语，对德语也略知一二，但对女孩却一无所知，不知道如何与女孩子交往。后来，他告诉他的妻子，在和她恋爱之前，他已“暗恋”上他的表姐阿菲娅，但他却不知道如何向她表白。他曾直率地告诉他的学生马克斯·伊士曼（Max Eastman）说：“在我 19 岁的时候，我曾试图与我的表姐发生一些风流韵事……我觉得应该做点什么，但我做不到。因为我太害羞了。”[①]

如果杜威不那么害羞的话，也许会与他的表姐阿菲娅·威尔逊结婚，并一直在石油城中学工作生活下去，世界上也许就没有这位伟大的教育家了。

在中学教授那些功课对杜威来说是一件驾轻就熟的事，但由于杜威年轻又没有接受过专门的教学训练，又缺乏实际的教学经验，所以最初的教书生涯不尽人意。好在他的表姐阿菲娅随时都为他提供建议与帮助，但直率的表姐在帮助他时却不分场合和地点，有时让杜威非常的难堪。“在（阿菲娅）对杜威指手画脚时，根本不管学生们是否在场。这种做法使学生们忍俊不禁，却使杜威困窘万分。”[②]当同学们与杜威开玩笑嘲笑阿菲娅这位亲戚过于谨慎时，杜威在言辞之间却“丝毫没有掩饰内心的不悦”。

虽然，初为人师的杜威教学显得“笨手笨脚”，但这里的学生都非常的友好朴实、规矩懂事。更重要的是，杜威对学生的态度非常热情、真诚，从而赢得了同学们对他的尊重与爱戴。“那些本来可能会欺负杜威年轻而趁机捣乱的孩子们完全被他的亲切、真诚和谦逊所打动，因而几乎从未给杜威添过任何麻烦。与杜威离开很久以后石油城教育界所流传的说法相反，杜威曾经教过的学生都认为杜威先生深受大家的爱戴，学生在他的面前犹如在其他两位老师面前一样，无拘无束，轻松自然。”[③]

①Jay Martin. *The Education of John Dewey*:*A Biography*.New York:Columbia University Press, 2002.p.48.

②［美］简·杜威：《杜威传》（修订版），单中惠译，合肥：安徽教育出版社，2009 年版，第 111 页。

③杨光富：《西方著名教育家的成长之路》，上海：华东师范大学出版社，2016 年，第 216 页。

第三节　教学之余的哲学研究

杜威在石油城中学的教学任务并不重，备课也不需要花费太大的精力。因而，杜威可以有足够的时间去做其他的事情。但当时的杜威由于性格内向、害羞，并且没有熟悉的朋友，他唯一可做的就是读书，思考哲学上的一些问题，并尝试撰写哲学论文。

当时他住在石油城南部的一个寄宿公寓里，同住在公寓里的还有石油交易所的两位年轻经纪人。同宿舍的经纪人塞尔登（E.V.D. Selden）对杜威的印象十分深刻，他回忆说："杜威非常勤奋好学，同时也是一个不苟言笑、性格内敛的人，他常常坐在桌旁，不爱说话，也不大跟别人交往。晚上当舍友们吃饭的时候，他却一个人在房间里读书，似乎完全沉迷在他的思想之中。"[①]

塞尔登还讲述了杜威在愚人节发生的一则笑话：当人们给他端来用羊毛做成的煎饼时，他竟然拿起来心不在焉地吃了起来，最终发现真相后，他既没有和大家一起欢笑，也丝毫没有感觉到有趣。

另外，当时石油城的人们最热衷谈论的话题是石油，人们对石油投资的热情日益高涨。当塞尔登怂恿杜威借钱去投资当时已是石油界巨头的"美孚石油"时，一心想做学问的杜威却无意投资，依然故我地过着"借书不借钱，煤油灯非石油"的生活。[②]

在佛蒙特大学求学期间，杜威学习了希腊文、拉丁文、修辞学、文学、历史、哲学、政治经济学和心理学等课程。大学前两个学年所开设的课程，没有给杜威留下深刻的印象。但是，在大学图书馆里，杜威阅读了当时正在流行的书籍和期刊。

---

① Jay Martin. *The Education of John Dewey: A Biography*. New York: Columbia University Press, 2002.48.

②[美]简·杜威：《杜威传》(修订版)，单中惠译，合肥：安徽教育出版社，2009年版，第110页。

根据佛蒙特大学图书馆的记载证明，在杜威读大学一年级时，从图书馆借出的第一本书就是《思辨哲学杂志》(*Journal of Speculative Philosophy*)第一卷，即1875年5月刊。《思辨哲学杂志》是由威廉·多利·哈里斯(William Torrey Harris)主编。正是这本杂志，让杜威对哲学产生了兴趣。

毕业后的杜威仍然继续保持着对哲学的兴趣。“在教学之外，杜威潜心思考哲学问题，阅读了大量的哲学著作，尤其是德国古典哲学著作。”[①]当时哲学关注的焦点是机械唯物论，杜威的注意力完全被它吸引了。为此，杜威还撰写了《唯物论的形而上学假设》(*The Metaphysical Assumptions of Materialism*)一文。杜威在这篇论文中指出，唯物论的形而上学假设不会导致唯物一元论，而是物质与精神的二元论以及精神的直觉主义。1881年5月1日，杜威把这篇论文投到了《思辨哲学杂志》，并附上一封写给主编哈里斯的信，信中写道：

> 亲爱的先生，这里是一篇关于“唯物主义的形而上学假设”的短文，如果您能在您的“书评”中采用，我将十分高兴。我想您一定被许多这类的询问所困扰，然而如不太麻烦的话，我很想高兴地知道，在您不采用这篇稿件的情况下您对它有什么看法。是否认为它表明了某种能力，使我确有理由把很多时间投放在这一类话题上。您的意见将使我十分感激，因为我是一个正在疑虑怎样运用自己读书时间的年轻人，您的意见会对我十分有益……[②]

让杜威感到高兴的是，这篇论文于1882年4月正式公开发表，这是他发表的第一篇哲学论文。更令杜威意想不到的是，主编哈里斯还在百忙之中给他写了一封热情洋溢的回信，高度评价了他的这篇论文。初战告捷让年轻的杜威倍感鼓舞，信心大增，这也促使这位新的作者继续他的哲学研究，并最终走上了哲学研究的道路。

---

①吴式颖、任钟印主编：《外国教育思想通史》(第九卷)，长沙：湖南教育出版社，2002年版，第308页。

②陈亚军：《实用主义：从皮尔士到普特南》，长沙：湖南教育出版社，1999年版，第112页。

第四节　将哲学研究作为终身的事业

两年后，表姐阿菲娅因为嫁到外地辞掉了中学校长的职务。没有阿菲娅的帮助与依靠，杜威不得不回到了自己的家乡柏林顿。杜威回到家乡不久，就在夏洛特村莱克维尤高级中学谋到了一份教师的工作。莱克维尤高级中学位于柏林顿以南16英里的一个村庄，离杜威的家也不算太远。这是一所规模较小的私立中学，学生只有30多名，年龄从12到20岁不等，大多是农民家庭的孩子。之前，美国卫理圣公会一直在接济夏洛特村的一所学校，但这所学校在1880年11月的一场火灾中付之一炬。1881年，学生家长和社会各界人士自发筹资在学校原址上建起了一所新的校舍，并将其改名为"莱克维尤高级中学"。在学校董事会的邀请下，杜威于1881年冬来到这所学校主持学校的各项事务。

当时的夏洛特村风景迷人，它拥有一所中学、一座教堂、一家鞋店、一个铁匠铺，居民大约有20来户。杜威平时住在一个农户家里，只有周末的时候才搭乘火车回家。由于这里的学生大多是农民的孩子，家长忙于家务，没有时间管教他们，孩子们的成绩普遍较差。虽然大部分学生都较为朴实，中规中矩，但仍有一些年龄较大的学生个性顽劣，打架斗殴、搞恶作剧以及开教师玩笑的事时有发生。因此，杜威和学校里的其他教师为这些学生大伤脑筋。但由于杜威"羞涩、太过于绅士风度，而不是一位厉害的训导教师"，因此他付出的一番心血并没有带来多大的成效。当年的学生安娜·拜因顿（Anna L. Byington）曾回忆说："我特别记得杜威在教学时的两件事：一是男生们是那样的调皮捣蛋，另一件是杜威先生每天上课前如此热情洋溢的长篇祈祷辞。"①

杜威在莱克维尤高中的教书期间，还特地看望了佛蒙特大学期间的恩师托里（H.A.P. Torrey）教授。托里跟杜威的关系亦师亦友，不仅在佛蒙特大学求学期

①［美］简·杜威：《杜威传》（修订版），单中惠译，合肥：安徽教育出版社，2009年版，第115页。

间，托里教授给予了杜威很大的指导和帮助，而且在杜威离开佛蒙特大学后的很长一段时间，他们依然保持着联系。由于教学任务不重，不必每天到学校，这让杜威有更多的时间与托里面对面地交流，让他在学术研究和职业生涯上有了明确的努力方向。

托里教授是杜威大学 4 年中对他影响最大的一位老师。在大学的最后一年里，托里开设心理学和哲学课程。他通过哲学课程向同学们系统地介绍了康德、黑格尔和谢林等哲学家的思想，杜威从中受益匪浅，这可以从多年之后杜威写给托里的信件中看出。杜威在 1883 年 11 月 17 日写给托里的信中这样说：

> 我要感谢您的帮助，因为在我开始学习时您给我介绍了康德。我想，我对哲学已有了更好的了解，超过我用其他任何方法所了解的……它必定会给我的全部思想引入一个彻底的变革，同时为我的其他阅读和思考提供了一个基础。①

由此可见，托里教授在杜威学术道路上产生了巨大的影响。因为莱克维尤高级中学的工作直到冬季才开始，所以杜威有几个月的空闲时间来阅读一些古典哲学著作。托里推荐给杜威的第一本书是犹太裔荷兰籍哲学家巴鲁赫·德·斯宾诺莎（Baruch de Spinoza，1632—1677）的著作《伦理学》，当时正值斯宾诺莎逝世 200 周年，所以《伦理学》杂志上有多篇关于斯宾诺莎泛神论的讨论。在托里的指导之下，杜威花了三个多月时间完成了《斯宾诺莎的泛神论》一文，这是杜威继《唯物论的形而上学假设》一文后写的第二篇文章。杜威依然把这篇文章投给了哈里斯主编的《思辨哲学杂志》，该文最终于 1882 年 7 月成功发表。在托里教授的指导下，杜威陆续在学术刊物上发表论文，论文的成功发表更加让杜威坚定了把哲学研究作为自己终生事业的决心。

杜威与托里通常在他们附近树林散步时讨论一些哲学问题。这样托里可以自由充分地表达自己的观点，而杜威也从老师身上进一步发现了这位思想家的魅力，他们师生之间的情感更加密切了。杜威女儿回忆说："托里教授一直很看

① 单中惠：《现代教育的探索：杜威实用主义教育思想》，北京：人民教育出版社，2002 年版，第 7~8 页。

重也很关心杜威。杜威从宾夕法尼亚(石油城中学)回来之后,托里欣喜地发现杜威还保留着对哲学的兴趣，于是就花费大量的时间指导他有系统地阅读哲学史名著,让他学习和理解那些富于哲理性的德国哲学著作。吃过晚饭,当夕阳的余晖洒在小镇上空的时候,他常和杜威长时间地在森林间散步,同这位学生探讨哲学问题,谈他自己在教室里从未讲过的观点。”①

杜威除了与托里讨论哲学问题之外,还多次谈论到他的前程问题,讨论的结果是他不能继续在中学任教了。托里建议,杜威不应该把担任中学教师作为自己的终身职业,应该把哲学作为自己的终身职业。

在经过一番思考之后,杜威听从了托里的建议。他很快就制订了在约翰·霍普金斯大学攻读研究生的计划。杜威之所以选择这所大学,因为它是美国第一所研究型大学,是一所适合创造性研究并能获得真才实学的高等学府。

托里对杜威的这一决定非常高兴。1882 年 2 月 11 日，他还亲自给约翰·霍普金斯大学哲学系教授乔治·莫里斯(George S. Morris)写推荐信。托里在信中简要地介绍了杜威在哲学研究方面的优异表现，希望能提供奖学金。他写道:“请允许本人在此把约翰·杜威先生推荐为申请约翰·霍普金斯大学哲学系研究生奖学金的申请者。杜威先生 1879 年以优异的成绩毕业于佛蒙特大学,在大学期间就在哲学领域显示出优异的才能,自毕业后又一直对哲学进行了专门的研究。……我相信，假若他有机会培养这一方面的潜力，凭借他高尚的人格和对哲学的热爱,肯定会获得最好的成果。”②

经过一番努力,杜威终于在 1882 年 9 月进入约翰·霍普金斯大学,开始了他的研究生学习生涯。自此,杜威的中学教学生涯正式结束。

①张宝贵:《杜威与中国》,石家庄:河北人民出版社,2001 年版,第 6 页。

②[美]简·杜威:《杜威传》(修订版),单中惠译,合肥:安徽教育出版社,2009 年版,第 118 页。

第五节　三年教书生涯的影响

从上述的史料可以看出，杜威在中学3年的教书经历并不算成功，但对杜威后来的职业生涯和教育思想的形成却产生了重要的影响，因为正是这3年的教学经历，让他了解到了基础教育的现状，为他后来构建实用主义教育思想理论体系奠定了很好的实践基础。更重要的是，通过3年的教学经历，让他意识到自己并不适合做中学教师，应该把哲学研究作为自己终身的职业。之后，他正式决定离开中学，到约翰·霍普金斯大学攻读博士学位，从此他的人生之路发生了重大的转折。

首先，促使杜威把哲学研究作为今后的职业主要归功于两个人，一个是佛蒙特大学的哲学教授托里先生，另一位就是《思辨哲学杂志》的主编哈里斯博士。

在佛蒙特大学读书期间，由于受到托里教授的影响，杜威就萌发了今后要研究哲学的想法，佛蒙特大学是他学术研究和职业生涯的起点。杜威回忆：

> 佛蒙特大学教授托里先生是一个真正有见识和有教养的人，对美学具有明显的兴趣和爱好。……托里是一位优秀的教师，我的成长应该归功于他对我的双份恩惠：一是他使我的思想明确地转向了把哲学研究作为终身的职业；二是在那一年里他用了大量时间对我进行指导，我开始专心于哲学史方面经典著作的阅读，并学习富有哲理性的德国哲学著作。①

在莱克维尤高级中学任教期间，杜威接受了托里的建议，把哲学研究作为自己的职业。他说："在托里教授指导我自学的那一年，我决定把哲学作为我毕生的研究对象。因此，第二年(1884)我进入了约翰·霍普金斯大学，开始了新的目标：'研究生学习'。"②

①[美]简·杜威：《杜威传》(修订版)，单中惠译，合肥：安徽教育出版社，2009年版，第117页。

②[美]简·杜威：《杜威传》(修订版)，单中惠译，合肥：安徽教育出版社，2009年版，第47—48页。

应该说，正是托里造就了杜威这样一位未来的思想巨人，也正是托里的影响与建议，杜威才最终将哲学研究作为自己的职业。

哈里斯的肯定与鼓励对杜威最终选择哲学研究也功不可没。杜威的《唯物主义的形而上学假设》和《斯宾诺莎的泛神论》等多篇文章都成功发表在《思辨哲学杂志》上。而杂志主编哈利斯还给年轻的杜威回信，并肯定《唯物论的形而上学假设》这篇文章“表现出一种卓越的哲学见解”。杜威指出：“哈里斯给我的答复是那样的鼓舞人心。所以，在我决定想把哲学研究作为一种职业生涯时，哈里斯的答复是一种突出的因素。”①

其次，这段时间的教书经历，也让杜威第一次思考了教师和学生之间的关系问题，为最终确立“儿童中心论”奠定了基础。前面的论述可以看到，石油城中学的学生非常“调皮捣蛋”，莱克维尤高级中学的学生也非常“个性顽劣”，打架斗殴的事情也时有发生，但杜威并没有像传统教育那样以教师的权威威胁、监督和惩罚学生，而是以“亲切而真诚的态度”来对待学生，从而赢得了学生的尊重与爱戴。“这三年中学教师的教育实践，对后来实用主义教育理论的形成无疑产生了重要的影响。”②

最后，短暂的教书经历也激发了杜威对教育研究的兴趣。我国著名的杜威教育研究专家华东师范大学的单中惠先生曾这样评价杜威在中学的这段教学实践：“他不仅在承担教学工作的同时继续哲学的研究，而且开始对教育感兴趣，并萌发了把哲学、心理学和教育学结合起来进行研究的想法。这使杜威有了一个新的学术研究领域。应该说，这是他探索现代教育的开始。”③

①[美]简·杜威：《杜威传》(修订版)，单中惠译，合肥：安徽教育出版社，2009年版，第48页。

②杨光富：《西方著名教育家的成长之路》，上海：华东师范大学出版社，2016年，第215页。

③[美]简·杜威：《杜威传》(修订版)，单中惠译，合肥：安徽教育出版社，2009年版，前言第2页。

第四章

芝加哥大学实验学校的实践

现芝加哥大学实验学校外景

第一节 实验学校的创办动因与概况

杜威在担任美国芝加哥大学哲学、心理及教育学系系主任期间,创办了一所蜚声遐迩的芝加哥大学实验学校(通常被称为"杜威学校"),该学校不仅是杜威在其长达半个多世纪的教育生涯中唯一的一次办学实践探索,更以其鲜明的办学特色和大胆的教育实验探索成为美国进步主义时期教育实验与改革的典型代表。杜威实验学校的教育探索,尤其是其在课程、教学及管理等方面的一系列改革和尝试,对检验杜威实用主义的教育理念、推动其哲学、心理学及教育学思想的融合和促进其教育理论的系统化和成熟化产生了重要影响,并对20世纪前期美国进步主义教育改革实践起到了引领作用,杜威也因此名声大噪。美国著名教育史专家克雷明在《学校的变革》中称杜威实验学校是美国教育界最引人注目的教育实验园地,而一些研究者更是坚决地认为,在杜威学校之后,"没有任何学校能在影响、质量和贡献上比得过它"。①

改革的实质在于除旧布新,大多数改革的动因直接源自实践中所产生的矛盾和问题,正所谓"危机引发改革,改革产生困惑"。②杜威学校的实践变革直接源于19世纪后半期美国不尽如人意的学校教育。

在19世纪中期,美国掀起了轰轰烈烈的"公立学校运动"。所谓"公立学校运动"是指在美国社会发展过程中的各种社会力量的作用下,社会人士、教育家和美国民众为建立一种对所有儿童开放、依靠公共税收支持和实现公共管理的、不属于任何教派的、统一的、免费的公立学校制度而进行的一场美国公共教育领域内的变革。

---

①Lawrence A. Cremin. *The Transformation of the School, Progressivism in American Education*, 1876—1957. New York: Vintage Books, 1964.p.136—137.

②钟启泉:《中国课程改革:挑战与反思》,《比较教育研究》2005年第12期,第18页。

这场运动的背后隐含着美国民众指望学校和教育来解决一系列社会问题的美好愿景，美国的教育问题似乎一开始就与政治、经济、社会等问题捆绑在了一起。对于美国中上层民众而言，拿出部分赋税支持公共教育，在为处境不利的孩子提供教育机会的同时，也减少了社会的不安定因素，从而为自身进一步的发展提供安全的环境；对于底层民众而言，教育是他们改变命运和进入社会上层的重要通道；而对于所有公民而言，普遍的教育能够培养下一代拥有廉洁、正直、智慧等政治品质，从而能够更加理性地行使民主选举的权力。①总之，教育承载着美国民众美好的愿景和希望。

然而，美国公立学校运动在行进的过程中并不是一幅合众为一的公共教育理念凯歌前进的胜利图景。那些在美国民众看来与教育息息相关的社会问题并没有随着学校教育的公共化而消散。尤其到了 19 世纪末期，当令民众魂牵梦萦的“美国理想”被长期的政治腐败、文化危机、公共暴乱、工人失业、经济贫困等社会现实消磨得几近破灭时，人们似乎又本能地将这些问题转嫁于学校。在芝加哥，一份针对公立学校课程与教学方式的详尽的调查报告引起了民众的关注，学者瑞斯（J. M. Rice）率先对公立学校系统发难。他在 1893 年发表于 4 月号“芝加哥论坛”上的严厉批判公立学校的文章，一石击起千层浪，迅速点燃了芝加哥民众长期积蓄的对学校教育的不满和担忧。学校管理不讲科学和效率、教学方法机械落后、教育过程无视心理学和儿童学关于儿童的最新研究成果、教育内容严重脱离社会生活和教师的无能等问题，频频出现在公众对公立学校口诛笔伐的舆论中。库班（Larry Cuban）曾这样描述当时美国的学校教育：

> 课堂上，语言表达是以教师的讲授为主。教学过程中学生活动只有在教师的允许下才能进行。课堂活动集中围绕着教师的问题和解释、学生背诵以及教科书布置的任务来进行。每一间教室里一排排固定着面对着黑板的课桌和讲台，所要求和反映出的都是行为的整齐划一。②

①Robert L. *Mccaul. Dewey' Chicago*. The School Review，1959，67(2).p.268.

②Larry Cuban. *How Teachers Taught: Constancy and Change in American Classroom*，1890—1990. New York：Longman，1984.p.30.

杜威创办实验学校的实践动因直接根源于他对这些问题的观察和反思。在密歇根大学后期，他把关注的目光更多地投向社会现实问题。在他看来，教育与社会改革密切相关，教育是社会改革与民主进步的基本方法。正如他在后来出版的《学校与社会》中所言："当学校把社会的每一个儿童引入并培养成为这样一个小共同体的成员时，用服务精神熏陶他，并为他提供有效的自我指导的手段，我们就得到了一个有价值的、可爱的、和谐的大社会之最坚实、最美好的保障。"① 杜威相信，惩罚与运动只能奏一时之效，根本的、持久的社会进步必须依靠教育。因此，当他出任芝加哥大学哲学、心理学和教育学系主任后，立刻向校方申请创办实验学校，将实验学校作为哲学理论的"实验室"，投身于对教育的改革与探索中。

1896 年 1 月，在接受芝加哥大学划拨的 1000 美元经费后，实验学校在金卫克大街 5714 号的一处私人住宅中正式开学。学校名称定为"大学初等学校"(University Elementary School)，当时只有 16 名学生和 2 名负责人。同年 10 月，学校迁至金巴克路 5718 号上课。学生人数增至 32 人，年龄在 6 到 11 岁之间；教师队伍由 3 名正式教师和 1 名兼职教师组成，此外，还有 3 名研究生协助学校开展工作。随着学校的发展和人员的增加，原有场地已不能满足需求，学校于 1897 年 1 月又迁至罗莎莉娅大院与第 57 大街交界处的旧南方公园俱乐部。随后于1898 年 10 月又搬至埃利斯路 5412 号。在此，学校增设了幼儿园，招收 4~5 岁的儿童。学校正式注册的学生已达 82 名，教师也增至 16 人。学校的设施和场地有体育馆、手工教室、美术和纺织室、理化生实验室、供学生工作的大厨房和餐厅等。1902 年，在埃拉·弗拉格·杨(Ella Flagg Young)教授的建议下，学校更名为"芝加哥大学实验学校"(Laboratory School of the University of Chicago)，一般又称作"杜威学校"(Dewey School)。1900—1902 年间，学校人数最多时达140 名学生，教师队伍扩大至23 名教师、讲师和 10 名助教。1903 年秋，实验学校搬入新竣工的芝加哥大学教育学院楼，与新并入的芝加哥学院附属实习学校合并管理，杜威夫人埃利斯(Alice C. Dewey)任校长。1904 年初，因合校引发多方矛盾与冲突，杜威夫妇辞去各自职务，不久后离开了芝加哥大学。杜威实验学校就此落下帷幕。

---

①John Dewey. *The School and Society*. Chicago: The University of Chicago Press, 1916.p.44.

第二节　实验学校的课程与教学实验

在芝加哥大学任职初期及其之前，杜威开始深入思考儿童及其教育，并形成了一些与之相关的哲学和心理学概念。他创办实验学校的初衷就是像做生物学、物理学实验一样来检验这些概念和观点。而这些初步的观点和概念可简单地概括为杜威对学校、课程及儿童之间关系的思考。在杜威看来，学校既然是儿童受教育的地方，就应该提供保证儿童正常发展所需要的环境，即给予儿童符合其兴趣、满足其好奇心的调查和探究的自由。杜威坚信参与社会生活是获得生活实践能力的唯一办法，既然学校是一种社会组织，教育是一种社会化过程，那么学校教育就应打破与社会生活的藩篱，成为社会生活的一种实践形式。因此，他主张打破学校内死气沉沉的氛围，将学校改造成一个活泼的社会机构，并依据儿童的发展需求提供一种简化的社会生活模型，帮助儿童经由学习过程产生对社会生活的实际认识，并获得校外社会生活所需要的知识、技能、道德和社会关系。

在杜威看来，就儿童而言，其“功能正常的心灵不能单独地在自然界起作用和发展，除了第一手的继续经验和刺激之外，它需要同别人的思想和社会的机构相接触，并且求助于人类积累的知识和过去的经验”。换句话说，有意义的学校教育“必须给儿童提供一个社会的、理智的和自然的环境，使他可以逐步地熟悉各种关系”。由于儿童在正常的成长发展过程中，其经验、需要和兴趣是不断变动着的，因此课程和教材的设计首先要有选择性，即有识别地寻找教材，使教材的内容在满足儿童需要的同时，能“使儿童能够把他过去经验中有价值的东西和他的现在和未来联系起来”；[①]其次要有延续性，即保证儿童“在一个情境取得的控制，可以延续到下一个情境”，从而促使其习惯的巩固和技能的增加；最后还要有社会性，因为在杜威看来，“儿童的成长主要是对集体关系的适应”，所以教材应该是社会性的，“能让儿童自由表现其集体的行为，并指导他表达个人的兴趣有

①[美]凯瑟琳·坎普·梅休等：《杜威学校》，王承绪、赵祥麟、赵端瑛、顾岳中译，北京：教育科学出版社，2007年版，第15页。

助于得到的社会目的”。杜威还特别指出:“这种指导决不可让儿童觉得是以成人的标准强加于他,而是让他们按习惯的社会行为来发展他们自己。”[①]

杜威的这些教育理念构成了其课程实验的理论依据。在具体实践中,杜威把对儿童的教育归结为四个问题:第一,如何使学校教育与儿童的生活(包括家庭生活和邻里生活)更加紧密地联系起来,从而克服学校教育与儿童日常生活之间的脱节问题?第二,如何组织历史、科学和艺术等学科的教学,使它们在儿童目前的经验中有积极的价值和真正的意义?第三,如何激发儿童学习知识和获取技能的动机?第四,如何选择教材,使之与儿童智力的和身体的活动联系起来?[②]杜威学校第一阶段(1896—1898)的实验主要围绕上述四个问题展开。

一、课程组织设计的基础

课程是学校教育影响施加于学生的重要方式,课程的组织设计与内容选择是教育改革的核心问题。从整体而言,实验学校课程的组织设计是以杜威对儿童四类“天生的冲动”与心理发展顺序的认识为基础和原则的。

杜威将儿童天生的冲动粗略地分为四类:社会性冲动、建造性冲动、探究和实验性冲动以及表现性冲动。社会性冲动是指儿童的谈话、交往及希望与家庭和他人共同分享自己的知识和经验的需要。这一冲动是他们理智发展的基础,深刻影响着他们的成长。其中,儿童的语言本能是这一冲动的重要组成部分,也是一切教育中最大的资源。[③]建造性冲动是指儿童制造东西的欲望及通过游戏、有节奏的运动、手势甚至是假装来表现自己的冲动。探究和实验的冲动是建造冲动和社交冲动的结合。“对幼年儿童来说,实验科学和木工厂的工作并无区别,他们

①[美]凯瑟琳·坎普·梅休等:《杜威学校》,王承绪、赵祥麟、赵端瑛、顾岳中译,北京:教育科学出版社,2007年版,第15页。

②[美]凯瑟琳·坎普·梅休等:《杜威学校》,王承绪、赵祥麟、赵端瑛、顾岳中译,北京:教育科学出版社,2007年版,第18—22页。

③[美]凯瑟琳·坎普·梅休等:《杜威学校》,王承绪、赵祥麟、赵端瑛、顾岳中译,北京:教育科学出版社,2007年版,第30页。

喜欢做一些事情，并希望看到将会发生什么。”[①]表现性冲动是交往冲动和建造冲动的继续，也是这些冲动的提高和充分表现。杜威认为，学校课程组织设计的实质就是如何利用儿童的这些冲动倾向，帮助他们更加有力和熟练地表现自己，以便在集体生活中更加有效地互助与合作。因此，这四类冲动成为实验学校组织和选择课程的原则。

四类“天生的冲动”是对儿童群体特征的概述。就儿童心理发展的纵向过程而言，杜威将其分为三个阶段，实验学校课程的组织设计也同时围绕这三个阶段展开。第一个阶段从 4 岁到 8 岁或 8 岁半。杜威认为，这一时期的儿童主要忙于直接的社会性的外向活动，比如说话、做事等，其理智的阐述、有意识的思考及掌握专门方法的努力很少表现，所以课程设计的主要任务是密切关注儿童学校生活与家庭、邻里生活的关系，使学校生活成为家庭生活简化的、有秩序的继续。第二个阶段从 8 岁到 10 岁。这一时期是儿童获得知识和工作技能的特殊时期，课程重点应放在培养学生获得读、写、算、操作等基本能力上，各种形式的手工劳动和科学是课程的主要内容。第三个阶段从 10 岁持续到 13 岁。在这一时期，儿童开始将获得的技能运用到对问题的思考和探究方面，从而开始认识到概括的重要性和必要性。课程在这一时期开始明显分化，学科之于儿童逐渐形成，儿童由此开始了接受中等教育的时期。

杜威基于儿童心理发展顺序所进行的阶段划分，体现了杜威对儿童发展阶段性的认识，在一定意义上为实验学校课程的递进式选择和设计提供了依据，从而保证了课程在促进儿童发展方面的科学性和有效性。基于这一划分，经过前两年的探索性试验与摸索，实验学校逐渐形成了一套较为稳定的课程组织与实施模式。这一模式以新型的分组制代替传统的年级制，将所有学生分为三个发展阶段和十一个组（班）：第一阶段分为一班（4 岁）、二班（5 岁）、三班（6 岁）、四班（7 岁）和五班（8 岁），其中四班和五班为过渡阶段；第二阶段分为六班（9 岁）、七班（10 岁）、八班（11 岁）和九班（12 岁），其中八班和九班为过渡阶段；第三阶段分为十班（13 岁）和十一班（14~15 岁）。在儿童生长和发展的不同阶段，实验学校

①[美]凯瑟琳·坎普·梅休等：《杜威学校》，王承绪、赵祥麟、赵端瑛、顾岳中译，北京：教育科学出版社，2007 年版，第 31 页。

根据儿童的生产需求为其提供适合的学习材料和条件，安排不同的学习主题和活动（见下表），促使儿童通过活动不断掌握科学方法，接触历史、文化、社会和学习读写算等工具性知识。

儿童的生长阶段及作业活动安排①

生长阶段	组别	学习主题	主要作业活动
生长的第一阶段	第一组、第二组（4~5岁）	家庭性作业	观察动物，洗熨衣服，打扫，木工等
	第三组（6岁）	服务家庭的社会性工作	研究食物、烹饪、植物、木工、石油、动物、地形、气候、数字符号、量度单位、多米诺骨牌游戏、阅读、戏剧表演（农民、矿工表演）等
过渡阶段	第四组（7岁）	发明性发展	戏剧、纺织、木工、烹饪、艺术、技术、原始生活（如生活、制陶）、讲故事等
	第五组（8岁）	探险性发展	腓尼基人贸易、造船活动、探究地中海盆地等
生长的第二阶段	第六组（9岁）	当地历史	芝加哥城市的发展、撰写故事、阅读、纺织、学习部分殖民地生活等
	第七组（10岁）	殖民地历史和美国革命	殖民地建筑、寝具、地毯、装饰、阅读、写字、食物、衣物、住所、地质科学等
过渡阶段	第八组（11岁）	殖民者的欧洲背景	历史、英语、外国语、文学、科学等
	第九组（12岁）	专门活动实验	学校集会、读报、俱乐部活动、历史、手工技能、交流、艺术表现、数学等
生长的第三阶段和中等教育的开始	第十组（13岁）	专门活动实验	俱乐部社会组织、摄影、读、写、算等
	第十一组（14~15岁）	专门活动实验	普通科学（生物、地文学）、几何、科学论文

①高玲：《教育的实验室：杜威学校》，《教育科学研究》2016年第3期，第77页。

二、课程内容的选择

杜威实验学校的课程以活动和探究为主,大致可分为三类。

(一)主动作业课程

这类课程包括各种形式的活动、游戏、工作和体格锻炼等。课程内容有两个明显的特点,一是这些活动处于儿童日常的生活环境之中,为儿童所熟悉;二是这些活动蕴含着儿童世界以外的成人社会的职业方式。主动作业课程贯穿于杜威学校4~14岁的所有年龄段的孩子之中,但不同年龄段的侧重和活动方式有所不同。比如一、二班的儿童(4~5岁)的活动主要以家庭生活内部的家务作业为主,以帮助初到学校的儿童完成从家庭到学校的过渡;三、四班的儿童(6~7岁)的作业开始扩展到家庭之外的自然世界,如观察种子及其生长,观察植物和动物的结构,观察地形、气候和水陆分布的地理条件,研究原始人的生活如取火、穴居、获取食物和工具等;五班及以上的儿童(8岁以上)则逐渐接触到更为复杂的作业,如农业、森林、制造、陶器、园艺、冶炼、木工、缝纫、烹饪等。体育训练是主动作业课程的重要内容之一,不同年龄儿童体育训练活动的方式和目标也不相同:一至三班的儿童(4~6岁)以快走和跑步为主,着重培养他们的自我调节和控制能力;8~9岁的儿童重点放在正规的体操和球类运动上,以训练他们的体力和灵活性;更大年龄的儿童则开始在运动会中培养他们的协作精神。

杜威实验学校的活动或者游戏并不像一般人认为的那样让儿童放开了去玩,而是以简化的、儿童能够理解的形式向儿童展示成人世界的各种活动的方式、规则、关系等,换句话说,杜威所谓的活动蕴含着十分强烈的教育意图。比如通过木工等手工训练活动,促进儿童眼、手和其他器官的联合运用,使其以最自然和最容易的方式获取日常生活经验,培养儿童工业性生产习惯和持续工作的能力,并确保个人灵巧性和敏感度的维持;通过烹饪活动的设计为儿童提供独立和主动操作的机会,儿童在其间尝试制作食物,思考和实验制作谷物的不同方式,并比较不同方式间的差异及造成差异的原因,在此过程中,他们不仅可以了解各种烹饪用具及其使用方法,食材的体积、质量和容量,懂得科学方法的应用(如火候等),还可以通过交流、讨论、解决问题,参与共同生活,培养团队精神。

再比如通过学习和研究原始纺纱和现代纺织活动，儿童深入了解了早先人类在自然状态下的简单作业方式，并认识到在当前社会占有重要地位的纺织工业所涵盖的本质元素，在此过程中，儿童不仅拓展了知识，还培养了自我表现和欣赏的能力。总之，主动作业课程是儿童接触社会性活动、材料以及获得自我表现和提高能力的重要途径，也是杜威实验学校在课程组织方面的重要特色之一。通过主动作业活动的持续开展及其复杂性的不断增加，儿童得以获得连续性的社会经验，进而不断提升民主意识和合作能力。

（二）向儿童呈现社会生活背景的课程

这类课程主要包括历史和地理，从五班的儿童（8 岁）开始设置，一直持续到十一班（13 岁）。课程主要以专题研究的形式展开，儿童以小组讨论或集体讨论的方式参与。五班（8 岁）的儿童开始研究腓尼基文化和世界旅行家哥伦布等；六班（9 岁）儿童开始进行美国乡土历史和乡土地理的研究，如法国人早期在美洲探险的历史、芝加哥和弗吉尼亚的发展、普利茅斯殖民地研究等；七班（10 岁）儿童开始研究美国殖民地史与革命史，为此，全班还可以设计和布置一个殖民地历史展览室；八班（11 岁）的儿童以在美洲建立殖民地的欧洲各国的历史为选题，探讨了驱使早期探险家移居美国和吸引移民永久定居新大陆的动机等。

有关这类课程的设计和开展情况，一些在杜威实验学校工作过的教师曾有详细的记载：

在五班（8 岁）儿童开展的腓尼基文化研究中，学生们首先从腓尼基部落的地理环境和早起生活经验入手，提出背山面海的腓尼基部落在农业和畜牧业不可能作为其供养手段的情况下何以维持生计的问题。接着各自根据其先前积累的关于古代各民族早期生活经验的知识提出不同的答案，如：海可以提供鱼类；山可以提供金属和木材；如果找到运输工具，可以换取其他部落的小麦和羊毛等，并就这些答案展开多方讨论和论证，达成某些共识。最后形成关于腓尼基人自然环境和生存状况的总结报告，并在全体成员中汇报。在七班（10岁）儿童进行的关于美洲殖民地史的研究中，为了详尽了解殖民地时期美洲的家庭生活状况，全班集体布置了一个殖民地史展览室。孩子们为展览室制作了一个可以实际生火的壁炉，设计了一个有四根柱子的床架，一张殖民地居民用的椅子，一只高脚钟和一台手纺车。女孩们还为展览室做了一个娃娃，织了一块小地毯和羽毛褥垫。在这个过程中，从设计图纸的绘制、烟囱和壁炉材的选择、管道支架的纺织、手纺车的制作到各类家具的摆放、华盛顿图像的张贴等，所有的设计和建议都来自于孩子们的探索和协作。

记录这次活动的杜威学校教师在总结这次活动时不无感慨地说："全班儿童为布置殖民地史展览室所花的时间和劳动，使他们深深地感到，要殖民地开拓者家庭完全依靠自己解决衣、食、住的问题，具有多大意义。他们懂得了很多职业和工业的开端，是怎样从真正的和迫切的需要中产生的，某些个人和社会团体是怎样成为制造某些物品或耕种某些庄稼的行家的，贸易是怎样开始的。"①

实验学校的历史和地理课程不直接反映生活的现实，而向儿童提供人类共同生活的背景。这些课程为儿童认识和了解他们生活的这个世界提供了窗口。通过这些课程的学习，儿童"开始隐约地认识到物质世界和它的全部生命是进化过程的结果""建立了世界在种族上和地理上作为一个整体的概念""获得了一些关于地球在宇宙中的位置和它的巨大物质力量以及人们用来对付或运用这些力量的手段的知识""懂得怎样通过个人努力，人类征服了他们难以对付的自然环境因素和利用了有利的自然环境因素"。②

（三）发展儿童理智、交流与探究能力的课程

这类课程包括阅读、书写、数学、自然科学和各种表达的艺术等。课程的组织形式有讲故事、角色扮演、戏剧表演、观察和实验等。杜威认为，8~10 岁是发展儿童读写算等基本能力的关键期，所以这类课程大致从 8~9 岁开始设置。比如：五班（8 岁）的儿童通过角色扮演来学习数学，他们扮作腓尼基部落的商人，用画来表示商品，模拟现实生活中的计量、作价、交易等商业活动，最终了解度量衡制度的起源和不同计量单位之间的数量关系；六班（9 岁）为儿童开设了英语文学、法语和德语等科目，培养儿童对故事和诗歌的美学欣赏能力及口头表达能

①[美]凯瑟琳·坎普·梅休等：《杜威学校》，王承绪、赵祥麟、赵端瑛、顾岳中译，北京：教育科学出版社 2007 年版，第 140—141 页。

②[美]凯瑟琳·坎普·梅休等：《杜威学校》，王承绪、赵祥麟、赵端瑛、顾岳中译，北京：教育科学出版社 2007 年版，第 136 页。

力；高年级的同学则通过各种各样的实验了解科学知识，如九班（12 岁）的同学用水银来演示物体从液态到气态、又从气态返回到液态的变化过程，用金属的熔化和冷却来说明物体在固化过程中状态的变化及结晶、膨胀、收缩的过程，等等。

在这些课程开展的过程中，实验学校根据对儿童活动的观察和讨论，形成了一些有关儿童的新观念："比如儿童的发展是逐步的，阅读能力的发展先于书写能力的发展，而读写能力的发展又先于计算能力的发展，运用科学知识的能力甚至还在计算能力的发展之后；6~7 岁儿童对分析和注意的形式和符号还没有什么准备，因此对他们的指导要从他们实际的经验开始，逐步扩大和加深他们想象和思考的世界；技术的引进，必须和从儿童自己真实的或想象的经验内部所产生的目的相联系；随着儿童心智的成长，在行动中使用知识和扩大行动的意义成为儿童的冲动，教师应利用这些冲动培养儿童选择知识的判断力和运用知识的技巧，促使其所学知识与社会性经验的融合，等等。"①这些从实践中得出的结论，表明了以杜威为首的教育研究者科学的态度，对实验学校的教育教学工作发挥了良好的指导作用。

三、实验学校的教学

为改变传统教学方法的单一性与单调性，杜威实验学校依据学生的经验与兴趣，设计了多种多样的教学方法，以促进学生多方面能力的提高。实验学校的教学探索主要有促使教材心理学化、问题解决型教学模式和教师作为辅助者的探索等。

（一）"使教材心理学化"的指导原则

在杜威看来，教育过程的基本要素是"未成熟的、没有发展的人和在成人的成熟的经验中体现出来的某种社会的目的、意义和价值"。②前者指的是教育的

①[美]凯瑟琳·坎普·梅休等：《杜威学校》，王承绪、赵祥麟、赵端瑛、顾岳中译，北京：教育科学出版社，2007 年版，第 98、118、173 页。

②吕达、刘立德、邹海燕主编：《杜威教育文集》（第一卷），北京：人民教育出版社，2008 年版，第 109 页。

对象——儿童,或者指的是教育的内容——课程和教材,而教学的实质是如何促进二者之间"最充分和最自由的相互作用"。杜威认为,传统的课堂教学并未很好地促进二者之间的相互作用,反而造成了儿童与课程之间明显的脱节,原因在于,传统教学没有正确认识儿童与教材的关系及儿童在教学过程中的地位。传统的教学将重点放在"教材的逻辑分段和顺序"上,将儿童的经验和生活从属于课程和教材。"教学的问题是采用具有逻辑的段落和顺序的教科书的问题,是以类似确切的和渐进的方式在课堂上提供各部分教材的问题。"①

在教学过程中,儿童是未成熟而有待于成熟的人,是知识浅薄而有待于加深的人,是经验狭窄而有待于扩大的人,他们的本分只能是被动地容纳和接受,而当他们被驯服和服从的时候,教学的职责便完成了。②一言以蔽之,传统教学的各种科目只不过是各个时代的科学家的产物,而不是儿童经验的产物。在杜威看来,决定学习质和量的是儿童自己而不是教材,"教材只不过是精神的食粮,是可能具有营养作用的材料,它不能自己消化,它不能自动地变为骨骼、血和肉"。③教师必须站在儿童的立场上,以儿童现有的经验为组织教材和教学的起点,只有如此,才能促使儿童经验持续不断地生长。

为此,杜威提出要"使教材心理学化"的主张。所谓教材心理学化是指将各门学科的教材或知识恢复到它所被抽象出来的原有的经验状态,这一经验必须与儿童的生活、心理的发展状态相一致,必须成为儿童直接的和个人的经验。杜威认为,只有如此,才能避免传统教育的三种典型弊病:第一,可以避免教材与儿童已经看到的、感觉到的和爱好的东西失去有机的联系,从而沦为单纯的形式或符号;第二,可以避免儿童缺乏吸收和类化新知识的动机、热情和需求;第三,可以避免教材在呈现到儿童面前时失去"那些对于科学家最重要的以及在实际探究和分类的逻辑中最有价值的东西"。①基于此,"使教材心理学化"成为杜威实

①吕达、刘立德、邹海燕主编:《杜威教育文集》(第一卷),北京:人民教育出版社,2008 年版,第 112 页。
②吕达、刘立德、邹海燕主编:《杜威教育文集》(第一卷),北京:人民教育出版社,2008 年版,第 112 页。
③吕达、刘立德、邹海燕主编:《杜威教育文集》(第一卷),北京:人民教育出版社 2008 年版,第 112 页。

验学校教学设计的指导原则，学校中多种主动作业类课程即在此原则指导下设计和开展。

（二）问题解决型教学

杜威指出，实验学校的目的是“要发现和应用一些真正具有教育意义的原则，并把那些人类赖以在技能、理解和社交生活方面集体地、逐步地前进的方法加以利用”。[②]这不仅意味着实验学校要在目标设定、教学方法和教材等方面与传统学校相决裂，还意味着教学过程应更多地关注个人、儿童和当代社会的现状，“以对工作、游戏和探索的积极态度，来替代那种在传统学校占据统治地位的硬塞、强吞现成知识和固有技巧的教学方法”，并在教学过程中给予首创、发现和理智自由的独立传授以更多的机会。经过不懈的探索，杜威实验学校逐渐摸索出了一种集思考、行动、学习和问题解决于一体的典型的“问题解决型”教学模式。在这一教学设计中，教师和儿童围绕特定的主题创设具体的情境，儿童在这一情境中主动探索相互协作，发现问题、解决问题，并体验主动作业的社会性意义。

实验发现，8岁孩子具有的经验足以指导他去观察事物之间的联系，并进行推导、检验；12岁的孩子熟悉许多科学知识，他们把握抽象事物的能力，处理、分析和解决问题的能力都在增强。他们尝试运用科学手段处理问题，提出问题、假设，并进行检验。杜威在后来出版的《民主主义与教育》中将这种教学模式总结为“五步教学法”：第一，创设真实性问题实验情境，激发学生兴趣；第二，呈现真实问题，激发学生思考；第三，占有信息，通过分析观察，提出解决问题假设；第四，确定解决方案；第五，运用并检验解决方案。

（三）作为辅助者的教师

“教材心理学化”决定了实验学校以活动的形式来组织教学，活动的开展完全以儿童为中心，教师只在其中担任指导和辅助者的角色。杜威指出，在活动

①吕达、刘立德、邹海燕主编:《杜威教育文集》(第一卷)，北京：人民教育出版社，2008年版，第121—123页。

②[美]凯瑟琳·坎普·梅休等:《杜威学校》，王承绪、赵祥麟、赵端瑛、顾岳中译，北京：教育科学出版社，2007年版，第4页。

的过程中，“教师是向导，是领袖，他们顺应着儿童天生的好奇心及爱好活动、向往社交的本能，这是教育取得成效的出发点”。（杜威学校）所谓指导（guidance）并不是从外部强加的，而是“把生活过程解放出来，使它最充分地实现自己”。[①]在实验学校中，与其说教师在指导儿童，倒不如说教师在解放儿童，帮助儿童实现最充分的自我发展。具体而言，教师在教学活动中的指导作用主要表现在以下几点：

第一，为儿童创造条件，帮助他们经历真实的研究过程。在实验学校的理论基础中，有两点心理学上的假设指导着学校的实践：

首先，“在成长中的儿童的需要、能力与兴趣不同于成人”。

其次，“在儿童的智慧和道德的发展中，也像成人一样利用相同的一般条件”。[②]

这两点假设表明，杜威重新认识了儿童与成人的关系，认为尽管儿童在兴趣、需要与能力等方面不同于成人，但在利用外部条件来发展自己的道德和智慧方面，儿童应该享有与成人相同的权利，应该像成人一样自由地开展调查和实验。实验学校的教师应为儿童自由地调查和实验创造条件，这些条件包括帮助儿童选择有关的材料和方法，帮助他们运用这些材料和方法，帮助他们开展“随着努力而来的所有的实验和试验”。[③]

第二，给予儿童充分的自由以帮助其不断创造。在谈到自由对于调查研究和实验的必要性时，梅休和爱德华兹运用植物生长的例子形象地类比儿童的成长，“如果生长中的植物的梢头被剪掉了，整个植物的生长就受到阻碍，它的形状就要变形”；而对于儿童而言，“当天生的好奇的和冒险的精神开始隐约出现，并排除曾经围绕着它的保护性的各种措施时，情况也是这样”。[①]教师对于儿童的指

①吕达、刘立德、邹海燕主编：《杜威教育文集》（第一卷），北京：人民教育出版社，2008年版，第117页。

②［美］凯瑟琳·坎普·梅休等：《杜威学校》，王承绪、赵祥麟、赵端瑛、顾岳中译，北京：教育科学出版社，2007年版，第356页。

③［美］凯瑟琳·坎普·梅休等：《杜威学校》，王承绪、赵祥麟、赵端瑛、顾岳中译，北京：教育科学出版社，2007年版，第357页。

导应是富有智慧和艺术性的，既要为儿童健康而富有想象力的思想的生长提供有意义的刺激，又要使之保持自然。[1]

第三，创造民主的、合作的共同体，引导学生以合作的精神代替竞争。在教师的引导下，实验学校的活动和作业多采用集体合作的形式。不同于美国传统的公立学校教室中固定的位子和固定的同伴，"实验学校课堂里的物资设备用可以移动的椅子，使每节课社会化的场合""教师和儿童以面对面地讨论个人和班级的活动计划来开始一天的工作"。[2]在"工作"过程中，教师引导学生以合作代替竞争，通过相互协作来达成共同的目标，教室成为一个社会实验室——一个实验具有社会意义的思想的地方。[3]

第四，教师通过组织谈话和自由交换意见来实现民主性教学。实验学校的课堂教学，尤其是针对低年级学生的教学，多采用座谈会的形式开展。谈话和自由交换意见的方法，不仅是一种教学策略的考虑，而且是实现民主性教学的途径。[4]通过教师和学生共同参与的座谈，一种民主的生活方式在潜移默化中形成。

①[美]凯瑟琳·坎普·梅休等:《杜威学校》,王承绪、赵祥麟、赵端瑛、顾岳中译,北京:教育科学出版社,2007年版,第366页。

②[美]凯瑟琳·坎普·梅休等:《杜威学校》,王承绪、赵祥麟、赵端瑛、顾岳中译,北京:教育科学出版社,2007年版,第365—366页。

③张华:《杜威研究性学习的思想与实践》(下),《当代教育科学》2005年第24期,第8页。

④张华:《杜威研究性学习的思想与实践》(下),《当代教育科学》2005年第24期,第8页。

第三节　实验学校的组织管理实验

1898年10月，实验学校搬进埃利斯路5412号的一处老宅中，在此开始了它第二个阶段的发展。这一时期，在前一个阶段的探索和试验中证明有效的课程和教学方案继续得到实施，学校的教学工作步入正轨。随着学校声誉日隆，许多家长开始理解学校的工作并改变了对学校的看法，他们纷纷送自己的孩子到学校就读，学校的规模不断扩大。在1900—1902年间，学校的人数持续增长，最多时达到了140名；教师和讲师达到23名，助教达到10名。①

随着学校学生和教师人数的增加，一些管理问题开始凸显，突出表现为教师和行政管理人员的职责、关系含混不清。在学校发展初期，鉴于人员的不足，实验学校的教师在课程设计和教学中既是决策者，又是执行者，还肩负学校其他方面的管理和服务职责。除了杜威任系主任主持全局工作之外，学校几乎没有正式的行政人员，以致于“各种行政责任大部分落在教学人员肩上；一切都是会同学校主任做出非正式决定，同时经常改变办法以便应急和满足变化了的需要”。这一教学与行政管理合并一体的做法作为权宜之计在学校发展的初期并无太多不妥，但随着学校规模的扩大，这一做法的弊端日益显露。教学人员的负担不断加重，一些行政工作因缺乏专人的负责而陷入了混乱。“随着时光的消逝，越来越清楚的是，这个教育实验要求对行政工作方法进行实验。”②

实验学校的行政管理工作革新与一个人密切相关，她就是埃拉·弗拉格·杨。杨出生于1845年，13岁时随父母从纽约迁至芝加哥。1862年，17岁的杨从芝加哥一所高中的师范科毕业后，便开始了她的从教生涯。她所从事的是教育行政管理工作，其本人在这条道路上不断得到发展和晋升。1887年，杨已经成为芝加哥

①[美]凯瑟琳·坎普·梅休等:《杜威学校》，王承绪、赵祥麟、赵端瑛、顾岳中译，北京：教育科学出版社，2007年版，第6页。

②[美]凯瑟琳·坎普·梅休等:《杜威学校》，王承绪、赵祥麟、赵端瑛、顾岳中译，北京：教育科学出版社，2007年版，第7页。

市一个区的总督学。作为一名出色的教育实践者，她坚强、聪慧、机敏且能言善辩。①

在长期的实践过程中，杨形成了对教育行政管理工作独特的见解。在当时的美国，工业化社会所形成的多层化管理模式和官僚主义习气已渗入到学校的行政管理中，许多教师在这种模式下失去了基本的自由权利，沦为各种规章制度的“屈从者”。②杨对这一切洞若观火。她反对过分集权的行政管理模式，主张将行政主导权下放到校一级领导，给予校长更多的权威和职能。她建议校长从死板的学校账目和文书工作中解脱出来，更多地关注学校的课程和教学工作。她主张教师应获得基本的有关教育、教学和课程的自治权，而行政人员应懂得有关教育、教学的理论知识，并建议两个群体应共同探讨和交流学校的各项工作。1899 年，杨辞去了督学的职务，进入芝加哥大学教育学系学习。在教育学系，她以丰富的实践经历、独特的教育见解及在各大研讨会上的突出表现，迅速成为教育学系“一颗无可争辩的明星”。③在杜威的邀请下，杨加入了实验学校的工作，成为一名颇受欢迎的工作人员。④1900 年，在杜威的指导下，杨完成了她的博士学位论文《学校中的封闭》(*Isolation in the Schools*)。在文中，她分析了工业社会和学校的关系，认为过分独立的教育系统使得学生已无法认识到学习对他们自身的价值和意义。她主张，学校应该主动适应机械化的工业社会，与社会的过度隔离只能磨灭学生的人性与理智。⑤

弗拉格·杨的到来无疑弥补了杜威在学校管理工作上的不足。杜威视其为在学校管理工作上最有见识的人，在后来的传记中甚至把那些年在教育工作中对

①Ellen Condliffe Lagemann. *Experimenting with Education: John Dewey and Ella Flagg Young at the University of Chicago*. Journal of Education, Vol. 104, No. 3(May,1996).p.174.

②Ellen Condliffe Lagemann. *Experimenting with Education: John Dewey and Ella Flagg Young at the University of Chicago*. Journal of Education, Vol. 104, No. 3 (May,1996).p.173—174.

③Ellen Condliffe Lagemann. *Experimenting with Education: John Dewey and Ella Flagg Young at the University of Chicago*. Journal of Education, Vol. 104, No. 3 (May,1996).p.174.

④Ella Flagg Young(1845—1918). http://education.stateuniversity.com/pages/2555/Young-Ella-Flagg-1845—1918.html#ixzz1vYrGfxVu.

⑤Ella Flagg Young(1845—1918). http://education.stateuniversity.com/pages/2555/Young-Ella-Flagg-1845—1918.html#ixzz1vYrGfxVu.

他的最大影响归于杨和他的妻子埃利斯·奇普曼。[①]在杜威和杨的领导下，实验学校在组织管理上的改革逐渐展开。

众所周知，杜威把学校看作一个微型的社会组织，学生在相互的合作中分享共同的利益。杜威认为，这种合作的社会组织同样适用于学校的教师和管理者，他们之间的"联合和交换"能够促进学校在管理和组织上的健康运转。所以，杜威在实验学校组织管理改革中的一个核心理念便是"协作"。在杜威看来，"学校是社会机构。家长、教师和管理人员联合起来，探讨更好的教育方法"，学校中的每个人必须协作努力，"为每天的活动安排新的活动布置""应当允许和促进有社会动机的学校生活"。[②]他说："我们用教师之间的联合和交换来代替所谓监督、评定教学和技术训练。不管由于外部的或内部的条件所造成的所有的缺点和错误、经验和反思，我相信在学校的组织和管理上，这个原则是根本的。"

同时，他还指出，那些"夸大监督人、校长、主任的权限的趋势，是我们学校未能在教师的合作化的社会组织基础上指挥学校工作的原因和结果"。[③]实验学校在管理方面的改革致力于使学校在管理、选择教材、教学和训练等方面成为发展个体能力和满足个体需要的协作团体。具体来说，实验学校在管理过程中的"协作努力"主要表现在以下几个方面。

（一）管理者与教师及教师之间的协作

在实验学校发展的前期，由于教师和学生的人数均较少，管理的需求并未充分显露。杜威在确定总体的发展方向后，由教师自行决定课程、教学、教材及活动的具体安排。正如教育学院的乔治·W.梅尔斯教授所言，在实验学校的教室里，"教师关于儿童能做什么和应当做什么的判断，杜威有任何教育家的最大的

---

①[美]简·杜威：《杜威传》(修订版)，单中惠译，合肥：安徽教育出版社，2009年版，第28页。

②[美]凯瑟琳·坎普·梅休等：《杜威学校》，王承绪、赵祥麟、赵端瑛、顾岳中译，北京：教育科学出版社，2007年版，第311页。

③[美]凯瑟琳·坎普·梅休等：《杜威学校》，王承绪、赵祥麟、赵端瑛、顾岳中译，北京：教育科学出版社，2007年版，第317页。

真诚的信念”。[1]这样一来，对教学及课程的评价和监督便掌握在教师自己手中，很多教师在拥有自主权的同时也感到在许多具体的做法上无所适从。

随着实验学校规模的发展，杜威尝试引入类似大学里分系科的模式进行组织管理。他把实验学校分为幼儿园、历史、科学与数学、家政技术与工业、手工训练、美术、音乐、语言和体育等几个部，在每个部中选择一位受过专门技术训练和有生活经验的人员担任主任。主任的职责是利用她在相应领域内的专业知识和智慧处理教师和学生在具体的课堂教学实践及活动中遇到的困难。主任同时也是一个研究人员，组织并负责对该部门教师的课堂实验进行研究并形成研究成果，可供实验学校的教师、管理人员及教育系的学生参考和查阅。[2]当时，任历史科主任的是乔治亚·培根，任语文科主任的是爱丽丝·奇普曼·杜威，任科学部主任的是凯瑟琳·坎普。[3]1901 年，弗拉格·杨和埃利斯·奇普曼被任命为实验学校的总监督和校长，负责对各部门主任和教师的工作进行监督和评价，这样一来，实验学校的管理工作便形成了一个“总监督—主任—教师”协同配合的组织模式。教师在教育教学工作中得到了有效的指导，许多行之有效的方法得以形成和推广。

除了和各个系的负责人协作以外，教师之间的相互交流与协作也构成了实验学校组织发展过程中的一个亮点。教师之间的协作由正式的教师聚会和非正式的教师之间日常接触两部分组成。正式的教师聚会每周举行一次，核心内容是按照实验学校总的课程和教学计划，回顾和检查上一周的工作，从而使活动的组织计划拥有更大的灵活性和可操作性。

在杜威看来，“对分散的和离心的企图所做的检查，比事前生硬的计划和通常所依靠的严密的监督更有效力”。[4]在会上，教师们汇报在教学计划中遇到的

---

①[美]凯瑟琳·坎普·梅休等:《杜威学校》，王承绪、赵祥麟、赵端瑛、顾岳中译，北京:教育科学出版社，2007 年版，第 312 页。

②[美]凯瑟琳·坎普·梅休等:《杜威学校》，王承绪、赵祥麟、赵端瑛、顾岳中译，北京:教育科学出版社，2007 年版，第 319 页。

③[美]凯瑟琳·坎普·梅休等:《杜威学校》，王承绪、赵祥麟、赵端瑛、顾岳中译，北京:教育科学出版社，2007 年版，第 7 页。

④[美]凯瑟琳·坎普·梅休等:《杜威学校》，王承绪、赵祥麟、赵端瑛、顾岳中译，北京:教育科学出版社，2007 年版，第 313 页。

困难,并据此交换意见、修改和改变计划;讨论有关教学目的和教材的一般概念以及使这些概念变得更加明确的方式等等。教师聚会的规模起初较小,但随着学校的发展而变得更大和更加正式,后来连杜威夫人和杨也参与其中。

教师聚会构成实验学校教师协作、交流的一个制度化的平台,它表明杜威一方面给予教师在具体工作中较大的自主权,另一方面,又通过例行的汇报、检查、商议的形式对教师的工作进行检验和督促,这在一定程度上促进了实验学校工作的有效性和科学性,也促进了教师自身的成长。许多教师通过参加聚会,不仅获得了"对他们自己的独立和创新能力的自信心",也培养了作为共同计划参与者的共事与合作精神。①

除了正式的教师聚会之外,教师之间非正式的日常接触也十分频繁。这些日常接触有的出现在"午餐或放学前后",有的则出现在"过道上或来往教室的途中"。②为了方便这种交流,实验学校甚至为每位教师在班级工作之外额外安排20~30分钟,以便教师能访问其他班级和教师,并向他们提出意见。这种非正式的相互交流及每周的教师聚会对实验学校的发展起到了促进作用,"即使那些通常所谓的纪律问题以及发展计划问题得到了统一与协调"。③

(二)学生与教师的协作

在实验学校的组织管理,尤其是课堂活动的组织中,杜威也预设了学生的位置,即学生与教师协作,参与制定活动计划、组织和选择教材。在杜威看来,儿童具有自我表达的需求和一定的自我组织管理的潜能,实验学校的课堂工作方法应是教师和儿童合作努力的结果。所以,教师在指导儿童活动的过程中,必须让

①[美]凯瑟琳·坎普·梅休等:《杜威学校》,王承绪、赵祥麟、赵端瑛、顾岳中译,北京:教育科学出版社,2007年版,第313页。

②[美]凯瑟琳·坎普·梅休等:《杜威学校》,王承绪、赵祥麟、赵端瑛、顾岳中译,北京:教育科学出版社,2007年版,第326页。

③[美]凯瑟琳·坎普·梅休等:《杜威学校》,王承绪、赵祥麟、赵端瑛、顾岳中译,北京:教育科学出版社,2007年版,第320页。

儿童“有自由按照他自己对所要做的事的目的的理想去分辨和选择材料”。[①]在具体的课程活动中，教师在对课程的线索、计划和作业做出指导之后，学生常常自行决定各小组的任务，分配重要的特权，指定午餐的服务员和当天的班长。班长在每天的计划中保留相当的独立性，并可以运用自身的执行才能创造性地处理一些没有预料到的复杂情况。

通过积极主动的参与，学生的自主性和处理问题的技能、技巧得到了发展。而“在看清和应对儿童们的自我表达的正确方法的需要方面，教师的教学艺术也得到了最充分的考验”。[②]为给学生提供更多社交和参与的机会，实验学校还每周进行一次集会。“在集会上，不同小组的儿童报告有关科目学习、野外旅行等情况，朗读自己撰写的故事，进行自己创造的游戏，或唱自己创作的歌曲。”[③]这样的活动培养了儿童“对报道和艺术的表达给予社交价值的习惯、感情和态度”“帮助儿童们学会合作的艺术，发展创造性已经承担责任”“促进了清晰的思维的发展，并培养了对有艺术价值的文娱表演的愿望”。[④]

（三）家长与教职员的协作

在实验学校成立后不久，学生家长便自发成立“初等教育俱乐部”，讨论儿童的教育和分享经验。实验学校偶尔也会邀请俱乐部成员参与讨论有关家庭和学校问题。随着学校规模的扩大，实验学校的教师同广大家长的接触日益频繁。而由于实验学校的很多理想和方法同人们所熟悉的、旧的学校截然不同，家长们也觉得有需要正确地熟识这些理想，并知道每个改变的理由。

因此，“初等教育俱乐部”被正式地组织为“家长联合会”。家长联合会由各个委员会、主席和相应的职员组成，并设有执行委员会来安排会议的程序。他们除了在财力上积极地支持学校的发展外，还召开会议同实验学校的教职员协

①[美]凯瑟琳·坎普·梅休等:《杜威学校》,王承绪、赵祥麟、赵端瑛、顾岳中译,北京:教育科学出版社,2007年版,第323页。

②[美]凯瑟琳·坎普·梅休等《杜威学校》,王承绪、赵祥麟、赵端瑛、顾岳中译,北京:教育科学出版社,2007年版,第323页。

③单中惠:《现代教育的探索:杜威实用主义教育思想》,北京:人民教育出版社,2002年版,第143页。

④[美]凯瑟琳·坎普·梅休等:《杜威学校》,王承绪、赵祥麟、赵端瑛、顾岳中译,北京:教育科学出版社,2007年版,第345页。

作,共同探讨学校的工作和儿童的教育。每次会议讨论的课题或由校外的专家、教师提出,或由实验学校的教师提出,或由家长自己提出。[①]为了使家长更好地了解实验学校的真正目的,杜威、杨和塔夫茨连续3年为家长开设培训班,向联合会的所有成员讲授学校的原则和方法。

正如梅休所言:"家长联合会的教育工作的主要价值,在于用学校的原则教育家长。这使它和学校保持更为紧密的联系,尤其重要的是导致了家长和教师之间更大的理解。"[②]从某种意义上说,家长的支持是实验学校发展的重要力量。实验学校在组织管理过程中对学生家长的重视,不仅为其自身发展赢得了重要的财力和智力支持,还在很大程度上消除了外界对于实验学校的误解。

①[美]凯瑟琳·坎普·梅休等:《杜威学校》,王承绪、赵祥麟、赵端瑛、顾岳中译,北京:教育科学出版社,2007年版,第343页。

②[美]凯瑟琳·坎普·梅休等:《杜威学校》,王承绪、赵祥麟、赵端瑛、顾岳中译,北京:教育科学出版社,2007年版,第344页。

第四节　实验学校的危机与杜威的辞职

实验学校的危机源于芝加哥大学(后文中简称为“芝大”)内部的行政管理调整及背后的权力争斗。1901 年,由阿妮塔·麦考密克·布莱恩(Anita McCormick Blaine)捐资创办、帕克上校(Francis W. Parker)领导的芝加哥学院(前身为芝加哥库克县立师范学校)合并进芝加哥大学,并改名为芝加哥大学教育学院。在合并过程中,曾附属于芝加哥学院的一所师资训练的实习小学也归属于芝加哥大学。这样在芝加哥大学内部便同时存在两所小学:杜威领导的实验学校和帕克领导的实习小学。尽管两所学校在当时都是进步的,但在具体的理论、方法和实践方面,却存在着很大的分歧。但这些并不是哈珀(William R. Harper)等芝大的实际管理者所主要考虑的。他们所考虑的是两所小学意味着双倍的经费和有可能更加繁冗的行政管理机构,于是,芝大的行政管理委员会开始酝酿合并这两所学校的计划。

不幸的是,芝大领导层想当然的合并计划并未被杜威及实验学校的教师、家长所认可。他们一致认为,并校不利于实验学校的发展,反而实验学校有可能因为其规模小而被另一所学校所吞没,甚至销行灭迹。[①]经过与校方协商,他们达成协议:芝加哥大学当局允许杜威学校分办,但前提是向大学保证,一连三年,每年自筹经费 5000 美金。

尽管同校方达成协议,但实验学校的并校风波并未就此终结。1902 年,帕克上校去世后,教育学院群龙无首。芝大当局随即决定合并教育学院与杜威领导的教育学系,并任命杜威为总负责人,两所小学的合并方案又被纳入到了议事日程。而这一次杜威接受了合并方案,因为他觉得自己作为新上任的教育学院的负责人,拥有对两所小学的管理权力,能够确保完成实验学校的事业。[②]1903

①[美]凯瑟琳·坎普·梅休等:《杜威学校》,王承绪、赵祥麟、赵端瑛、顾岳中译,北京:教育科学出版社,2007 年版,第 10 页。

②[美]罗伯特·威斯布鲁克:《杜威与美国民主》,王红欣译,北京:北京大学出版社,2010 年版,第 116 页。

年秋，实验学校搬进了新建的教育学院的大楼，芝加哥大学下属的两所小学正式合并，杜威夫人出任新学校的校长。

然而，事态并未就此平息。原教育学校的教师对这一并校举措并不买账，他们因担心丢掉工作而坚决抵制新学校。尤其是自 1901 年以来便一直与杜威争权夺势的前教育学院院长威尔伯特·杰克曼，更是竭力阻难这一合并方案。反对者最为不满的是由杜威夫人担任新学校的校长，因为杜威夫人"从不讳言对帕克学校的批评意见，并且毫无顾忌地解雇自己认为不称职的教师"。[①]他们甚至威胁校方说，如果杜威夫人出任校长，他们就全体辞职。面对这种形势，以哈珀为首的芝大校方采取了"和稀泥"的处理方式。他们一方面保证给予帕克学校未获得终身教职的教师至少 3 年的聘用期，并承诺对杜威夫人的任用只有 1 年，另一方面却不将这一决定告知杜威及其夫人。芝大校方的这一决定显然有失公允。1904 年春，当杜威夫人得知自己将在这一年的秋季失去工作时，夫妇二人十分震惊。很快，二人决然辞去了在芝加哥大学的工作。

这场"并校风波"最终以杜威夫妇的辞职而结束。从自己不喜欢和不擅长的行政负担中解脱出来的杜威，带着些许的轻松离开了芝加哥，同时也失去了实现他的教育理想的机会。[②]造成这一结局的原因很复杂，正如梅休和爱德华兹在《杜威学校》一书中所言："许多关系，许多事业，这样的结局，原因何在，只能由历史去揭示。"[③]但从这场风波中，我们不难发现杜威实验学校在发展中的艰难历程和重重危机。

首先，财政危机是导致这场并校风波的重要原因，也是长期困扰实验学校发展的难题。尽管大量的文献表明，在建校之初，芝加哥大学校方对实验学校给予了热情的支持，但美国学者布赖恩·亨德利最近的研究发现，大学为筹建实验学

①[美]罗伯特·威斯布鲁克：《杜威与美国民主》，王红欣译，北京：北京大学出版社，2010 年版，第 117 页。

② Michael Knoll. *John Dewey as Administrator: the Inglorious End of the Laboratory School in Chicago*. Journal of Curriculum Studies, 2015(2). p.203.

③[美]凯瑟琳·坎普·梅休等：《杜威学校》，王承绪、赵祥麟、赵端瑛、顾岳中译，北京：教育科学出版社，2007 年版，第 13 页。

校投入的资金十分有限,仅有1000美金。而这1000美金也不是现金支付,而是通过为担任助教的研究生缴纳学费的方式投入。而芝加哥大学校方之所以竭力主张两校的合并,也是想利用帕克实习学校充足的资金优势来弥补实验学校的财政困难。可以说,长期以来,杜威实验学校是在缺乏稳定的上属机构的财政支持的情况下,仅依靠家长的自主捐赠艰难维持下来的。这对学校的发展极为不利,以致于学校不得不在5年中三易校址,并长期面对教学设备不足的困境。

其次,并校风波还表明,杜威主持的教育实验,尤其是他所倡导的一系列有别于传统教育的新理念、新方法,尽管赢得了实验学校教师和家长的认同和支持,但在实施的过程中还是阻力重重。芝加哥大学校方不愿提供财政资助的态度及学院教师坚决抵制并校的做法均表明了这一点。一种新的教育理念与实践要想稳步地成长与发展,需要争取更多的外在空间,还需要经历一个漫长的过程。

最后,我们不得不提到这场风波的两个当事人:杜威与哈珀。哈珀曾是杜威事业的热情拥护者。从他大胆聘请杜威担任哲学系的主任并允许他在哲学系中开辟出一个教育学系,支持他创办实验学校等一系列做法中,我们可以看出二人的关系曾一度十分密切。甚至直到杜威离开前,二人的关系在表面上仍彼此恭敬。但二人的意见何时开始相左,矛盾究竟存在何处,已无明确的文件记录。从杜威留下的信件中可以看出,杜威"很厌恶(哈珀)校长处理事情的方式"。他曾这样说:"您利用杜威夫人是校长这一事实来扰乱我作为哲学系主任的工作,使我难堪,这只是积累多年的问题中的一件。"①但究竟"积累多年的问题"有哪些,杜威并未提及。无论如何,杜威实验学校从开办到最终夭折的过程,也是哈珀同杜威二人关系由交厚到决裂的过程。杜威实验学校因哈珀校长的鼎力支持而开办,同时也因他不当的行政处置方式而结束,这样的结局不免让人唏嘘。

杜威离开后,实验学校的教职员相继离去。尽管新合并的学校继续开办,但"无论从哪一方面讲,都不能说继承了它(实验学校)的宗旨和方法"。②如果把实

①[美]罗伯特·威斯布鲁克:《杜威与美国民主》,王红欣译,北京:北京大学出版社,2010年版,第117页。

②[美]凯瑟琳·坎普·梅休等:《杜威学校》,王承绪、赵祥麟、赵端瑛、顾岳中译,北京:教育科学出版社,2007年版,第13页。

验学校看做杜威事业的一部分的话，可以说，他的事业遭受了相当大的损失。因为他“放弃了曾为威廉·詹姆斯所称道的哲学领域内的一个合作性的真正学派”，也“放弃了自己教育哲学的唯一表现形式”，同时，“在谈到民主理想的具体表现形式时，杜威也失去了明确的样本”。[①]

①[美]罗伯特·威斯布鲁克：《杜威与美国民主》，王红欣译，北京：北京大学出版社，2010年版，第118页。

第五节　杜威实验学校的特点与历史意义

杜威实验学校坚持了8年的时间，成为当时美国进步主义教育改革的样板。[①]实验学校具有坚实的理论基础，它的创办和发展得到了芝加哥大学许多系科的教师和学者的鼎力支持，从而成为一个多部门协作的“联合事业”。实验学校在发展过程中还给予了学生家长参与的空间，充分考虑了他们的意见和建议。这些成为杜威实验学校的重要特点。

一、有坚实的理论基础

自19世纪80年代至20世纪50年代，许多美国教育家都曾尝试开展教育实验，以革新传统学校教育弊端。被誉为“进步主义教育之父”的帕克曾开展昆西学校实验和库克师范学校的实习学校实验，在此过程中形成了“昆西方法”；作为进步主义教育协会创始人之一的约翰逊曾在阿拉巴马州的费尔霍普镇创办有机教育学校，实验新的教育方法；帕克赫斯特曾在马萨诸塞州的道尔顿中学实施“道尔顿制”；克伯屈曾在佐治亚高中及美国的多所学校实施“设计教学法”，等等。然而，就教育实验的理论基础及教育理论与教育实践结合的程度而言，杜威的芝加哥实验学校更胜一筹。他的心理学和哲学思想构成了实验学校坚实的理论基础。

在创办实验学校之前，杜威已发表和出版了一系列有关心理学的论文和著作，基本形成了富有特色的“机能主义心理学”理论。他在1896年发表的《心理学中的反射弧概念》一文，阐述了自己的机能主义心理学观点，奠定了其教育实验的心理学基础。这篇文章在学术界引起了广泛关注，被美国心理学家尼尔(A.

①孙有中:《美国精神的象征:杜威社会思想研究》,上海:上海人民出版社,2002年版,第34页。

F. Neel)认为“标志了美国新心理学的诞生”。[①]机能主义心理学由美国著名的实用主义大师威廉·詹姆斯(William James, 1842—1910)创立。受达尔文生物进化论影响,詹姆斯把人的心理视为一个连续的、不可分割的整体。他认为人类的意识处于连续不断的流动之中,意识的活动在人类的需要与环境之间起着重要的中介作用。詹姆斯的这种思想对杜威产生了重要影响,杜威曾说:“这种思想通过它的方法越来越进入我的全部思想之中,并成为改变旧的信念的一种酵素。”[②]在《心理学中的反射弧概念》一文中,杜威进一步发展了詹姆斯将心理视为一个连续体的思想。他批判了传统的反射弧概念将“刺激—反应”视为孤立实体的看法,认为这种观点割裂了人类心理活动的连续性。在他看来,“刺激—反应”应是一个连续不断的行为链,一个行动导致另一个行动,前一个行动的反应又同时是后一个行动的刺激,反射弧的概念是一个“回路”,而并非是一个弧或一个圆周的片段。在这个回路中,感觉刺激、中枢连接和运动反应三个要素循环着起作用,以保持、强化和改变动作。杜威的这一思想构成了其实验学校重要的理论指导,梅休和爱德华兹曾指出:“杜威的感觉—运动神经活动的原理,正像通称反射弧的概念一样,是生长的最好的指导原理。”[③]此外,杜威对儿童本能的认识、实用主义的经验论及社会学思想等也成为实验学校的理论基础。

杜威不仅用这些理论来指导教育实践,还在实验的过程中发展这些理论。他创办实验学校的目的就在于用实践来验证和检验这些理论和思想。在实验学校发展的八年中,杜威完成了一批有代表性的教育理论著作,其中包括《兴趣与意志训练的关系》《我的教育信条》《学校与社会》《儿童与课程》等。其中《学校与社会》一书被罗素认为是杜威所有著作中影响最大的一本。[④]可以说,这些教育理论著作是杜威之前的哲学、心理学理论思想与芝加哥时期的教育实践结合的产物。

---

①单中惠:《现代教育的探索:杜威实用主义教育思想》,北京:人民教育出版社,2002年版,第103页。

②[美]简·杜威:《杜威传》(修订版),单中惠译,合肥:安徽教育出版社,2009年版,第23页。

③单中惠:《现代教育的探索:杜威实用主义教育思想》,北京:人民教育出版社,2002年版,第106页。

④吕达、刘立德、邹海燕主编:《杜威教育文集》(第一卷),北京:人民教育出版社,2008年版,前言第5页。

二、“联合事业”的范例

杜威实验学校在发展过程中获得芝加哥大学各系科教师、学者的鼎力相助，可谓一个多部门协作的“联合事业”。首先大力支持实验学校建立和发展的是芝加哥大学的哈珀校长。哈珀校长十分热心于教育事业，在实验学校建立之前，他曾与杜威一起致力于加强芝加哥大学与本地中小学的联系。在他们的努力下，芝加哥大学举办了大量面向中小学教师、校长的教育讲座和会议。杜威在这些讲座和会议上宣传了自己的教育思想和主张，引起了强烈的反响，为实验学校的发展提供了必要的舆论支持。其次，芝加哥大学教育学系的教师和研究生也积极参与到实验学校的“联合事业”中。先后有10名研究生作为助教在实验学校工作，其中跟随杜威取得博士学位的弗拉格·杨女士更是担任实验学校的监督，并为实验学校的组织管理作出贡献；而杜威所在哲学系的乔治·H.米德、詹姆斯·H.塔夫茨、詹姆斯·H·安吉尔长期不断地与实验学校合作。

最后值得一提的是，芝加哥大学其他科的研究员、教授和专家也给予实验学校极大的支持和帮助。梅休在《杜威学校》中这样说：“大学各系主任、教职员们，都很慷慨，花大量时间，在设备上给予支持。在这些全心全意的物质援助以外，他们还提供精神资源，任凭这所学校的教师自由利用。”[①]当时研究太阳系起源的微星学说的托马斯·C.张伯伦曾给儿童上课；约翰·M.库尔设计和指导儿童进行作物的实验；此外，动物学方面的查尔斯·C.惠特曼，生理学方面的雅克·洛布，社会学方面的W. I. 托马斯和乔治·文森特，人类学方面的弗雷特里克·斯塔尔，地理学方面的罗林·D.索尔兹伯里，物理学方面的艾伯特·A.米切尔森，化学方面的亚历山大·史密斯以及生态学方面的亨利·C.考尔斯等都曾与实验学校进行合作。

在这些专家教授的帮助下，实验学校的教师在日常的工作中得到了科学指导，少走了许多弯路。实验学校和大学之间形成了一种和谐的亲密关系，以至于

①[美]凯瑟琳·坎普·梅休等：《杜威学校》，王承绪、赵祥麟、赵端瑛、顾岳中译，北京：教育科学出版社，2007年版，第7页。

梅休和爱德华兹在《杜威学校》的序言中不无感慨地说："要是这个实验能进行到底，它可能在各年龄阶段的教育方面提出第一个联合事业的范例。"①

三、重视家长的参与

尽管实验学校的规模有限，但归根结底，它是一场针对传统教育的革新。在这场改革中，杜威就给予学生家长参与的空间，充分考虑和尊重他们的意见。早在实验学校开办之前，杜威在芝加哥大学组织多场对外公开的教育学讲座，一方面使家长了解到杜威有关学校、儿童、教育等问题的新思想、新观点，开阔了他们的视野；另一方面吸引他们把孩子送进实验学校，为实验学校争取到家长的支持。在实验学校创办不久，家长自发组成"初等教育俱乐部"，讨论有关家庭和学校的问题。随着学校的发展，"初等教育俱乐部"进一步发展成为更为正式的家长联合会。家长联合会的"目的是通过理论的讨论和实际的应用，促进对于初等教育的一般兴趣，特别是旨在推进芝加哥大学实验学校工作的共同商议和合作"。②家长联合会以召开例会的方式与实验学校的教师一起讨论教学方法，拟定活动计划等，为学校的发展出谋划策。为使家长更好地了解实验学校在做些什么和为什么这么做，杜威还专门为家长举办培训班，并在结束时与家长讨论协商。杜威对家长参与的重视赢得了家长对实验学校的大力支持。当实验学校遇到财政困难时，许多家长纷纷慷慨捐助。而当实验学校停办时，家长们更是"把它视同航船遇难，他们的期待随船一同覆灭，精神顿受挫折"。③

杜威实验学校虽然只存在了短短 8 年，但其对杜威教育理论的影响和在美国教育史上的意义却不容忽视。实验学校 8 年的教育实践探索推动了杜威的哲学、心理学和教育学理论在实践中不断走向融合，为杜威实用主义教育理论体系

---

①[美]凯瑟琳·坎普·梅休等：《杜威学校》，王承绪、赵祥麟、赵端瑛、顾岳中译，北京：教育科学出版社，2007 年版，序言第 8 页。

②[美]凯瑟琳·坎普·梅休等：《杜威学校》，王承绪、赵祥麟、赵端瑛、顾岳中译，北京：教育科学出版社，2007 年版，第 343 页。

③[美]凯瑟琳·坎普·梅休等：《杜威学校》，王承绪、赵祥麟、赵端瑛、顾岳中译，北京：教育科学出版社，2007 年版，第 14 页。

的形成和完善奠定了坚实的基础。杜威早期接触的是传统的黑格尔主义哲学，强调在绝对精神的发展中来理解生命、观念和自然，后来受詹姆斯机能主义心理学的影响，逐渐抛弃黑格尔哲学的绝对主义而转向工具主义。工具主义作为认识世界的一种方法和方式，强调世界的变动性、偶然性和多样性，认为变化而非永恒才是检验实在性的标准，主张以自然主义的实验方法代替传统的超自然的世界观作为认识世界的方法。这一转变使杜威将研究兴趣转向与人、社会生活和实践更为贴近的心理学、伦理学和教育学。

当收到哈珀聘请其出任芝加哥大学哲学系主任的邀请时，杜威欣然接受，并申请开办一所“使理论研究与实际需要联系起来”的实验学校，将教育作为哲学和心理学理论的试验场，“使哲学的种种观念在这个实验室里变得具体并接受检验”。在办学实践中，通过对儿童的观察和一系列教育实验的开展，杜威重新认识了儿童、学校和社会三者的相互关系，深刻洞见了教育目的和教育本质，发表了《我的教育信条》《课程的心理学维度》《构成教育基础的伦理原则》《学校与社会》《儿童与课程》等一系列教育论著。在这些论著中，杜威深入阐述了关于学校与社会、儿童与课程、教育与儿童生活、经验与生长等关系的理论，这些理论在之后杜威出版的集其实用主义教育哲学之大成的《民主主义与教育》中得到了进一步的阐述，构成了其教育理论的精髓和核心。

可以说，实验学校开办的芝加哥时期，是杜威教育思想形成过程中最具活力的一个阶段。这一时期，杜威哲学、心理学和教育学理论三者联系的紧密度达到了顶点，[①]其探索教育问题的研究风格在实践中形成，其实用主义教育哲学体系的理论基础得到奠定。在此后的时期中，杜威的教育理论探索虽有新的侧重点，但其思想的本质与该时期相比，并无太大的差异。

此外，作为美国教育现代化探索中的一次重要尝试，杜威的教育实验探索构筑了美国教育研究的实践品性。教育问题归根结底是一个实践的问题，它根植于

①Eastman, George Herbert. *John Dewey on Education: The Formative Years.* Harvard University, 1963.p.89.

特定的情境之中，其解决的过程依赖于研究者对特定情境及其问题的认知和行动。脱离具体实践、不解决实践问题的理论注定是没有生命力的。杜威实验学校的办学历程是一次思想与行动的统一，是教育理论与教育实践互动的生动展示。杜威反对各种形式的二元论，包括主体与客体、个体与社会、身体与心灵以及思想与行动，他孜孜以求的是连续性和同一性的认识论。他认为，经验即在特定情境中有机体与环境之间交互作用的结果，“连续性”与“交互作用”是判断经验的两个标准。他主张探究教育问题应从具体的情境出发，应针对特定的情境和实际的需要来采取行动，而不应拘泥于某一既定的“主义”。他在《经验与教育》中说：

> 探求新教育运动前景以适应新社会秩序的现实需要的人，应当只思考教育本身的含义，而无须顾及关于教育的一些‘主义’，甚至连‘进步主义’也不必考虑。因为，抛开本身的含义，任何以一种‘主义’为思想和行动依据的运动，都会陷入被其他‘主义’所控制的运动的对立面。这样一来，它的各项原理的形成只是由于对立方面的非难，而不是由于对各种实践需要、问题和可能性加以综合的建设性的探讨。[①]

杜威所言表明了他对教育问题的独特见解——解决教育问题应从教育本身出发，“对各种实践需要、问题和可能性进行综合的建设性探讨”，这正是教育研究实践品性的内涵。杜威将实验学校视为教育理论的实验室，在课堂、教学及管理实践中检验和修正理论，并根据实践的结果生成更为完善的教育理论。这一教育理论与教育实践互动的过程使得杜威的教育思想保持着旺盛的生命力。杜威之后，以实践的方式探索教育理论和学校教育的发展成为美国教育研究的重要特点。一大批教育研究者开始把目光从理论转向更为宽阔的实践领域，“回归教育实践本身，从推进‘理论的实践化’转向寻求‘实践中的理论’”，[②]成为教育研究的重要思路。

---

①吕达、刘立德、邹海燕主编：《杜威教育文集》（第五卷），北京：人民教育出版社，2008年版，第310页。

②程亮：《“实践智慧”视野中的教育实践》，《华东师范大学学报》（教育科学版）2008年26卷第3期，第10页。

一代课程大师泰勒(Ralph Tyler)在谈及杜威学校的影响时说,尽管杜威基于儿童学习经验、愿望和问题的课程理论已经影响了不少的教师和教育改革者,但尚未形成一种有益的文化传统。[1]这表明,对于当代的教育改革而言,从杜威实验学校和杜威理论中汲取智慧和启迪,仍是十分必要和有益的。

①Ralph Tyler. *The Long-term Impact of the Dewey School*. The Curriculum Journal, 1992(2).p.126.

第五章

构建新型的师生关系

杜威登上《时代周刊》封面

第一节 对传统师生关系的批判

杜威著述颇多,涉及哲学、心理学、教育学等多门领域,其中《民主主义与教育》一书的出版,标志着杜威实用主义教育理论的成型,也标志着现代教育的肇始。杜威的教育理论涉及内容丰富,"师生关系"作为杜威教育理论的一部分,散见在杜威多本教育著作中。

杜威对"教师中心"的传统师生关系极为不满,指出师生之间应该平等、民主,应该把"儿童"看作教育的中心,构建"民主型"的师生关系。

传统师生关系"以教师为中心",强调教师权威,忽视学生积极性,把学生看作教育过程被动的接受者。这种师生关系类型突出的代表人物是德国教育家赫尔巴特。赫尔巴特是传统教育的代表人物,与现代教育的代表杜威遥相呼应。

杜威作为现代教育的代表,严厉批判"教师中心"的传统教育,认为传统学校的一切都是为教师准备,而不是为儿童准备的。在传统学校中,儿童受到教师的严格控制,教育的重心在教师、教材,儿童的兴趣与本能得不到重视与关注,因此学校完全是学生学习的地方,而不能称之为儿童生活的地方。

在杜威看来,这种传统意义上的学校中的教育,来自教师的刺激与控制过多,无暇顾及儿童的兴趣与经验,这就容易忽视儿童在教育中的地位。所以,在一定意义上讲,传统学校是以教师中心的,并非把儿童的发展放在第一位。杜威在《经验与教育》一书中也曾讲到:

> 学校组织的一般模式(我所指的是学生之间的关系和师生之间的关系)和其他社会机构相比具有极为显著的特征。只要回想一下普通的教室、课

程表、班级的划分、考试和升级的制度以及各种维持制度的规则，我想你就会理解(组织模式)的含义了。[①]

可以看出，杜威批判传统教育中教室、课程表、班级划分、考试和升级制度以及各种维持制度的规则对学校人际关系（指的是杜威所讲的学生之间的关系和师生之间的关系）的阻碍与影响。

杜威针对师生关系的变革，欲将教师讲授、学生静听的教学变为师生共同活动、共同经验的教学，把书本降到次要位置，把活动放在主要位置。在这一变革目标的指引下，杜威开始了新型师生关系的构建。

①[美]约翰·杜威：《经验与教育》，姜文闵译，台北：五南图书出版公司，2001年版，第3—4页。

第二节　新型师生关系的构建

针对传统学校的弊病，杜威提出了新的教育理念，主张学校教育应该以“儿童为中心”，致力于儿童的生长。杜威认为：“现在我们的教育中正在发生的一种变革是重心的转移。这是一种变革，一场革命，一场和哥白尼把天体的中心从地球转到太阳那样的革命。在这种情况下，儿童变成了太阳，教育的各种措施围绕着这个中心旋转，儿童是中心，教育的各种措施围绕他们而组织起来。”①在此基础上，杜威进一步指明：“在学校里，儿童的生活成为决定一切的目的。凡促进儿童成长的必要措施都集中在这个方面。”②

在“以儿童为中心”教育理念的指引下，杜威提出构建民主型的师生关系。杜威理想的“民主”，主要从两个方面进行考察。“第一，群体内成员有意识地参与的利益有多少？第二，和其他团体的相互作用，充分和自由到什么程度？”③“民主”表现在师生关系上，主要是师生为实现同样的教育目的而共同参与教学过程，师生之间相互影响，有充分自由的权力。

具体而言，民主型师生关系在杜威看来，是“以儿童为中心”的教育观，把儿童看做学校活动的中心，关注儿童的兴趣、自由与经验活动。因此，尊重儿童的兴趣、给予儿童充分自由、重视师生的共同活动成为新型师生关系的重要特点。

一、尊重儿童兴趣

兴趣在儿童中心的教育理念中格外重要，杜威认为教学计划、教学内容、教

①[美]约翰·杜威：《民主主义与教育》，王承绪译，北京：人民教育出版社，1990年版，第15页。
②赵祥麟、王承绪编译：《杜威教育论著选》，上海：华东师范大学出版社，1981年版，第33页。
③[美]约翰·杜威：《民主主义与教育》，王承绪译，北京：人民教育出版社，1990年版，第93页。

学方法等的选择都要服从儿童的兴趣与经验。用杜威的话说，即“兴趣是任何有目的的经验中各种事物的动力”。[①]

（一）兴趣的重要性

兴趣对教育的作用不容忽视。杜威深入研究了兴趣的概念、特征以及概念分类，充分认识到兴趣在教育工作中的重要性。他认为，如果没有兴趣，儿童就不会有学习的动力，学习过程中就不能集中注意、专心致志。在他看来，假定儿童在从事一件他所不愿意从事的工作时，较之心甘情愿地从事能得到更多的智力和精神的训练，这是愚蠢可笑的。

杜威曾以一个旁观者的态度和一个代理人或参与者的态度的区别为证，讲述了两者之间的区别，指出：“旁观者对正在进行的事情漠不关心，一种结果和另一种结果分不出好坏，因为每一种结果都是供人看的。代理人或参与者和正在进行的事情休戚与共，事情的结果和他息息相关，他的命运或多或少和事情的结果攸关。”[②]

杜威认为：“兴趣是任何有目的的经验中各种事物的动力，不管这些事情是看得见的，还是呈现在想象中。具体地说，承认兴趣在有教育意义的发展中的能动作用，其价值在于使我们能思考每一个儿童的特殊的能力、需要和爱好。”[③]

兴趣的积极作用在教育中是显而易见的。杜威指出：“兴趣这个概念对教育理论的积极贡献有两方面。首先，它使我们避免仅仅是心理的内部的概念；其次，使我们避免仅仅是教材的外部的概念。”[④]兴趣使儿童的需求与教学过程结合起来，教学活动充满活力，而不再是枯燥的。

---

①[美]约翰·杜威：《民主主义与教育》，王承绪译，北京：人民教育出版社，1990年版，第143页。

②[美]约翰·杜威：《民主主义与教育》，王承绪译，北京：人民教育出版社，1990年版，第137页。

③[美]约翰·杜威：《民主主义与教育》，王承绪译，北京：人民教育出版社，1990年版，第143页。

④[美]约翰·杜威：《学校与社会·明日之学校》，赵祥麟、任钟印、吴志宏译，北京：人民教育出版社，2004年版，第205页。

(二)教育中的兴趣

杜威强调教育过程“以儿童为中心”,从教学计划的制定、教学内容的设置以及教学方法的选择上,都要全面考虑儿童的经验和兴趣。

1.教学计划与兴趣

杜威认为学校的教学计划应该充分考虑学生的兴趣,根据学生的需求制定符合儿童的教学计划,更有助于调动学生参与学习的积极性。杜威反对忽略儿童自身,完全由教师和学校领导者制定的教学计划,认为这样的教学计划脱离儿童生活。

2.教学内容与兴趣

杜威反对“教材中心”式的教学,认为教学内容完全以教材为中心,照本宣科的做法没有考虑到儿童的实际,弱化了儿童兴趣的作用。相反,杜威认为教学内容的选择应该以儿童为中心,考虑儿童的兴趣,激发儿童的好奇心,只有这样才能保障儿童对教学内容的吸收度。

3.教学方法与兴趣

杜威反对传统的师生关系类型,认为传统师生关系注重教师权威,学生处于教育的被动地位,教师最常用的教学方法就是“讲授式”,教师讲,学生听。在此基础上,杜威提出教学方法要符合儿童的兴趣,让儿童参与到教学活动中去。杜威推崇“从做中学”的教学方法,让儿童通过“做”达到教育目的,这就在很大程度上考虑了儿童的兴趣。

(三)适当的教师干预

悉尼·胡克在为《杜威全集》写导言时说道:“杜威强调儿童兴趣,但也并不反对适当地使用教科书和教师积极的干预,而只是反对呆板地使用教科书作为供记忆的机械地制定作业的来源,反对那种不是根据引起学生的自我活动的效果来调节的教师活动。”①

可见,杜威强调兴趣对儿童教育的重要性,认为教学要重视、顾及儿童兴趣,

---

①[美]约翰·杜威:《学校与社会·明日之学校》,赵祥麟、任钟印、吴志宏译,北京:人民教育出版社,2004年版,第375页。

教学计划、教学内容以及教学方法的选择与规划都要以儿童兴趣为依据，激发儿童学习的动机，但这并不意味着教师的干预是完全不允许的。相反，杜威认为教师在处理儿童兴趣问题时，适当的干预更有利于儿童兴趣的发展。

第一，面对儿童各种各样的兴趣，教师要进行正确的分析与筛选，“确定哪些是确实重要的兴趣，哪些是转瞬即逝的或标志着一时的兴奋，哪些是能持久、永远有影响的”。[①]

第二，教师应该能激发儿童真正的兴趣，因为“真正的兴趣原理是所要学习的事实或所建议的行动和正在成长的自我之间公认的一致性的原理”。[②]而对真正兴趣之外的短暂兴趣，教师应格外关注。

第三，不管是儿童正确的兴趣、真正的兴趣还是暂时的兴趣，教师都“不应予以放任，也不应予以压制”。[③]因为压抑兴趣会减弱儿童心智的好奇心和灵敏性，妨碍儿童创造力的发展；而放任兴趣就等于以暂时的东西代替永久性的东西，使得儿童不能够从表面深入下去，其必然结果就是以任性和好奇代替了儿童真正的兴趣。

第四，也是最重要的，即教师要时常耐心地观察儿童兴趣，时刻关注儿童兴趣的动向，有利于儿童形成真正的、持久的兴趣。这就需要教师时时刻刻与学生保持沟通，也证明了适当的教师干预是可行的，也是必须的。

二、保障儿童自由

杜威强调儿童中心，同样十分强调儿童在教育教学过程中的“自由”。“儿童中心”与传统“教师中心”不同，强调学生自由，尤其是儿童生长与发展的自由。

①吕达、刘立德、邹海燕主编：《杜威教育文集》（第一卷），北京：人民教育出版社，2008年版，第92页。

②[美]约翰·杜威：《学校与社会·明日之学校》，赵祥麟、任钟印、吴志宏译，北京：人民教育出版社，2005年版，第167页。

③单中惠：《现代教育的探索：杜威实用主义教育思想》，北京：人民教育出版社，2001年版，第389页。

杜威所说的“自由”指的是:“提供机会,使他能尝试他对于周围人和事的种种冲动及倾向,从中他感到自己充分地发现这些人和事的特点,以致他可以避免那些有害的东西,发展那些对自己和别人有益的东西。”①

杜威指出:“必须把如同囚犯的囚衣和拘禁囚徒的镣铐之类的措施全部废除掉,才能使个人在知识上有自由成长的机会,若没有这种自由,就没有真正且继续的正常发展。”②因此,杜威十分重视教育中的自由。

(一)自由的重要性

杜威研究了自由的概念,认为保障儿童自由对于教育工作有重要意义。

首先,自由对于儿童本身的生长是有利的。杜威指出:“教师要了解每个学生的需要与能力,儿童在学校中要受到全面的、能使其心理、性格和身体都得到最好发展的训练,那么在教室里自由是必不可少的。”③也就是说,自由有助于儿童心理、性格以及身体等各个方面的生长。

其次,杜威认为自由对于儿童道德培养至关重要。用杜威的话来说就是:“儿童道德的责任感只能靠相应的自由获得。”④这就表明了在杜威的教育理念中,儿童道德的真正形成不能靠外界的约束力,而应该靠儿童的自律,这就需要给予儿童充分的自由,而不应该过多地约束儿童。

(二)教育与自由

杜威强调儿童的自由,认为教育应保障充分自由,这种自由既包括儿童的自由也包括教师的自由,共同致力于整个学校的自由气氛。

---

①[美]约翰·杜威:《学校与社会·明日之学校》,赵祥麟、任钟印、吴志宏译,北京:人民教育出版社,2004 年版,第 284 页。

②[美]约翰·杜威:《经验与教育》,姜文闵译,台北:五南图书出版公司,2001 年版,第 73 页。

③[美]约翰·杜威:《学校与社会·明日之学校》,赵祥麟、任钟印、吴志宏译,北京:人民教育出版社,2004 年版,第 285 页。

④单中惠:《现代教育的探索:杜威实用主义教育思想》,北京:人民教育出版社 2001 年版,第391页。

儿童的自由，指的是儿童生长和发展的自由。杜威认为只有给予儿童更多的自由，才能更好地开发儿童的潜力，促进儿童智慧的发展，才能使儿童在生长过程中不束手束脚。在教育过程中，要避免传统的“教师中心”的师生关系，把儿童看做中心，不过多约束儿童，打破教师权威，给儿童更多发展的自由。

在强调儿童自由的基础上，杜威还提出了教师的自由。杜威认为：“教师的自由是学生学习自由的必要条件。”[①]只有保障教师的自由，不予以教师更多的规矩与束缚，才能保障学生不会被教师束缚住，才能确保学生的学习与生活是自由的。不论是教师的自由，还是学生的自由，都是为学生服务的，二者共同致力于整个学校自由文化的打造。

(三)防止绝对自由

杜威对“自由”的研究深入，认为不存在绝对自由，提出：“自由若不加以限制，就是自由的消极方面，其价值仅仅在于它是一种取得力量的自由的工具。”[②]杜威指出，自由与放纵不同，“摆脱别人的控制，而听任临时出现的念头和反复无常的想法支配自己的行为，即是说完全由冲动摆布而无理智的判断……如果一个人这样来控制自己的行为，那不过只是对自由的一种错觉”。[③]因此，杜威眼中的自由与绝对自由、放纵不同，属于一定程度范围内的自由。

杜威对当时学校自由的放纵状态极为不满。他指出：“有些学校对儿童放任自流，使他们沉溺于言语和行为举止上毫无限制的自由，这些激进的学校呈现出所谓的自由就是无秩序状态。”[④]可见杜威强调的自由，并不是要取消在行为规范上对儿童的合理要求和必要规定。因此，不论是教师的自由还是学生的自由都是有条件的，并不是绝对的。

---

①[美]约翰·杜威：《人的问题》，傅统先、邱椿译，南京：江苏教育出版社，2006年版，第61页。

②[美]约翰·杜威：《我们怎样思维·经验与教育》，姜文闵译，北京：人民教育出版社，1991年版，第283页。

③[美]约翰·杜威：《我们怎样思维·经验与教育》，姜文闵译，北京：人民教育出版社，1991年版，第284页。

④单中惠：《现代教育的探索：杜威实用主义教育思想》，北京：人民教育出版社，2001年版，第392页。

总而言之，在杜威看来，“只有理智的自由才是唯一永远具有重要性的自由，这也就是说，理智的自由就是对于有真正内在价值的目的，能够做出观察和判断的自由”。[①]

三、注重师生平等

杜威认为教育的过程应该是教师和儿童共同参与的过程。他提出，任何的教育过程总是教师和儿童两个方面组成的，因此，在杜威看来，如何处理教师和儿童的关系是十分重要的。

针对师生关系的处理，杜威提出：“要使教育过程成为真正的师生共同参与的过程，成为真正合作的相互作用的过程，师生两方面都是作为平等者和学者来参与的。”[②]也就是说，教师应成为儿童活动的伙伴或参与者，而不是儿童活动的监督者或旁观者。

他解释说：“在这种共同参加的活动中，教师也是一个学习的人，学生虽自己不知道，其实也是一个教师，师生愈不分彼此愈好。”[③]

（一）教师是教学活动的参与者

杜威认为：“教师作为集体的成员，具有更成熟的、更丰富的经验以及更清楚地看到任何所提示的设计中继续发展的种种可能，不仅是有权而且是有责任提出活动的方式。”[④]如果排斥教师，不把教师当作团体中的一个成员，杜威认为这是荒唐背理的事情，究其原因，“因为教师是这一团体中最成熟的成员，他对社会团体生活中的各种交互作用和各种相互交往负有独特的指导的责任”。[⑤]

①[美]约翰·杜威：《经验与教育》，姜文闵译，台北：五南图书出版公司，2001 年版，第 73 页。

②单中惠：《现代教育的探索：杜威实用主义教育思想》，北京：人民教育出版社，2001 年版，第 393 页。

③[美]约翰·杜威：《民主主义与教育》，王承绪译，北京：人民教育出版社，1990 年版，第 25 页。

④滕大春主编：《外国教育通史》（第五卷），济南：山东教育出版社，1993 年版，第 274 页。

⑤[美]约翰·杜威：《我们怎样思维·经验与教育》，姜文闵译，北京：人民教育出版社，1991 年版，第 279 页。

所以，在杜威看来，教师积极参与教学活动，成为教学活动的成员，能更好地了解儿童的水平与兴趣，更有利于教师对儿童做出指导。

（二）重视学生“做中学”

杜威反对传统教育中的“教师教，学生学”，认为静坐的、被动的教学忽视了儿童的需要与兴趣。为激发儿童兴趣，促进儿童生长，杜威主张儿童积极地参与到教学活动中去，成为教学活动的成员。这样一来，儿童的能动性得到提升，儿童的学习从静坐式转变为“从做中学”。

因此，就教育过程来说，它是儿童和教师共同参与的过程，也是儿童和教师真正合作的相互过程。在杜威看来，新型的师生关系是平等的，教师和学生都作为教学活动的积极参与者，不仅教师要积极参与，儿童也要主动参与，这样才是真正平等的关系，才构成了师生共同活动的教育。

有人指出，杜威在芝加哥大学实验学校时期多次强调教育是“社会中心”的，与杜威的“儿童中心论”互相矛盾。其实，杜威“儿童中心”与“社会中心”的说法并不矛盾，正如赵祥麟先生所言：“在杜威的心目中，儿童中心是就心理的因素，也即就方法论来说的，社会中心是就社会的因素，也即就目的论来说的。”所以说，杜威的儿童中心、社会中心只是从不同的角度进行阐述而已，并没有本质性的矛盾。

因此，新型的师生关系强调“儿童中心”与杜威“社会中心”的思想是共存的。用杜威的话说即是：“儿童是教育的出发点，社会是教育的归宿点，正像两点之间形成一条直线一般，在教育出发点的儿童和教育归宿点的社会之间，形成了教育历程。”①

①[美]约翰·杜威：《民主主义与教育》，王承绪译，北京：人民教育出版社，1990年版，第14页。

第三节　新型师生关系下的教师定位

杜威民主型的师生关系是“以儿童为中心”的，但这并不意味着忽视教师的地位与作用，相反，杜威对教师素质提出了更高的要求。

他反对那些把教师看做监督者或陪伴者的说法，也坚决反对那些认为教师微不足道的激进观点，他提出在新型师生关系中，教师扮演着合适的角色，在教育过程中有着重要的作用。杜威讲到，强调以儿童为中心，给儿童充分自由，“这并非给教师开方便之门，叫他们偷闲偷懒，而是要求他们支付时间，善用思考，并须具有真知灼见和实事求是的精神。就是说，教师只有品德高尚而学问广博，才能安排妥适环境，诱导儿童好好地通过生活而改造经验”。①

一、教师地位的重要性

尽管杜威一直强调“儿童为中心”的师生关系，但这并不意味着杜威蔑视教师的重要性。杜威的“儿童中心”是相对于“教师中心”的传统师生关系提出的，传统的师生关系忽视儿童的经验、兴趣、自由等，强调教师的权威，给师生的相处带来很大问题。

鉴于此，杜威才提倡“以儿童为中心”，主张教师教学围绕儿童的经验、兴趣、自由等需要进行。杜威的本意是教育要围绕儿童生长开展，为儿童服务，而并非忽视教师的地位。很明显，承认教师的重要性，保障教师应该有的地位，教师才能更好地服务学生，促进儿童的生长。因此“以儿童为中心”与承认教师的地位与重要性并不矛盾。

---

①张雪：《后现代课程观》，呼和浩特：远方出版社，2005 年版，第 278 页。

杜威肯定了教师在教育过程中的地位，他强调说："如果我们是说教育者应该决定教育目标，那将是傲慢的。但是，我们说的是完整而连续的教育过程应该决定教育目标。教育者在这个过程中有一定的地位。"[①]此外，杜威提出："教师在学校中的地位和工作必须按同样的基本观点来加以阐明。教师在学校中并不是要给儿童强加某种概念，或形成某种习惯，而是作为集体的一个成员来选择对于儿童起着作用的影响，并帮助儿童对这些影响做出适当的反映。"[②]

教师在教育事业中的任务在于"提供刺激学生的反应和指导学生学习过程的环境。归根到底，教师所能做的一切在于改变刺激，以便反应尽可能使学生确实形成良好的智力的和情绪的倾向"。[③]归结成一句话，教师的任务即"仅仅是依据较多的经验和较成熟的学识来决定怎样使儿童得到生活的训练"。[④]

二、新型教师的角色

教师应该是与时俱进的，新型师生关系的构建对教师角色提出了新的要求。"教师应该在他们时代的前面还是在他们时代的后面？"杜威认为，还有第三种路可选，即"教师们可以跟他们的时代并行，不前不后"。[⑤]教师们要清楚"我们所生活着的是一个什么样的世界；要考察它的力量；要看出在争夺领导中各种力量的对立现象；要决定哪些力量是世界在其潜能中从过去遗留下来的过时的东西，以及哪些力量会指向一个更好的和更幸福的未来"。[⑥]教师应该在分析时代需求的基础上，不断改造自我以适应时代，与时代并行。

---

①单中惠：《现代教育的探索：杜威实用主义教育思想》，北京：人民教育出版社，2001年版，第393—394页。

②[美]约翰·杜威：《学校与社会·明日之学校》，赵祥麟、任钟印、吴志宏译，北京：人民教育出版社，2004年版，第7—8页。

③[美]约翰·杜威：《民主主义与教育》，王承绪译，北京：人民教育出版社，1990年版，第197页。

④[美]约翰·杜威：《学校与社会·明日之学校》，赵祥麟、任钟印、吴志宏译，北京：人民教育出版社，2004年版，第8页。

⑤[美]约翰·杜威：《人的问题》，傅统先译，上海：上海人民出版社，1965年版，第54页。

⑥[美]约翰·杜威：《人的问题》，傅统先译，上海：上海人民出版社，1965年版，第56页。

杜威指出:“教育并不是一件‘告诉’和被告知的事,而是一个主动的和建设性的过程。”①因此,教师与学生也就不是教与学的简单关系。用杜威的话说,“教师不是简单地从事于训练一个人,而是从事于适当的社会生活的形成”。②杜威教育理论的提出,对教师的角色进行了重新定位,即教师是教育过程的指导者、领导者、组织者。

(一)教师是教育过程的指导者

在教育中,“指导”是一个比较中性的词语,表明把被指引的人的主动趋势引导到某一连续的道路,而不是无目的地分散注意力。儿童为中心的师生关系,并不妨碍教师成为教学过程的指导者,恰恰相反,建立在个人经验的基础上的教育也许比在传统学校任何时候曾经存在的成人和儿童之间的接触更复杂、更亲密,结果是更多而不是更少地受别人的指导。可见,杜威认为现代教育比传统教育更需要教师的指导。

在强调教师指导作用的同时,杜威还指出:“指导表达一种基本的功能,这一功能的一个极端变为方向性的帮助,另一个极端变为调节或支配。”③这就意味着教师作为学生的指导者要格外注意,需要教师细心体会,指导的力度不可过弱也不能过强。

教师的指导对于儿童是有效的。“通过指导,通过有组织的运用,它们(儿童的能力)就会朝着有价值的结果前进而不致成为散乱的或听任其流于仅仅是冲动性的表现。”④教师作为指导者能更好地促进儿童的生长和发展,提高儿童的能力,形成良好的学习兴趣与习惯。

---

①[美]约翰·杜威:《民主主义与教育》,王承绪译,北京:人民教育出版社,1990年版,第46页。

②[美]约翰·杜威:《学校与社会·明日之学校》,赵祥麟、任钟印、吴志宏译,北京:人民教育出版社,2004年版,第15页。

③[美]约翰·杜威:《民主主义与教育》,王承绪译,北京:人民教育出版社,1990年版,第30页。

④北京师联教育科学研究所编:《约翰·杜威(1859—1952)实用主义教育思想与教育论著选读》(第二辑第六卷),北京:中国环境科学出版社,2006年版,第27页。

(二)教师是教育过程的领导者

传统教育中,教师是教学活动的中心,教学计划、教学方法的选择完全根据教师意愿,这种教育中的教师称为班级的“独裁者”。杜威现代教育理论的提出,对独裁式的教师提出了批评,认为新型的教师应该是班级的“领导者”,这里的领导者并非指教师独裁,而是指民主型的领导者。

杜威教育理论强调儿童自由,但并不是完全的放纵、忽视教师在教学中的作用。杜威指出:“若说儿童享有自由以后,教师便应逊位而退处于无权,那是愚笨的话。”①杜威认为给予儿童绝对的自由,让儿童决定教学的一切事物,不过是以儿童偶然的接触与经验代替了教师的智慧计划而已,这种做法是极为愚蠢的。

他指出,教师之所以被称为“教师”,是因为教师最懂得儿童的需要,并能根据儿童的需要与兴趣进行教学计划。因此,杜威所说的教师是教育的领导者并不是强权,指出“教师作为一个领导者,依靠的不是其职位,而是其广博、深刻的知识和成熟的经验”。②因此,杜威所说的领导者是民主型的领导者。

教师作为教育过程的领导者,应该全面把握学校原则,根据学生的兴趣与需要选择合适的教材与教学方法,同时合理使用教师权力,全力维护学生权益,努力营造和谐的师生关系。

(三)教师是教育过程的组织者

杜威强调“从做中学”,认为教学应该是在教师的组织和支持下,以学生为中心,通过参与各种活动习得知识和能力,实现学生主动参与教学的过程。而实现学生“从做中学”的前提,就需要多种多样的教学活动。

杜威指出,教师不仅是教学过程的指导者、领导者,还是各种教学过程的组织者,各种教学活动的组织者。通过教师组织各种活动,提供活动顺利进行的各种条件,使学生有机会参与到有利于自身生长的活动中去。

①[美]约翰·杜威:《思维与教学》,孟宪承、俞庆棠译,上海:华东师范大学出版社,2010年版,第148页。

②单中惠:《现代教育的探索——杜威实用主义教育思想》,北京:人民教育出版社,2001年版,第396页。

教师作为教学过程的组织者,围绕"儿童为中心"的教育信条,通过贡献自己的智慧与心血,为学生打造有助于发展的环境与活动。这样的教师角色为实现"从做中学"提供了机会和可能,促进了教学过程的顺利进行。

三、时代进步对教师的新要求

杜威强调"儿童为中心"的师生关系,不仅没有忽视教师的重要性与地位,发掘新的教师角色,还对教师提出了更高的要求。杜威认为:"教师总是真正上帝的代言者,真正天国的引路人。"[①]只有匹配更高素质的教师,才能适应时代进步下新型师生关系的要求。

(一)具备环境分析与打造能力

杜威认为,教师应该具备教学环境的分析能力与打造能力,"不仅要通晓环境条件所形成的实际经验的一般原则,也要认识到在实际中哪些环境有利于引导生长的经验。最为重要的是,他们应当知道怎样利用现有的自然的和社会的环境,并从中抽取一切有利于建立有价值的经验的东西"。[②]

这就需要教师对教学环境进行观测与分析,在上课前要有充分的预备。教师在环境分析阶段,要仔细考虑:"学生的旧经验里、旧学习里,有什么可以利用的呢?怎样可以帮助这新与旧的联络呢?有怎样需要,可用以作为学习的动机呢?怎样使这课的教材,让学生会应用呢?这教材怎样能够个别化,使它具有显著的物质,而又同时适应他们的特殊的需要呢?这些问题,教师在课前应该自己想一想。"[③]

---

①[美]约翰·杜威:《学校与社会·明日之学校》,赵祥麟、任钟印、吴志宏译,北京:人民教育出版社,2004年版,第15页。

②[美]约翰·杜威:《我们怎样思维·经验与教育》,姜文闵译,北京:人民教育出版社,1991年版,第264—265页。

③[美]约翰·杜威:《思维与教学》,孟宪承、俞庆棠译,上海:华东师范大学出版社,2010年版,第149页。

教师只有在教学前对教学环境进行分析与准备，才能准确把握学生的基础、教材难度、环境的可用程度，才能进一步利用教学环境，打造最适合学生生长的环境。因此，教师的环境分析与打造能力是重要的，可以为更优质的教学做准备。

(二)掌握多方面的充盈知识

杜威认为，教师应该有充分的知识储备，能利用已有的知识充分了解儿童，指导学生学习。教师要有追求知识的热情，不断扩展自己的知识库，掌握多方面的知识。

1.儿童方面的知识

在杜威看来，教师要能够理解儿童，因为只有理解了儿童，才有望去发现任何一种教育方案。因此，教师要了解有关儿童的知识，掌握各年龄阶段儿童的发展规律，知晓儿童的心理发展特点。在了解相关儿童方面知识的基础上，教师再根据儿童现阶段的特点制定恰如其分的教学计划，选择符合儿童需要的教学内容，找出儿童能接受的教学方法，进而才能真正促进儿童的生长与发展。

2.教材方面的知识

杜威指出，一个合格的教师必须对教材知识有深刻的理解。教师必须明白，教材中的知识远远超过了学生目前的知识水平，这些教材对于学生而言是待学习的知识。教师也必须承认这些待学习的知识能使得那些未成熟学生的粗糙活动具有许多可能性。

作为一名教师，应该将教材和教师活动、儿童本身联系起来："考虑的是怎样使教材变成经验的一部分；在儿童的可以利用的现在情况里有什么和教材有关；怎样利用这些因素；他自己的教材知识怎样可以帮助解释儿童的需要和行动，并确定儿童应处的环境，以便使他的成长获得适当的指导。"[1]

所以，杜威要求教师具有教材方面的知识，"当教师直接从事教学活动时，需

①[美]约翰·杜威：《学校与社会·明日之学校》，赵祥麟、任钟印、吴志宏译，北京：人民教育出版社，2005年版，第123页。

要精通教材；他的注意力应该集中在学生的态度和学生的反应上。教师的任务在于了解学生和教材的相互影响，而学生的心思，自然应该用在正在学习的题目上，而不用在它自身”。①

3.技术性的知识

杜威还提出，教师应该具有相关的教育技术性知识。他提出：“教师不仅需要所教学科的知识，而且需要教育技术性的知识。”②在杜威看来，教育技术性知识主要包含学习心理学、教育史、各科教学法等知识，而这类知识的学习需要专业的训练。

教育技术性知识的掌握有利于教师教学过程的顺利进行。杜威指出，正是因为“有了这类知识，他能够观察和解释儿童心智的反映，否则便易于忽略；懂了别人用过而有效的方法，他能够给予儿童以正当的指导”。③可见，技术性的知识是实现教师成功教学的有利工具。

总而言之，教师必须有充盈的知识，“他的知识，要比教科书或任何固定教材所有的广博得多，然后才能旁通曲畅，而应付偶发的问题”。④此外，为保障教师充盈、广博的知识储备，教师要有追求知识的热度，不断丰富自己的知识，扩大知识储备。

（三）必要的教学技巧和方法

杜威曾经指出：“一个有学问的人对材料的组织方法，不同于一个初学者对材料的组织方法。”⑤这在一定程度上说明了杜威对组织方法的重视程度。由此

①[美]约翰·杜威：《民主主义与教育》，王承绪译，北京：人民教育出版社，1990年版，第199—200页。

②[美]约翰·杜威：《我们怎样思维·经验与教育》，姜文闵译，北京：人民教育出版社，1991年版，第229页。

③[美]约翰·杜威：《思维与教学》，孟宪承、俞庆棠译，上海：华东师范大学出版社，2010年版，第149页。

④[美]约翰·杜威：《思维与教学》，孟宪承、俞庆棠译，上海：华东师范大学出版社，2010年版，第149页。

⑤[美]约翰·杜威：《民主主义与教育》，王承绪译，北京：人民教育出版社，1990年版，第200页。

出发，杜威表达了对教学方法和教学技巧的重视，认为教师给儿童留下深刻印象并影响长远的是其教学的技巧与方法，使得学生在比较长的时间之后，还能由于教师的教学保持着持久的经验。

合适的教学技巧与方法的选用，顾及儿童的兴趣与需要，符合儿童的发展阶段特点，在一定程度上减轻了学生学习的难度。此外，有教学技巧和方法的教师，学生更容易接受，更容易形成和谐、友善的师生关系，对儿童的影响也更为全面与持久。

(四)优秀的教师人格和职业素养

杜威认为："教师人格的影响和课业的影响是完全融合在一起的；儿童不能把这种影响分离开来，甚至也不能把两者的区别搞清楚。"①因此，实现现代教育的转型，实现新型人际关系的转型，必须注重教师人格的筛选与再培养。

杜威对教师人格、素质、性格的地位给予了充分的肯定。他指出："所有其他的改革都取决于从事教师职业者的素质和性格的改革。正因为教育是人的一切事业中最个人化的、最切己的，它的力量的最后凭借和最终来源便在于个体的训练、品质和智慧。假如能拟定一种计划，使教育这个职业得到有力量、素质好、同情儿童以及对于教学和学术问题有兴趣的人，那么，教育改革就不再有一点麻烦，也用不着再去解决其他的教育问题了。"②可见，在杜威看来，教师人格和职业素养是教育改革必须关注的首要问题。

杜威还指出，教师应该认识到自己的职业尊严，正确把握自己的工作性质与职业定位，有充分的职业觉悟，意识到"他是社会的公仆，专门从事于维持正常的社会秩序并谋求正确的社会生长"。③

①[美]约翰·杜威：《我们怎样思维·经验与教育》，姜文闵译，北京：人民教育出版社，1991年版，第49页。

②[美]约翰·杜威：《杜威全集中期著作》(第三卷)，俞吾金，孔慧译，上海：华东师范大学出版社，2010年版，第322页。

③[美]约翰·杜威：《学校与社会·明日之学校》，赵祥麟、任钟印、吴志宏译，北京：人民教育出版社，2004年版，第15页。

（五）胸怀社会目标与责任意识

杜威的教育思想从方法论来说，是“儿童中心”的，但是从目的论来说，便是“社会中心”的，与社会挂钩。杜威认为：“儿童是教育的出发点，社会是教育的归宿点，正像两点之间形成一条直线一般，在教育出发点的儿童和教育归宿点的社会之间，形成了教育历程。”[①]因此，杜威的实用主义教育思想体系与社会的关系是紧密的，诸如“学校即社会”思想的提出等，都是提倡学校与社会联系的结果。

杜威强调教育与社会的关系，自然对教师提出了新的社会方面的要求。即“教师要理智地去理解我们自己时代的社会力量和运动以及教育制度在其中所担负的责任。如果教师心目中没有一个社会目标，这一点是不能成功的”。[②]可以看出，杜威十分强调教师与社会的紧密联系，强调教师的社会作用。

杜威还指出，教师不是简单地从事于训练一个人，而是从事于适当的社会生活的形式。杜威把教师的功用从简单培养学生扩大到促进社会生活的进步，把教师的角色领域从学校扩大到社会。因此，在杜威看来，仅仅做好教师的本职工作是不够的，身为一名新时代的教师，还应该时刻与社会挂钩，完成作为一名社会公民的职责。

值得注意的是，尽管杜威批判传统教育的师生关系，认为传统师生关系根深蒂固，忽略儿童的需要与兴趣，致使儿童自由无从体现，师生关系坚硬，最终阻碍儿童发展与教学进步。但杜威也承认，其实真正解决儿童与教师的关系问题并非一件容易的事。新型师生关系的构建要“以儿童为中心”，考虑儿童的兴趣，给予儿童充分的自由，保障师生的平等与民主，这就对新时代的教师提出了严峻的挑战。

构建新型师生关系就意味着教师要背负着比以往更多的责任与压力，需要教师具有环境分析与打造的能力；掌握多方面的知识与学习知识的热情；掌握必要的教学技巧和方法；具备优秀的教师人格和职业素养；还要时刻与社会挂钩，

①[美]约翰·杜威：《民主主义与教育》，王承绪译，北京：人民教育出版社，1990年版，第14页。

②单中惠主编：《外国中小学教育问题史》，济南：山东教育出版社，2005年版，第338页。

尽到一名社会公民的职责。可见,新型师生关系实施起来并不容易。在这种情况下,杜威推翻了传统的师生关系,为师生关系的发展提供了美好愿景,并通过实践为新型师生关系构建提供了范本，这就更体现了杜威对新型师生关系理论的重大贡献。

第六章

以学生的兴趣设计课程

杜威在阅读

第一节　对传统课程的评判

1899年，杜威在《学校与社会》一书中首次使用了“传统教育”一词，把以德国教育家赫尔巴特为代表的教育称为“传统教育”，同时把自己的教育称为“现代教育”。从此，“传统教育”和“现代教育”这两个概念在西方教育思想中被广泛地应用。众所周知，传统教育强调以教师为中心，而现代教育则强调以儿童为中心。杜威提出，儿童是教育的起点，是中心；儿童的发展，儿童的生长，就是理想所在。课程的设计方面，杜威认为，必须站在学生的立场上，并且以学生的兴趣为出发点来考虑课程内容，使之能真正适于儿童的生活。

杜威极力批判“传统教育”，他认为传统教育全是注重记忆，注重背诵，注重考试。因为把知识看作可以灌来灌去的现成东西，所以用死记的方法灌进去；进而又用背诵和考试的方法来看究竟灌进去了没有。他称当时的教学方法为“注入式”教学方法。他在《现代教育之趋势》的演讲中曾有这样生动的描述：“美国有一种农家，养鸡鸭出卖。卖的时候，常常把鸡鸭喂得饱饱的，可以多卖一点钱。但是鸡鸭喂饱了，便不肯再吃了，所以他们特地造一种管子，插进鸡鸭喉咙里，把食物硬灌下去，使它们更胖更重。现在的教授方法，就是硬装食物到鸡鸭肚子里去的方法。考试的方法，就好像农夫用秤称鸡鸭的重量，看它们已经装够了没有。”①

在这种教学方法下，学生只有机械的记忆，没有理解，更没有创造。在刚刚创办实验学校之初，一次杜威来到学校的一个四年级班上。班上的老师看到校长来了，就把班交给他。当杜威了解到这节课讲的是地球的结构时，他面向学生问道：“小朋友，如果你们不断地挖地，会发现什么？”几十个学生，你看着我，我看着你，都答不上来，杜威以为学生可能没听懂，于是又重复问道：“小朋友们，如果你们在玩耍时挖地，一直往下挖，你们会发现什么？”见学生还是答不上来，班

①袁刚、孙家祥、任丙强编：《民治主义与现代社会——杜威在华讲演集》，北京：北京大学出版社，2004年版，第668页。

上的老师急了，开口说："杜威博士，您问错了，问题不应该这样问。"然后她转身对学生说："孩子们，地心是由什么构成的？""岩浆！"学生们马上齐声答道。杜威见此情景，连连摇头，然后悻悻地走出了教室。

在这里，杜威试图以一个开放性的问题启发学生的创造力，结果却被这位教师以"地心是由什么构成的"这样一个考学生记忆力的封闭性问题所取代。对这个班上的学生来说，"地心""岩浆"等只不过是老师要求他们记住的若干符号，至于这样的符号与自己的生活有何关系，他们不知道，也没有兴趣知道，这种教学忽视了学生的个性，是不适合学生主动学习的。

此外，教室布置方面过于拥挤，学生没有创造的空间。杜威在《学校与社会》一书中曾写道："如果我们想象一下普通的教室，一排排难看的课桌按几何顺序摆着挤在一起，以便尽可能没有活动的余地，课桌几乎全都是一样大小，桌面刚好放得下书籍、铅笔和纸，外加一张讲桌，几把椅子，光秃秃的墙，可能有几张图画……一切都是为'静听'准备的……在传统的教室里，让学生活动的余地是非常少的。"①

因此，在这样的环境里，学生因为固定的座位不能做任何事，只有听讲。传统教育有太多来自教师的刺激和控制，而对学生的兴趣和经验需要太少，甚至忽略了学生的个体，这样不利于学生创造力的发挥；此外，传统教育只把注意力限定在少数天才学生身上，忽视了对大多数儿童进行创新教育。而在现代教育中，应当看到每个儿童都是具有创造性的，教育应当发展每个儿童的创造性。

杜威提出以学生兴趣设计课程是针对传统教育中课程的弊端而提出来的。他在课程方面极力批判以赫尔巴特为代表的传统教育理论。他指出："简言之，赫尔巴特的哲学考虑教育的一切事情，唯独没有考虑教育的本质，没有注意学生具有充满活力的、寻求有效地起作用的机会的能量。""其缺陷在于忽视生物具有许多主动的和特殊的机能，这些机能是在它们对付环境时所发生的改造和结

①[美]约翰·杜威：《学校与社会·明日之学校》，赵祥麟、任钟印、吴志宏译，北京：人民教育出版社，1994年版，第42页。

合中发展起来的。”[①]这一缺陷反映在课程方面，就是课程同儿童的需要和现实生活相脱节。

杜威认为，在“传统教育”下，传统学校的主要目的是使学生从课程中获得有组织的知识体系和完备的技能，以便对未来的责任和生活做好准备。因此，传统学校需要一种以“书本”代替“经验”的课程。在杜威看来，传统教育的课程是由前人所积累起来的系统的间接经验构成的，是一种符号和文字构成的系统，是由成人编就的。它们代表成年人的种种标准，不适合儿童现有的能力，超出了儿童已有的经验范围，是他们力不能及的东西。而且这些课程只能投合人性的理智方面，投合我们研究、积累知识和掌握学术的愿望，而不是投合我们的制造、创造、生产的冲动和倾向。结果在教育上造成不良后果，代表知识的言词对儿童而言成为纯粹感觉刺激，没有什么意义，学校的教材与学生的需要和目的脱离，仅仅变成供成人记忆、在需要的时候背出来的东西。教育因而成为机械而强制的，儿童读书是迫不得已而为之，并无乐趣，这使得那些即使用最逻辑的形式整理好的最科学的教材也失去了其应有的价值。因此，传统的课程教材严重阻碍了儿童思维的发展。杜威明确指出：“知识常被视为目的本身，于是，学生的目标就是堆积知识，需要时炫耀一番。这种静止的、冷藏库式的知识理想有碍教育的发展。这种理想不仅放过思维的机会不加利用，而且扼杀思维的能力。”[②]

杜威认为，儿童的生活和经验具有“统一性和完整性”，儿童到学校读书，多种多样的、分门别类的学科将他的世界加以割裂和肢解，使儿童对世界的认识失去应有的全面性而流于平面。这也是旧课程和教材的弊端之一。旧课程和教材还有一个重要的弊端，就是社会精神的匮乏。杜威要求教材不能只从本身出发，而应该与社会生活相联系。杜威认为，“一个课程计划必须考虑课程能适应现在社会生活的需要；选材时必须加以改进我们的共同生活为目的，使将来比过去更美好”……承认教育的社会责任的课程必须提供一种环境，在这种环境中，所研究的问题都是有关共同生活的问题，所从事的观察和传授的知识，都能发展社会见识和社会兴趣”。[①]

①[美]约翰·杜威：《民主主义与教育》，王承绪译，北京：人民教育出版社，1990年版，第204—205页。

第二节　经验与课程内容的选择

经验是杜威教育哲学中最重要的一个词，也是其教育思想体系的核心。从实用主义经验论出发，杜威充分肯定了教育与经验的密切关系。在他看来，一切真正的教育是从经验中产生的，而教育的过程也就是不断改造或改组的过程。因此，作为教育的一个重要方面的课程教材，也必然与经验存在着密切的关系。从这一点来讲，不断改造或改组的经验就是课程教材的依据。既然一切教育存在于这种经验之中，那么，课程教材也存在于这种经验之中。

但是，杜威又认为，不能把经验与教育直接等同起来，因为并不是一切经验都具有真正的或同样的教育作用，有些经验甚至具有错误的教育作用，阻碍或歪曲经验的继续生长。悉尼·胡克在《民主主义与教育》的附录中指出："对杜威来说，虽然在通常谈话中把所发生的任何事情都看作经验，如生或死，或一次偶然跌倒，或一次意外打击，但是并不是一个人碰到的一切事情或任何事情都是经验。……这就是为什么对杜威来说经验和教育并不是同义语。"[①]在他看来，包括课程教材在内的一切教育在强调经验重要性的同时，还必须注意经验的性质，对各种经验进行必要的选择。

"经验"包括直接经验和间接经验两个方面。在论述直接经验时，杜威充分强调了它对经验改造的重要作用。他指出："一盎司经验所以胜过一吨的理论，只是因为只有在经验中，任何理论才具有充满活力和可以证实的意义。一种经验，一种非常微薄的经验，能够产生和包含任何分量的理论（或理智的内容），但是，离开经验的理论，甚至不能肯定被理解为理论。这样的理论往往变成只是一种书目的公式，一些流行话，使我们思考或真正的建立理论成为不必需要的，而且是不可能的。"[②]杜威还指出："我们离开这个直接的、第一手的知识来源愈远，

①[美]约翰·杜威：《民主主义与教育》，王承绪译，北京：人民教育出版社，1990年版，第379页。

②[美]约翰·杜威：《民主主义与教育》，王承绪译，北京：人民教育出版社，1990年版，第153页。

谬误的来源就愈多，形成的概念也就愈模糊。”[①]因此，在杜威看来，任何书本都不能代替个人的经验。由此可见，直接的经验对教育、理论以及课程教材是多么的重要。然而，杜威也不得不承认：“个人直接的经验的范围是非常有限的。……所以我们依靠文字，藉以获得有效的有代表性的经验或间接经验。……直接经验不仅有一个数量的问题，要有足够的直接经验，甚至更是一个质量的问题。直接经验一定要能迅速地、有效地和用符号表达的教材联系起来。”[②]因此，杜威指出：“无论如何，一个人应能利用别人的经验，以弥补个人直接经验的狭隘性，这是教育的一个必要组成部分。”[③]

在论述间接经验时，杜威不仅指出我们的经验有很多是间接的，而且也肯定了它对经验的改造作用。他在《民主主义与教育》这本书中明确指出：“我们并非反对用语言文字表达的信息……把知识告诉一个人，他就获得间接知识。这使他掌握有效地解决问题所需要的材料，使得寻找解答和解决问题本身更有意义。资料的知识就是一个人处于疑难的情境时可以依靠已知的、确定的、既成的、有把握的材料。它是心灵从疑难通往发现的一座桥梁。它具有一个知识经纪人的作用。它把人类以往经验的最后成果压缩精简，纪录成可用的形式，作为提高新经验的意义的工具。”[④]从中可以看出，杜威重视个人直接经验而轻视间接经验的作用。

从经验论出发，杜威认为传统学校课程教材的弊端就是脱离儿童以及他们现在的生活经验。他指出，在传统学校中，“各门学科代表许多独立的门类，每一门类都有它自己完全独立的编排原则”。在杜威看来，这些课程是孤立的、与儿童的经验是隔离的和失去生命力的，犹如把知识放在封闭的和相互隔开的船舱里一样。杜威从其经验的“连续性原则”出发，认为“经验并不知道在人类事务和纯粹机械的物质世界之间有什么区分”。[⑤]在课程设计上反对自然科目和人文科目二元论对立的传统，他认为教育应该从人文主义的科目和自然主义的科目这

①[美]约翰·杜威：《民主主义与教育》，王承绪译，北京：人民教育出版社，1990年版，第283—284页。
②[美]约翰·杜威：《民主主义与教育》，王承绪译，北京：人民教育出版社，1990年版，第246—247页。
③[美]约翰·杜威：《民主主义与教育》，王承绪译，北京：人民教育出版社，1990年版，第167页。
④[美]约翰·杜威：《民主主义与教育》，王承绪译，北京：人民教育出版社，1990年版，第200页。
⑤[美]约翰·杜威：《民主主义与教育》，王承绪译，北京：人民教育出版社，1990年版，第143页。

种密切的相互依存关系出发,“不应把研究自然的科学和记录人类事业的文学隔离开来,而应把自然科学和历史、文学、经济学和政治学等各种人文学科进行杂交”。①由此,杜威强调知识的学习和教材的选择必须确立“社会价值的标准”,认为“教育必须首先是人类的,然后才是专业的”,②提出要用广泛人类的标准来编制学校课程,要求“教材首先由供给现在社会生活内容的种种意义所构成”。

因而,在进行课程设计时,杜威强调必须要把“要素”(essentials)放在第一位,把“精练”(refinements)放在第二位。所谓“要素”,就是“凡是在社会方面最基本的事物”,也就是说“凡是和广大的社会群体共同参与的经验有关的事物”。“要素”不是呆板的“读、写、算”三门,而是“有关人类共同生活的最深刻、最基本的问题”。正是基于这种认识,杜威提出,承认教育社会责任的课程必须提供一种环境。在这种环境中,所研究的问题都是“有关共同生活的问题”,所从事的观察和传授的知识,“都能发展学生的社会见识和社会兴趣”,③课程中的各门学科必须代表“社会生活中的各种标准要素”,并成为“启迪社会价值的工具”。④

从这里我们可以看到,杜威认为学科知识是在社会生活中发展起来的,社会的进步又依赖学科知识,二者相互作用,相互依存,正是由于知识与社会所存在的这种内在相互关系,知识和社会才能与儿童发生真正的联系,使儿童在学校这样一个真实的社会情境中,从儿童现实的心理经验出发,通过经验的不断改造,逐步达到学科所蕴含的经验高度。

①[美]约翰·杜威:《民主主义与教育》,王承绪译,北京:人民教育出版社,1990年版,第243页。

②[美]约翰·杜威:《民主主义与教育》,王承绪译,北京:人民教育出版社,1990年版,第204页。

③[美]约翰·杜威:《民主主义与教育》,王承绪译,北京:人民教育出版社,1990年版,第204—205页。

④[美]约翰·杜威:《民主主义与教育》,王承绪译,北京:人民教育出版社,1990年版,第373页。

第三节 实验学校课程内容分析

杜威认为，学校本身必须是一种社会生活，具有社会生活的全部含义，学校应该是现实生活的一种简化雏形，社会通过学校把自己所成就的一切交给他未来的成员去安排。杜威在进行课程设计时，社会因素占了重要地位。杜威早在《我的教育信条》中就指出："学校课程教材的内容是从社会生活的最初不自觉的统一体中逐渐分化出来的。在学校课程中，既应该包括科学、文学、历史、地理等学科性科目，又应该包括烹饪、园艺、纺织、木工、金工、缝纫等活动性的科目。但是"学校科目相互联系的真正中心不是科学，不是文学，不是历史，不是地理，而是儿童本身的社会活动"，而且，那些表现的和建设的活动性科目"并不是依附在其他许多科目之外，作为一种娱乐、休息的手段，或者作为次要的技能的特殊科目而提出的"。[①]

后来，杜威在《民主主义与教育》中又对课程教材的定义作了论述。他指出所谓课程教材"就是在一个有目的的情境发展过程中所观察的、记忆的、阅读的和谈论的种种事实，以及所提出的种种观念"。[②]他还指出："有组织的教材，代表着和儿童的经验相类似的许多经验的成熟产物，这些经验包含同一个世界，也代表完美无缺或一贯正确的智慧；但是，它是可以自由支配以增进新经验的最好的材料，至少在某些方面超越现有的知识和艺术作品中所体现的成就。"[③]"课程教材首先由供现在社会生活内容的种种意义所构成。"[④]

从杜威对课程教材的定义中可以看出，他所说的课程教材既是与社会生活联系的，又是符合儿童天性的。因此，"一个课程计划必须能适应现在社会生活的需要，选材时必须以改进我们的共同生活为目的，使将来比过去更美好"。[⑤]为

①赵祥麟、王承绪编译:《杜威教育论著选》,上海:华东师范大学出版社,1981年版,第6—7页。
②[美]约翰·杜威:《民主主义与教育》,王承绪译,北京:人民教育出版社,1990年版,第192页。
③[美]约翰·杜威:《民主主义与教育》,王承绪译,北京:人民教育出版社,1990年版,第194页。
④[美]约翰·杜威:《民主主义与教育》,王承绪译,北京:人民教育出版社,1990年版,第205页。
⑤[美]约翰·杜威:《民主主义与教育》,王承绪译,北京:人民教育出版社,1990年版,第204页。

此，他强调在设计课程时，必须对儿童所处社会环境做切实的研究，了解儿童过去、现在及未来的可能需要。

1896 年，杜威在芝加哥大学开办了一所实验学校，即芝加哥大学实验学校（亦称“杜威学校”）。他在对芝加哥大学实验学校的教学计划和课程教材实验进行总结时，把课程教材分为三类。第一类是主动作业，包括游戏、体育活动以及手工训练在内的各种形式的活动。这一类的许多活动是日常生活的一个部分，并照顾到日常的各种需要。第二类是给儿童提供关于社会生活背景的科目，包括历史和地理。第三类是给儿童运用理智的交流及探究的方法的科目，包括阅读、语法、数学和自然科学。在此需特别指出的是，杜威十分重视主动作业在学校课程中的重要性。在他看来，主动作业可以为儿童提供真正的动机和直接的经验，并使儿童接触现实。通过主动作业，可使“学校的整个精神得到新生”。杜威所主张的教育与生活的联系，使儿童能通过直接经验进行学习以及使学校成为“雏形的社会”等，主要就是通过这种主动作业而实现的。因此，他明确地指出：“学校之所以采用游戏和主动的作业，并在课程中占据明确的位置，是理智方面和社会方面的原因，并非临时的权宜之计和片刻的愉快惬意。”[①]没有一些游戏和工作，就不可能有正常有效的学习。学校的任务，就是设置一个环境，在这种环境里，“游戏和工作的进行，应能促进青年智力和道德的成长”。[②]

由此可见，杜威对主动作业非常重视。主动作业有一个丰富的领域，除了手工、劳动、游戏和竞技以外，还有户外短途旅行、园艺、烹饪、缝纫、印刷、书籍、装订、纺织、油漆、绘画、唱歌、演剧、讲故事、阅读、书写等具有社会目的（不是仅仅作为练习，以获得为将来应用的技能）的形式。总体看来，杜威把主动作业分为工作和游戏两个方面。当儿童游戏时，“兴趣比较直接”即“活动就是他自己的目的，而不在于它具有将来的结果”，当活动变得更为复杂时，儿童“能预见到相当遥远而具有一定特性的结果，并且作出持久的努力达到这种结果”，游戏就变成了工作。像游戏一样，工作是一种有目的的活动，它和游戏的区别不在于这种活动从属于一个外部的结果，而在于结果的观念引起较长过程的活动。因此，杜威

①[美]约翰·杜威：《民主主义与教育》，王承绪译，北京：人民教育出版社，1990 年版，第 207—208 页。
②[美]约翰·杜威：《民主主义与教育》，王承绪译，北京：人民教育出版社，1990 年版，第 209 页。

主张工作应始终渗透着游戏的态度，这种工作在性质上就是一种艺术，而不是达到目的的手段。而“当后果在活动以外，作为一种目的，活动只是达到目的的手段时，工作就变成了强迫劳动”。①

另外，为了适应现代工业发展的需要，杜威主张科学的内容和科学方法的运用，应该在课程中给以重要的地位。在《民主主义与教育》中，他对地理（包括自然研究、博物学）、历史（包括发生的方法、经济史、工业史）以及自然科学和科学方法的运用，分别作了专章的论述。他同意斯宾塞的结论：“科学知识最有价值。”但斯宾塞忽视了把一般材料变成科学的形式的种种方法，于是也就忽视了科学之所以成为科学的方法。②杜威十分重视文学、音乐、图画的基本功能，认为美感经验具有“内在的价值”。因为这种价值是内在的，所以不能与别的价值比较。它是“无价之宝”，③学校应该帮助学生学会有效地表现他们对于理智、道德、美的创造和欣赏的自然倾向。

---

①[美]约翰·杜威：《民主主义与教育》，王承绪译，北京：人民教育出版社，1990年版，第207—219页。

②[美]约翰·杜威：《民主主义与教育》，王承绪译，北京：人民教育出版社，1990年版，第258—259页。

③[美]约翰·杜威：《民主主义与教育》，王承绪译，北京：人民教育出版社，1990年版，第279—282页。

第四节 课程教学中的“做中学”

杜威继承和发展了皮尔斯创立、詹姆士使之通俗化的实用主义哲学，并将其具体应用到社会事物和教育领域中。在杜威的教育哲学中，“经验”占据着重要位置。他认为，如果想得到某方面的知识，就必须亲自尝试一下，而不能道听途说。杜威从传统课程教学的弊端出发，提出了著名的“从做中学”(learning by doing)的理论。在《明日之学校》一书中，他明确地提出：“行动是理解的测验，换一种简单的说法，即从做中学要比从听中学更是一种较好的方法。”①

杜威强调从做中学要比从听中学效果更好，什么是“从做中学”，他认为就是“从活动中学”“从经验中学”。被我国称之为研究性学习的课程，最早就源于此。1916年，杜威发表了他最著名的教育著作《民主主义与教育》，在本书中杜威从理论上论证了科学探究的必要性。因此，学生通过“从做中学”独立自主地进行探究性学习(在我国称之为研究性学习)是实施创新教育的一种有效途径。在某种程度上说，杜威是研究性学习最早的倡导者之一。

要培养学生的创造能力，教师必须要有创造性。千篇一律的教学模式是不可能培养出学生的创造性的。在美国中小学教学中，没有让学生死记硬背大量的公式、定理，老师总是煞费苦心地告诉学生怎样去思考问题，怎样面对陌生领域寻找答案。近年来，美国风行一种“木匠教学法”，就是给孩子们一些木块和量尺，由他们去量木块的长、宽、高、底，然后拼造出一些简单的物体。这样他们在实际操作中就认识了尺子的用途与方法，也理解了线段长短间的加减关系。而教师只是布置任务和解答孩子们在动手劳动中遇到的各种问题。“木匠教学法”的一个最大好处就是使孩子们始终处在一种具体的操作之中。它之所以成功，就在于通过“从做中学”，极大地锻炼了孩子们自我发现问题和亲手解决问题的能力，而不

①[美]约翰·杜威：《学校与社会·明日之学校》，赵祥麟、任钟印、吴志宏译，北京：人民教育出版社，1994年版，第286页。

是按老师事先规定的方法去做，从而给了孩子们充分的机会发展他们的想象力与创造力。

学校虽然也有教科书,但教师讲课从不照本宣科,有时甚至不用教科书。大部分的教学方式都是采用学生主动参与的办法，从活动和实践中进行学习。如学习电脑的操作,学生从入门到简单操作,到熟练操作,用电脑写报告、做作业、获取信息、修理机器、设计图纸方案、用电脑谱曲等,在教师的指导下,学生的主动性和创造性得到充分发挥。修理机器、美容、美发等不仅是面对模型教具,更面对真实的顾客。如在体育课中开设驾驶课,在职业教育课中开设就业辅导课,在学生辅导课中开设社区服务课,这些对培养学生技能技巧、服务精神、实践能力都起到了实实在在的作用。

美国学校很注意让学生从社会中、从大自然中获取知识。学生们经常出去旅行,学到什么内容,就到实地参观、考察什么内容,工厂、农场哪儿都去。如有学生因家庭困难没钱出去，学校可以建议他用勤工俭学来解决经济困难。如果家长出国或到外地去旅行，并要带上孩子，学校会积极支持，并不认为会耽误学习,反而认为这是最生动的学习,可以开阔眼界。例如,有位美国孩子的家长要去欧洲旅行，学校积极支持孩子一同前往，并且各科教师也抓住时机根据这个孩子的特点，布置了一些相应的旅游作业。历史老师要求他参观一下欧洲的博物馆和一些历史古迹。返校后让他做一个参观报告。法语老师让他在旅游期间,写一封法语信给他和全班同学,尽量用学到的法语单词、句型传达所见所闻。

“从做中学”真正调动了学生各方面的积极性,从而极大地激发了学生创造的积极性。正是在这种氛围中,他们真正身体力行地去“学会生存”“学会创造”。伊克中学的校训就写道:“发展个性,提高自我。让我看,我记不住;让我听,我会忘记;让我参与,我就会理解、明白。”①

杜威所倡导的“从做中学”的思想,对美国现在的高考选拔制度也产生了极大的影响。高中生要想考上自己渴望的大学,除了有好的高考成绩外,还要有与

①北京市教育委员会人事处编:《国外归来的报告》,北京:首都师范大学出版社,2003年版,第225页。

众不同的推荐信。这封信由教师或社会组织负责人撰写。美国学校鼓励学生参加校内外的各种社会活动,如学生会、兴趣小组、体育俱乐部、童子军、图书馆助理员,等等,有时甚至到政府部门、公司、慈善机构去打短工、当临时工或义务工。这些被看成是该学生是否有很好的活动能力、领导才能和社会责任心的标准。通过这些课外活动,他们学到了一技之长,增长了社会经验和组织才干。如想攻读医学博士的学生,最好到医院当当"小护士"或医务助理;想攻读政治学当社会活动家的学生,就可去当竞选填表的义工,扶贫救灾的积极分子,甚至到市、州政府以至到国会或白宫做个实习生等等。这些各种不同的社会组织负责人就会给这些高中生参与者写推荐信，作为该学生进入大学的有力的参考。因此,通过高考选拔制度的导向作用,美国中小学创新教育已蔚然成风。

第五节　对当前美国课程的影响

受杜威课程观的影响，美国现有的课程内容仍是丰富多彩的。其内容比较重视让学生学习现代经济、社会、科技发展相关的知识，特别注重选择培养学生实践能力和创造能力的教学内容。小学和初中主要是一些基础知识的课程，包括英语的读写和理解、数学、社会学，如历史、地理、环境保护和理科的基础知识以及音乐、美术和体育等。初中和高中开始有选修课，其比重分别占到总课时的三分之一和一半。

选修课是根据学校的特色与学生的兴趣而定。如芝加哥市的中学课程就分必修课、选修课和学生辅导课三大类。必修课的重点课程是：英语、数学、科学（含生物、地球及太空、化学、物理等）、社会科学（含政治、经济、历史、法律等）、职业教育（含健康教育、驾驶教育等）；选修课则多达几十种，且都是技能很强的课程，有的甚至就以各种俱乐部的形式活动；学生辅导课又叫社区服务课，不算学分，但必须学习，旨在培养学生的动手能力、实践能力和服务精神。

除了课程内容的丰富多彩，与课程内容相配套的作业也很灵活实用，各科老师经常给学生布置项目(project)作业。项目是某一门课布置的专题任务，任何课程都有不同的专题项目，可由高中生按兴趣自选。如科学课可做一个实物设计，文科的课可做一个表述或展示的模型设计等。如有个学生做国际货币的换算率这个项目时，他搜集到几张美国的美元、墨西哥的比索、法国的法郎、德国的马克、中国的人民币等，把它们贴在一张很大的画有世界地图的纸板上，再添上一些如玩具、服装、电脑、汽车等商品，标出图标，让人看到这个学生对知识的理解、构想的创新和动手的技巧等。从这个例子可以看出，通过动手又动脑的“项目”作业，真正促进了学生全面素质的提高，更有利于创新精神的培养。

总体来说，美国中小学现在的课程内容，大多是杜威所倡导的和日常生活密切相关的内容，符合儿童的兴趣和爱好，但难度不大，充分激发了儿童创造的积极性。

第七章

教育与生活

杜威在办公

第一节　教育即生活:一种面向新生活的教育理念

杜威所生活的时代,受惠于现代工业、民主政治以及科学技术的迅猛发展,美国社会正在发生前所未有的巨大变革。杜威不禁感慨,人类已经无法预测20年后的文化会是怎样一种状态?①但是,当美国社会已今非昔比之时,美国的教育却停滞不前,这就是杜威关于那个时代的焦虑。受这种焦虑的驱使,杜威在这一时期逐步建立了自己的教育思想体系。②更为可贵的是,他不仅针对教育改革提出自己的意见,还亲身投入到教育改革的实验当中。

美国是一个年轻的国家,阿历克西·德·托克维尔(Alexis de Tocqueville,1805—1859)曾表示,在美国,任何一种见解,任何一种习惯,任何一种法律,甚至任何一个事件,都不难从这个国家的起源中找到解释。③托克维尔所指的,就是美国自起源之初就深深地烙印在其精神内核中的一种理念——民主。从《五月花公约》到美国宪法,民主、自由、自治、平等、契约等近代资本主义精神激励着这个国家直面所有困境,不断向前发展。

对于杜威来说,民主是如同信仰一般的存在,他关于民主最简单的定义就是:民治,民有,民享。④在他看来,"民主政治热心教育,这是众所周知的事实。根据表面的解释,一个民主的政治,除非选举人和受统治的人都受过教育,否则这种政府就是不能成功的。民主的社会既然否定外部权威的原则,就必须用自愿的倾向和兴趣来代替它,而自愿的倾向和兴趣只有通过教育才能形成"。⑤因此,

---

①赵祥麟、王承绪主编:《杜威教育论著选》,上海:华东师范大学出版社,1981年版,第3页。

②杜威关于教育的著作集中在这一时期出版,从时间上依次是:《我的教育信条》(1897)《与意志有关的兴趣》(1899)、《学校与社会》(1899)、《儿童与课程》(1902)、《教育的情境》(1902)、《德育原理》(1909)、《我们怎样思维》(1910)、《教育中的兴趣与努力》(1913)、《明日之学校》(1915)、《民主主义与教育》(1916),至此,杜威的教育哲学体系基本完成。

③[法]托克维尔:《论美国的民主》,董果良译,北京:商务印书馆,1988年版,第32页。

④赵祥麟、王承绪主编:《杜威教育论著选》,上海:华东师范大学出版社,1981年版,第137页。

⑤[美]约翰·杜威:《民主主义与教育》,王承绪译,北京:人民教育出版社,1990年版,第92页。

民主社会比其他各种社会更加关心审慎的、系统的教育。

杜威将这种理念贯彻到自己关于教育的反思之中，设想构建一种新的教育，既源出于民主的要求，又落实于民主的内涵。在《明日之学校》一书中，杜威曾谈到，最近一百五十年的巨大变革主要有以下两个表现：一是民主思想的发展要求教育进行改革，二是科学的发展在教育方式上带来了巨大的改变。①在这种契机下，杜威提出了"教育即生活"。

生活，这一概念既笼统又现实，而杜威围绕着它探讨了更多关于未来的面向。这些思考，最终凝聚为"教育即生活"的主张。这一思想主要包含以下几个核心问题：第一，什么样的生活才是美好的，值得追求的？第二，教育如何为创造这样的生活作贡献？第三，教育应当如何应对现实生活中的问题与不足？因此，要确认杜威所设想的教育究竟是何种模样，首先要知晓他关于"生活"的定义是什么。

一、生活是什么？

杜威的教育思想是他自身的生活经验与社会现实相结合的产物，回顾杜威的人生，他从童年起就呈现出一种开放而热情的状态。虽然根据他女儿简·杜威的记述，约翰·杜威在童年时曾经十分内向、羞涩，并"经常表现出随这种性格而来的忸怩状态"②，但是杜威所出生的家庭具有美国拓荒者的历史背景，这一家庭背景在他骨子里埋下了顽强、热情、冒险等重要意志品质的种子。③因此在杜威稍长之后，那些内向情绪随着他进入了街区儿童小组这样的组织而渐渐消失。④在大学期间，杜威所接受的哲学训练，以及更加扩大的社交关系等都让他成长为一个成绩优秀且充满热情的年轻人。⑤在杜威后来形成的教育思想中，社会成员之间的沟通，经验的传递、交往关系等都是十分重要的概念，这就是他从自己的经历中得到的经验与总结。

①赵祥麟、王承绪主编：《杜威教育论著选》，上海：华东师范大学出版社，1981年版，第139页。
②[美]简·杜威：《杜威传》，单中惠译，合肥：安徽教育出版社，1987年版，第6页。
③杜威的妻子，艾丽丝·奇普曼也出自于这样的家庭，参考《杜威传》第23页。
④[美]简·杜威：《杜威传》，单中惠译，合肥：安徽教育出版社，1987年版，第8页。
⑤[美]简·杜威：《杜威传》，单中惠译，合肥：安徽教育出版社，1987年版，第3—14页。

推己及人,杜威对生活的理解也带有一种积极进取的基本态度,因此他关于生活的理解,不仅关注生活本身的状态,而且十分关注生活的延续。

杜威认为:“生物和无生物之间最明显的区别,在于前者以更新维持自己。”[①]因此,生活就是生物通过对环境的行动不断实现自我更新的过程。在这一过程中,个体或种族积累了大量的经验。这些经验包括习惯、制度、信仰、胜利和失败、休闲和工作等,其总和,杜威认为同样可以概括为“生活”。就像他以“丰富的含义”在使用“经验”这个词那样,杜威以广义上的“生活”来概括人类社会在更新自身的过程中所积累的各种经验。[②]

“经验”这一概念,在杜威整个思想体系中是最基础的,也是最关键的。从哲学层面到教育层面,从感性层面到理性层面,杜威对“经验”的含义注入了最多的关怀与探索。杜威认为,经验包含一个主动的因素和一个被动的因素,这两个因素以特有形式结合着。只有注意到这一点,才能了解经验的性质。“在主动的方面,经验就是尝试……在被动方面,经验就是承受结果。”[③]鉴于其两面性的特点,经验就不仅仅是一个认识问题。忽视经验的根深蒂固的主动和运动因素,是传统的经验哲学的致命缺点。

另外,估量一个经验的价值,其标准在于能否认识经验所引起的种种关系或连续性。[④]在杜威看来,经验本身就是一个不断前进的、不断变化的过程,经验的这个特性不允许有所谓的终极性或完整性。这些概念可以用于科学,但不能用于哲学。[⑤]通过经验这一概念,杜威不仅希望借之重新诠释教育的内涵,也希望对传统的哲学观念进行批评和扬弃。杜威一直希望将传统哲学改造为一种实践的、人的哲学,用“人的问题”取代“哲学家的问题”,以人的实践活动(经验与行为)为中心,对哲学,直至对整个人类社会实现改造。通过重新认识“经验”的内涵,

---

①[美]约翰·杜威:《民主主义与教育》,王承绪译,北京:人民教育出版社,1990年版,第2页。
②[美]约翰·杜威:《民主主义与教育》,王承绪译,北京:人民教育出版社,1990年版,第3页。
③[美]约翰·杜威:《民主主义与教育》,王承绪译,北京:人民教育出版社,1990年版,第148页。
④[美]约翰·杜威:《民主主义与教育》,王承绪译,北京:人民教育出版社,1990年版,第149页。
⑤[美]约翰·杜威:《民主主义与教育》,王承绪译,北京:人民教育出版社,1990年版,第341页。

杜威为人们展示一个变动的、主体在场的哲学。

回到教育中来，杜威认为，教育就是经验的改造或改组。这种改造或改组一方面能够增加经验的意义，另一方面也能提高指导后来经验的能力。[①]这种定义适应了经验的生长性，主动性等特点，同样凸显了教育的更新和传递作用，将教育与经验、教育与人、教育与生活的关系自然地关联在一起。因为人在不断自我更新的过程中，更新和延续的原则同样适用于经验，于是生活也随之得到延续。

社会中的“每一个个体，作为群体的生活经验载体的每一个单位，总有一天会消灭。但是群体的生活将继续下去”。其途径就是通过教育将社会生活的经验从一个个体传递到另一个个体，从成人传递到未成年人。生活的延续依赖于教育，这就是教育的必要性。未成熟的社会成员，必须接受成年成员的兴趣、目的、知识、技能和实践等，才能延续他们特有的生活，这种传递依靠年长者把工作、思考和情感的习惯传达给年轻人。如果没有这种理想、希望、期待、标准和意见的传达，从那些正在离开群体生活的社会成员到那些正在进入群体生活的成员，社会生活就不能幸存。[②]

值得补充的是，杜威提醒我们，人生来不仅不了解、而且十分不关心社会群体的目的和习惯，这是人的先天缺陷。而教育所实现的经验传递，恰能弥补这一缺陷，促进人的社会化，帮助人更好地融入集体生活。由此我们更加了解教育对社会存在、社会延续的重要性。

杜威的哲学理念十分注重当下，排斥空谈，但是杜威在“教育即生活”的主张中指称的并不只有现实生活，更向往着一种理想的新生活。这一方面体现了杜威对社会现实的不满，另一方面也表达了杜威对未来的积极态度。因为他认为：“教育是社会进步和社会改革的基本方法。”[③]杜威关于精神信仰的表述，对未来新生活的构想，都与他关于“民主主义”的信念密切相关。因此，杜威满怀期望想要

①[美]约翰·杜威：《民主主义与教育》，王承绪译，北京：人民教育出版社，1990 年版，第 82 页。

②[美]约翰·杜威：《民主主义与教育》，王承绪译，北京：人民教育出版社，1990 年版，第 4 页。

③[美]约翰·杜威：《学校与社会·明日之学校》，赵祥麟、任钟印、吴志宏译，北京：人民教育出版社，1994 年版，第 15 页。

通过教育实现的社会是民主主义社会，想要使社会成员过上的生活是一种民主主义的生活。

在杜威看来，民主主义不仅仅是一种政府的形式。它首先是一种联合生活的方式，是一种共同交流经验的方式。人们参与一种有共同利益的事，就必须使自己的行动参照别人的行动，从而使自己的行动有意义和方向，这样的人在空间上大量地扩大范围，就等于打破了阶段、种族和国家之间的屏障（这些屏障过去使人们看不到他们活动的全部意义），这就是民主社会与专制社会的区别。① 人在民主社会中能够获得一种平民的、民主的自由，这是托克维尔所赞许的美国从殖民地时期就具有的宝贵财富。②当社会中每个人都能按他的自然禀赋做有益于别人或有助于他所属的整体的事情时，社会就能被稳固地组织起来。民主主义社会，旨在促使每个人对于社会关系和社会控制具有个人的兴趣，参与促进社会变化，规避社会混乱。杜威认为，只有这样的社会才是值得期待的，值得追求的。

1831 年，托克维尔跨越大西洋来到美国做考察，他尚能从美国的民主外罩中窥探到旧的贵族制度的残余。③半个世纪以后，杜威所生活的美国已经成为一个以民主与工业为主要特征的社会。原本与智慧、理性无缘的美国渐渐引起了欧洲的注意。杜威的思想也随着这股潮流，开始向过去的文明中心欧洲传播。某种逐渐强烈的关于民主的自信促使杜威在脑中想象了一个美好的未来，况且他一直都有一种强烈的信念，那就是，美国民主在它的正常发展中，将最终解决经济领域里所存在的不平等状况。④一个更平等、更自由、更富足、更美好的未来一定能在民主旗帜下来到人间。于是，教育为了发挥其促进社会延续的功能，助力美好未来的到来，不得不进行改革。

正是新生活的理想，造就了新教育的形成。

---

①［美］约翰·杜威：《民主主义与教育》，王承绪译，北京：人民教育出版社，1990 年版，第 92 页。

②［法］托克维尔：《论美国的民主》，董果良译，北京：商务印书馆，1988 年版，第 33 页。

③［法］托克维尔：《论美国的民主》，董果良译，北京：商务印书馆，1988 年版，第 51 页。

④［美］简·杜威：《杜威传》，单中惠译，合肥：安徽教育出版社，1987 年版，第 48 页。

二、教育是什么

在杜威看来，教育的含义内化在生活之中。为了解释教育的内涵，尤其是教育与生活之间的密切关系，杜威首先抛出了一个连接性的概念——“沟通”。

在任何一个社会共同体中，其成员都认识到该共同体的目的，大家关心这个目的，通过考虑这个目的来调节他们的活动，所有这些行为都需要通过沟通来协调一致。不过杜威提醒我们，即使在最社会化的群体内部，有许多关系也还不是社会化的。在任何社会群体中，很多人与人的关系仍旧处在机器般的水平，各个人相互利用以便得到所希望的结果，而不顾所利用之人的情绪和意见。所以人与人之间关系的改善，同样要从沟通的角度入手。①

总而言之，人们因为有共同的东西而生活在一个共同体内，而沟通乃是他们达到占有该共同之物的方法。②社会生活与沟通相互依存，不可分割。除此之外，一切沟通（因而也就是一切的社会生活）都具有教育性，因为当一个人分享到别人所想到的和所感到的东西时，沟通双方的态度都会或多或少地受到对方的影响，意志发生改变。沟通的主体间接性实现了社会生活的传递，社会经验的交换。所以说，教育内含在生活之中，尤其是社会生活之中。

对杜威而言，教育面向的并不停留在现实的沟通层面。沟通的作用，也并不仅仅停留在帮助人们适应当下社会生活这一层面。杜威向往的是一种民主的、美好的新生活，因此人们必须在适应当下的基础上，努力改造现实生活，改造传统教育，追求一种更加美好的、值得期待的新生活。事实上，教育在本质上具有相同的进取精神，教育就是为未来生活做准备，而非静观妥协，这也迎合了杜威的人生态度：“真正的人类生活的特点，是人必须通过他自己的自愿努力，创造他自己……加速这种创造性的努力有赖于人们有意识地努力教育他们的接班人，这种教育不是为了现状的需要，而是为了使未来更好的人类成为可能。”③

①［美］约翰·杜威：《民主主义与教育》，王承绪译，北京：人民教育出版社，1990年版，第6页。
②［美］约翰·杜威：《民主主义与教育》，王承绪译，北京：人民教育出版社，1990年版，第5页。
③［美］约翰·杜威：《民主主义与教育》，王承绪译，北京：人民教育出版社，1990年版，第101页。

至此，教育与生活之间的默契只剩下最后一个阻碍，那就是现实生活中的问题与不足。除了前文所谈到的时代性焦虑，我们从杜威自己的受教育经历也可以窥见当时的美国社会以及教育事业的沉疴痼疾。为了不让儿童失去未来，也为了不让未来失去希望，杜威呼唤人们从茫然无知中醒来，重新树立起一种对待未来的态度。

三、传统"教育准备说"的超越

杜威儿时受到的教育就是他在后来著作中所批评的那种传统教育，学校对于儿童来说，是一个"惹人厌倦的地方"。[①]课堂教学的设计很少为儿童的主动性留有施展的余地。消极地对待儿童，机械地将儿童集合在一起，课程与教法整齐划一，教育的重心在儿童之外。[②]这是一种极端失败的教育，杜威从未从中得到些许快乐。杜威总结说，以往教育的失败，很大程度上是因为未能认识到教育是生活的一部分。[③]传统教育将教育视为一种对未来生活的准备，以一种工具理性审视教育的过程与功能。这种思想可以概括为传统的"生活准备说"。强烈的目的性是这一学说的典型特征，对此，杜威的批评是，从外面强加给活动过程的目的，是固定的，呆板的；这种目的不能在特定情境下激发智慧，不过是从外面发出的做这样那样事情的命令。这些弊端反映在教育上的结果就是，由于这些从外面强加的目的的流行，人们才强调为遥远的将来作准备的教育观点，最终使教师和学生的工作都变成了机械的、奴隶性的工作。[④]

目的的性质，是一种面向未来的有秩序、有安排的活动。有目的，就有结果，目的作为一个有预见的结局，使行动有了方向，使过程有了秩序。但目的论的模式应用在教育上，就出现了问题，因为教育本身并无目的，只有教师、家长、社会才有目的。教育是一个抽象的概念，它的目的可以无穷地变异，随着儿童的成长而变化，随着经验的增长而变化。

---

①[美]简·杜威：《杜威传》，单中惠译，合肥：安徽教育出版社，1987 年版，第 9 页。

②赵祥麟、王承绪主编：《杜威教育论著选》，上海：华东师范大学出版社，1981 年版，第 30—31 页。

③赵祥麟、王承绪主编：《杜威教育论著选》，上海：华东师范大学出版社，1981 年版，第 5 页。

④[美]约翰·杜威：《民主主义与教育》，王承绪译，北京：人民教育出版社，1990 年版，第 117页。

所以杜威毫不留情地批评道，目的和手段分离到什么程度，活动的意义就减少到什么程度，并使活动成为一种苦工。[①]没有人愿意接受这样的生活，但可悲的是，又少有人能够发现其中的症结所在，一直以来的教育活动便是如此。"一般教师脱离儿童生活而仅仅为准备考试才向学生提出问题"，久而久之，儿童只能是一种学而不思、记而不解的状态。[②]因为儿童十分容易屈从于错误的教育方法，他们强大的学习能力在这时反而成为一种悲哀。成人必须十分注意教育方法的科学、合理，以适应儿童的特性，促进儿童的成长。[③]

按照"教育即生活"的主张，社会生活不仅是教育的目的，还是教育的背景，[④]甚至就是教育本身。仅仅将现实生活视为教育之手段的观念是机械的、残缺的。只有将二者相结合，突破目的与工具的二元体系，才能解决传统教育的困境。

传统"生活准备说"的缺陷在于，它割裂了时间的连续性，忽视了人的整体性，使当下变得死气沉沉，人变得单调扁平。例如，在杜威眼里，包括在卢梭、裴斯泰洛齐、福禄培尔、蒙台梭利等人眼中，儿童之所以重要，不只是因为他们拥有未来，还因为他们的当下也同样生机勃勃。这是儿童的特性，也是儿童的潜力所在。但是传统教育的学校教育完全压抑了儿童的主动性，其课程设置与儿童的天性相脱节。总而言之，学校不是儿童生活的地方，[⑤]更不是儿童的乐园。

但是，杜威认为，学习对儿童而言是一种必须，而非学校所强加。[⑥]尤其是随着现代工业社会的迅猛发展，未来与当下的隔阂进一步加深，社会的延续愈加成为一个问题，我们已很难使儿童明确地为某种未来去做准备。前述以学校为中心的教育体系必须予以革新方能最大限度地发掘儿童的学习能力。从本性上讲，儿童的主动是先于被动的，[⑦]他们的兴趣是能力生长的信号，情绪则影响成长的过

---

①[美]约翰·杜威：《民主主义与教育》，王承绪译，北京：人民教育出版社，1990年版，第112页。
②[美]约翰·杜威：《民主主义与教育》，王承绪译，北京：人民教育出版社，1990年版，第28页。
③赵祥麟、王承绪主编：《杜威教育论著选》，上海：华东师范大学出版社，1981年版，第135页。
④赵祥麟、王承绪主编：《杜威教育论著选》，上海：华东师范大学出版社，1981年版，第6页。
⑤赵祥麟、王承绪主编：《杜威教育论著选》，上海：华东师范大学出版社，1981年版，第32页。
⑥赵祥麟、王承绪主编：《杜威教育论著选》，上海：华东师范大学出版社，1981年版，第132页。
⑦赵祥麟、王承绪主编：《杜威教育论著选》，上海：华东师范大学出版社，1981年版，第9页。

程。[①]因此要让儿童根据自己的兴趣去主动学习，然后陈述自己的经验，对错误进行纠正等，这才是教育的正确方式。[②]以上种种的实现，将使学校呈现出一种生机勃勃的生活状态，现实生活在其中得到简化，以适应儿童的特性。[③]

总结起来，当传统教育因为强调未来而牺牲了当下的时候，教育就脱离了受教育者——儿童的天性，反过来限制了教育的作用，距离未来的目标渐行渐远。杜威主张我们应当充分尊重儿童的"未成熟状态"，"因为生活就是生长，所以一个人在一个阶段的生活和在另一个阶段的生活，是同样真实，同样积极的，这两个阶段的生活，内部同样丰富，地位同样重要。[④]接着，他还引用了埃默森的一段话来佐证自己的观点：尊重儿童。不要过分摆起家长的架子。不要侵犯儿童的孤单生活。……关于儿童训练，有两点要注意：保存儿童的天性，除了儿童的天性以外，别的都要通过锻炼搞掉；保存儿童的天性，但是阻止他扰乱、干蠢事和胡闹；保存儿童的天性，并且正是按照它所指出的方向，用知识把儿童天性武装起来。[⑤]

杜威认为，传统教育把教育看作为将来做准备，其错误不在强调为未来的需要作预备，而在把预备将来作为现在努力的主要动力。[⑥]这样一来，目的论的机械性就会使教育过程变得僵化，使当下的努力变得单调、沉闷，束缚了儿童的天性。因为把预备作为教育目的，有不顾个人现有能力而把某种遥远的成就和职责作为教育目的的倾向。过多地以未来作参照，就是在以成人的成就作背景，把儿童和青年的活动放在这个背景中进行观察，[⑦]这种做法显然不利于儿童的自由发展。为了解决上述问题，杜威对教育的目的做了以下两种规定：

第一，一个教育目的必须根据受教育者的特定个人的固有活动和需要（包括原始的本能和获得的习惯）。[⑧]

①赵祥麟、王承绪主编：《杜威教育论著选》，上海：华东师范大学出版社，1981年版，第10页。
②赵祥麟、王承绪主编：《杜威教育论著选》，上海：华东师范大学出版社，1981年版，第32页。
③赵祥麟、王承绪主编：《杜威教育论著选》，上海：华东师范大学出版社，1981年版，第4页。
④[美]约翰·杜威：《民主主义与教育》，王承绪译，北京：人民教育出版社，1990年版，第56页。
⑤[美]约翰·杜威：《民主主义与教育》，王承绪译，北京：人民教育出版社，1990年版，第56—57页。
⑥[美]约翰·杜威：《民主主义与教育》，王承绪译，北京：人民教育出版社，1990年版，第60页。
⑦[美]约翰·杜威：《民主主义与教育》，王承绪译，北京：人民教育出版社，1990年版，第114—115页。
⑧[美]约翰·杜威：《民主主义与教育》，王承绪译，北京：人民教育出版社，1990年版，第114页。

> 第二，一个教育目的必须能转化为受教育者的活动进行合作的方法。这个目的必须提出一种解放和组织他们的能力所需要的环境。①

新的“生活准备说”，并不否认教育为未来所起到的积极作用，因为从教育的本质特性来讲，任何教育都是在为生活做准备。但是杜威不因为未来而轻视当下，牺牲儿童当下的乐趣和天性，而是充分发掘当下的价值，使儿童在现实生活中获得生活的乐趣和满足。杜威通过拒斥教育哲学中的工具理性，更多地表达了对人的主体价值、内在价值的尊重，从而将现在与未来结合起来，这才是教育的最佳形式。重生之后的“生活准备说”同样以教育服务生活，教育促进生活，教育实现生活为主要内容，但是与传统观点不同的是，杜威的“生活准备说”兼顾了当下的活力与未来的可能。只有每一刻当下都被悉心照顾，未来才能款款而来。

①[美]约翰·杜威：《民主主义与教育》，王承绪译，北京：人民教育出版社，1990年版，第115页。

第二节　学校:儿童的当下与未来

随着文明的进步、社会的变革,传统的使未成年人通过直接参与成人生活而获得知识与技能的时代已经一去不复返。社会间接的、偶然的教育越来越难以满足现代社会的需求。未成年人要想获得有效参与成人生活的能力,就必须参与以此为目的的专门训练。在这种背景下,“有意识的机构—学校—和明确的材料—课程—设计出来了。讲授某些东西的任务委托给专门的人员”。①

然而,老问题的解决总能引发新问题的出现。如果没有学校这种正规教育的出现,复杂社会的资源和成就不可能有效地传递给下一代。“但是,从间接的教育转到正规的教育,有着明显的危险”,②教育容易与实际生活脱节,“永久的社会利益可能被忽视”。③社会不发达阶段传授的知识虽然是零散的、不系统的,但它至少是活生生地参与了未成年人的生活。而文明社会的正规教育因为重视用符号表现的专门知识,容易忽视教育的社会必要性,忽视教育和人类群体生活的一致性,仅仅把教育和传授教材知识等同起来。杜威进一步指出,对受教育者来说,“如果所获得的知识和专门的智力技能不能影响社会倾向的形成,平常的充满活力的经验的意义不能增进,而学校教育只能制造学习上的‘骗子’——自私自利的专家”。④倘若学校教育不能促进学生生活之发展,不能使未成年人顺利融入社会生活,那这种教育只能是虚妄的。

既然如此,学校教育究竟怎样才能既避免落入脱离生活的危险,又能实现让儿童融入未来民主生活的目的呢?杜威的回答是:变革!“我们的社会生活正在经历着一个彻底的和根本的变化。如果我们的教育对于生活必须具有任何意义

①[美]约翰·杜威:《民主主义与教育》,王承绪译,北京:人民教育出版社,1990年版,第9页。
②[美]约翰·杜威:《民主主义与教育》,王承绪译,北京:人民教育出版社,1990年版,第9页。
③[美]约翰·杜威:《民主主义与教育》,王承绪译,北京:人民教育出版社,1990年版,第10页。
④[美]约翰·杜威:《民主主义与教育》,王承绪译,北京:人民教育出版社,1990年版,第10页。

的话,那么它就必须经历一个相应的完全的变革。”[①]学校教育不仅要与广泛的社会生活相联系，还要坚持从儿童的个人生活出发。前者照顾到的是群体的整体生活，后者则是以儿童个体天性为基础展开的一系列生活，正如“他在家庭里,邻里间,在运动场上所经历的生活那样”。[②]“因此,杜威提出‘教育即生活’主要有两方面的含义：一是要求学校与社会生活相结合，一是要求学校与儿童生活相结合。”[③]在“教育即生活”的理念之下,学校环境应该社会化;教材、课程形式、学习法应该围绕生活而变革；与儿童未来生活紧密关联的职业教育也应该秉承与文学修养相结合的大职业观。

一、学校即社会

社会精神的缺乏是威胁学校工作的巨大危险。但是,学校必须具备一定的条件,才能使这种精神逐渐显露出来。

(一)环境与“真环境”

杜威曾在《民主主义与教育》中明确指出:“青少年在连续和进步的社会生活中所必须具有的态度和倾向的发展,不能通过信念、情感和知识的直接传授发生,它要通过环境的中介发生。”[④]必须“依靠环境的作用,引起某些反应”。[⑤]也就是说,环境是受教育者行为倾向和精神态度养成的天然土壤。

那么,什么是环境？什么样的环境才是“真环境”呢？

杜威认为:“‘环境’和‘生活条件’这些词,不仅表示围绕个体的周围事物,

①[美]约翰·杜威:《学校与社会·明日之学校》,赵祥麟、任钟印、吴志宏译,北京:人民教育出版社,1994年版,第40页。

②[美]约翰·杜威:《学校与社会·明日之学校》,赵祥麟、任钟印、吴志宏译,北京:人民教育出版社,1994年版,第6页。

③褚洪启:《杜威教育思想引论》,长沙:湖南教育出版社,1997年版,第11页。

④[美]约翰·杜威:《民主主义与教育》,王承绪译,北京:人民教育出版社,1990年版,第24页。

⑤[美]约翰·杜威:《民主主义与教育》,王承绪译,北京:人民教育出版社,1990年版,第12页。

还表示周围实物和个体自己的主动趋势的特殊的连续性。”[①]在杜威这里,“环境”即“生活条件”,两个词可以对等使用。此外,我们发现,杜威对“环境”含义的表述和他对经验下的定义相类似,既包含主动的因素,又包含被动的因素。“环境”不仅指客观性的存在,还指个体和周围事物之间相互联系产生的关系和连续性。因此,仅把环境看作是外在僵死的事物是错误的观念。环境必须是鲜活的,能够给个体提供互动交流的机会。只有这样,“生活条件”或“环境”才能在受教育者身上逐渐产生某种行为的系统,某种行动的倾向。

然而,杜威进一步指出,并不是所有围绕个体的事物都能称得上是环境,即他所谓的“真环境”。这些事物是否构成环境,与时间无关,与空间无关。只有当“一个人的活动跟着事物而变异,这些东西便是他的真环境”。[②]北极虽然离北极探险家在空间上相距较远,但这里仍然是他们活动的重要组成部分,因为探险家的活动围绕北极而展开。同样,出土文物虽然在制造和使用时间上距离今日非常遥远,但它们对于文物工作者来说却是比任何东西都要直接的“真环境”。正因为如此,我们在设置和观察环境时应该将注意力放在那些与个体活动有内在联系的事物上面。杜威也提醒我们,“真环境”并不等于“正环境”,“环境包括促成或阻碍、刺激或抑制生物的特有的活动的各种条件”。[③]在真实的环境中,阻碍活动开展的负面因素和推动活动顺利进行的积极因素同时存在。

(二)学校环境的社会化

在学校教育中,为了受教育者行为方式和精神倾向的形成,我们也应该设置一种环境中介。对学生来说,什么样的环境才是“真环境”呢?这次,杜威的回答是:社会环境。

杜威早在他1899年发表的《我的教育信条》中就曾经说过:“我认为学校主要是一种社会组织。教育既然是一种社会过程,学校便是社会生活的一种形

①[美]约翰·杜威:《民主主义与教育》,王承绪译,北京:人民教育出版社,1990年版,第13页。
②[美]约翰·杜威:《民主主义与教育》,王承绪译,北京:人民教育出版社,1990年版,第13页。
③[美]约翰·杜威:《民主主义与教育》,王承绪译,北京:人民教育出版社,1990年版,第13页。

式。”[①]杜威对学校生活的这种社会性看法，贯穿了他教育理论的始终。在1916年发表的《民主主义与教育》一书中，杜威依然坚称：“学校本身必须是一种社会生活，具有社会生活的全部含义。”[②]

除了上述理由之外，社会环境润物细无声的教育方式是杜威主张学校环境社会化的另一个重要原因。“社会环境无意识地、不设任何目的地发挥着教育和塑造的影响”，[③]这种方式比有意识的教导和训练更有效果。对于未成熟的社会成员来说，潜移默化的影响主要通过两个阶段来完成。首先，通过改变环境来改变个体的外部行动。在此基础上，引发受教育者深层次的行为心理和情感倾向的变化。虽然两个阶段对于个体的活动都非常重要，但杜威更看重的还是环境带来的更深层次的影响。前者被他称作训练，后者才是真正具有教育性的过程。因为：“在这种情况，他原来的冲动被改变，他不仅以同意别人的行动的方式行动，而且，在行动中，在他身上引起了激励别人的同样的思想和感情。”[④]只有这样，他才能完全成为被群体承认的成员，他的心理习惯才能逐渐地同化于群体的心理习惯。

简而言之，学校教育要处理的其实就是学生的在校生活和学校生活之外的政治、经济、文化等多种生活类型之间的关系。学校教育虽然属于社会生活，但却是一种特殊的社会生活，它不是，也不应该是对社会全方位的还原。尽管社会环境对未成熟的社会成员具有教育性，但这种教育归根结底是偶然发生的。学校作为成人有意识地对未成年人施行教育的场所，理应有选择地来塑造和设置学校环境。学校环境的特殊功能主要体现在以下三个方面：

第一，简化社会生活。杜威认为：“我们称作学校的社会机构的首要职责就在于提供一个简化的环境。”[⑤]因为“我们目前社会生活中的各种关系，数量很

---

①[美]约翰·杜威：《学校与社会·明日之学校》，赵祥麟、任钟印、吴志宏译，北京：人民教育出版社，1994年版，第6页。

②[美]约翰·杜威：《民主主义与教育》，王承绪译，北京：人民教育出版社，1990年版，第375页。

③[美]约翰·杜威：《民主主义与教育》，王承绪译，北京：人民教育出版社，1990年版，第19页。

④[美]约翰·杜威：《民主主义与教育》，王承绪译，北京：人民教育出版社，1990年版，第15页。

⑤[美]约翰·杜威：《民主主义与教育》，王承绪译，北京：人民教育出版社，1990年版，第21页。

大，相互交织在一起，即使处于最有利地位的儿童，并不能很快地分享其中很多最重要的部分。由于儿童没有参与这些关系，它们的意义不被儿童理解，因而不会变成儿童心理倾向的一部分”。[①]学校应该从这些复杂的关系中，选择基本的社会因素，建立一个供受教育者循序渐进学习的秩序。

第二，净化社会生活。学校对社会生活的选择不单单在于简化环境，更要在简化的基础上，清除不良的因素和丑陋的现象。“每一个社会都会被一些无关紧要的东西、旧时留下的废物以及确实是邪恶的东西所累，阻碍进步。学校有责任从环境中排除它所提供的这些坏东西，从而尽其所能抵制它们在通常社会环境中的影响。”[②]总之，学校只是把那些有助于未来美好社会实现的一部分保存起来，并传递下去。

第三，平衡、协调社会生活。除了上述的简化和净化职能以外，学校的职责还在于平衡和协调社会环境中的各种成分。杜威说过：“我们一个群体或一个阶级做事情的方法往往决定应该注意的事物，从而规定观察和记忆的方向和范围。”[③]来自不同群体的学生，拥有不同的共同生活的方式。每个群体都只会关注到由自己生活方式决定的事物，而忽略那些自己生活方式顾及不到的方面。学校要做的就是为这些青少年提供一个相似和平衡的环境，“为大家创造一个新的和更为广阔的环境”。[④]杜威认为，“美国公立学校的同化力量，是对共同和平衡的要求的功效的有说服力的证据”，[⑤]在这里“共同的教材使大家习惯于统一的观点，比任何群体的成员看到更为广阔的前景”。[⑥]

此外，学校还发挥着一种协调功能。在真实的社会环境中，不同类型的场合和生活总是要求不一样的活动准则。“当一个人从一个环境转到另一个环境时，不免受到各种相互对抗的拉力的影响，产生一种危险，使一个人在不同场合具

---

①[美]约翰·杜威：《民主主义与教育》，王承绪译，北京：人民教育出版社，1990年版，第22页。
②[美]约翰·杜威：《民主主义与教育》，王承绪译，北京：人民教育出版社，1990年版，第22页。
③[美]约翰·杜威：《民主主义与教育》，王承绪译，北京：人民教育出版社，1990年版，第19页。
④[美]约翰·杜威：《民主主义与教育》，王承绪译，北京：人民教育出版社，1990年版，第24页。
⑤[美]约翰·杜威：《民主主义与教育》，王承绪译，北京：人民教育出版社，1990年版，第24页。
⑥[美]约翰·杜威：《民主主义与教育》，王承绪译，北京：人民教育出版社，1990年版，第24页。

有不同的判断标准和情感标准。”[①]学校稳定和一体化的环境有助于化解这种危险。

总之,学校生活应该成为一种雏形的社会生活。在这种特殊的生活形式中,“凡是最有效地培养儿童分享人类所继承下来的财富以及为了社会的目的而运用自己的能力的一切手段,都被集中起来”。[②]杜威坚信,“当学校能在这样一个小社会里引导和训练每个儿童成为社会的成员,用服务的精神熏陶他,并授予有效的自我指导的工具时,我们将拥有一个有价值的、可爱的、和谐的大社会的最强大的并且最好的保证”。[③]

二、社会生活与儿童生活——学校教育变革的双基础

在学校中,“教育即生活”主要包括社会生活和儿童生活两个方面。严格地说,儿童生活也属于社会生活的一部分。但为了突出儿童生活之于学校教育的特殊性,我们选择将两者分开表述。儿童生活既包括儿童的天性活动,又包括儿童的生活经验。从天性出发,必然会产生一些具有儿童期特色的生活形式。而通过与家庭、邻里、伙伴间的交往,儿童的生活也不可避免地会烙上社会的印记。但不论是天性活动还是这些带有社会性质的生活,对儿童来说都是当下的、此刻的。因此,学校教育的任务就是以儿童正在发生的生活为起点,联系更广泛的社会实际,导向未来美好的民主主义生活。

(一)教材的社会化和心理化

“如果学校要成为现代社会的反映,旧式学校必须变革的有三件事:第一,教材;第二,教师处理教材的方法;第三,学生掌握教材的方法。”[④]杜威虽然反对

①[美]约翰·杜威:《民主主义与教育》,王承绪译,北京:人民教育出版社,1990年版,第24页。

②[美]约翰·杜威:《学校与社会·明日之学校》,赵祥麟、任钟印、吴志宏译,北京:人民教育出版社,1994年版,第6页。

③[美]约翰·杜威:《学校与社会·明日之学校》,赵祥麟、任钟印、吴志宏译,北京:人民教育出版社,1994年版,第41页。

④[美]约翰·杜威:《学校与社会·明日之学校》,赵祥麟、任钟印、吴志宏译,北京:人民教育出版社,1994年版,第315页。

传统学校教育过于重视教材知识的传授,但他并不主张废除教材。教材作为连接人类群体智慧和儿童个人能力的纽带,依然是学校教育的重要组成部分。不同的是,组成教材的内容,教师使用教材的方法和学生学习教材的方法需要变革。

杜威认为:"所谓教材,就是在一个有目的的情境的发展过程中观察的、回忆的、阅读的和谈论的种种事实,以及所提出的种种观念。"①这种事实应该是与日常生活有联系的,所提出的观念也应该是有助于生活进步的。然而现代生活纷繁复杂,究竟哪些事实应该被列入教材?我们选择教材内容的标准是什么?杜威指出:"由于有许多可能的教材供我们选择,所以在教育上(特别是除了最专门化的以外的各个阶段)应该采取一个社会价值的标准,这是非常重要的。"②在社会价值的指引下,"选材时必须以改进我们的共同生活为目的,使将来比过去更美好"。③在组织和编写教材时,也应把社会生活的普遍意义转化为具体和专业的术语,使它既能与社会有关联,又能被儿童所理解。

面对教材,教师首先要做的就是懂得教材。除此之外,教师更为重要的任务就是尊重学生特有的能力和需要,"注意教材和学生当前的需要和能力之间的相互作用"。④既然教材是在有目的的情境中阐述事实,发展观念,教师传授教材的过程的第一步就是提供能够刺激学生反应的环境,这种环境在社会价值的标准之下,只能是类社会的情境。但是,杜威也认识到,如果教材所沟通的知识"不能组织到学生已有的经验中去,这种知识就变成纯粹言辞,即纯粹感觉刺激,没有什么意义"。⑤所以,教材在运用时,必须根据儿童的经验和能力作出调整,这种调整就是使教材心理化。

杜威对教材以及教材和儿童的关系做过一个比较有哲学意味的表述,他说:"也许有必要把经验的逻辑的方面和心理的方面区别开来并相互联系起来——前者代表教材本身,后者代表教材和儿童的关系。"⑥教材作为人类群体经验的积累

①[美]约翰·杜威:《民主主义与教育》,王承绪译,北京:人民教育出版社,1990年版,第192页。
②[美]约翰·杜威:《民主主义与教育》,王承绪译,北京:人民教育出版社,1990年版,第204页。
③[美]约翰·杜威:《民主主义与教育》,王承绪译,北京:人民教育出版社,1990年版,第204页。
④[美]约翰·杜威:《民主主义与教育》,王承绪译,北京:人民教育出版社,1990年版,第196页。
⑤[美]约翰·杜威:《民主主义与教育》,王承绪译,北京:人民教育出版社,1990年版,第164页。
⑥[美]约翰·杜威:《民主主义与教育》,王承绪译,北京:人民教育出版社,1990年版,第125页。

是逻辑的方面，在涉及与儿童的关系时则是心理的方面。因此，简言之，教材心理化，就是使教材符合儿童的心理发展阶段。教师不应该把教材当作外在于儿童经验的某些现成和固定的东西，而应把它看作内化于儿童心理的不断形成中的东西。教材的真正价值也不体现在对群体经验逻辑化的呈现，而是表现在对儿童生活的指导，也就是说，教材不是“死”结果，而是“活”方法。“作为教师，他考虑的是怎样使教材变成经验的一部分；在儿童的可以利用的现在情况里有什么和教材有关；怎样利用这些因素；教材知识怎样可以帮助解释儿童的需要和行动，并确定儿童应处的环境，以便使他的成长获得适当的指导……这样来看，就是使教材心理化。”①当教材照顾到了儿童当下的生活经验时，我们可以说它也同时照顾到了儿童的心理。

反之，杜威认为，如果“我们没有把教材转化为生活的名词，而只是把它作为对儿童现在生活的一种代替品或一种外加的附属品直接提供出来”，②教材的弊端就会暴露出来。教材将不仅沦落为单纯的形式和符号，还会阻碍学生学习动机的出现。教材的逻辑性和科学性也随之荡然无存。

（二）主动作业——学校课程的变革

“我认为学校科目相互联系的真正中心不是科学，不是文学，不是历史，不是地理，而是儿童本身的社会活动。”③儿童的社会生活是他参与各门科目学习的纽带。因此，在杜威看来，学校课程的规划，必须把社会生活作为课程的要素放在第一位。这种生活不是特殊群体和专门职业所需要的事物，而是与最广大的社会群体共同参与的经验有关的事物。既然课程的规划以社会生活为中心，那么，学校科目的安排就不应该有固定的先后顺序。因为：“如果教育即是生活，那么一切生活一开始就具有科学的一面、艺术和文化的一面以及相互交往的一面。因此，某一年级的固定科目只是阅读和写字，而较高的年级里却没开设阅读、文

①[美]约翰·杜威：《民主主义与教育》，王承绪译，北京：人民教育出版社，1990年版，第128页。

②[美]约翰·杜威：《民主主义与教育》，王承绪译，北京：人民教育出版社，1990年版，第128—129页。

③[美]约翰·杜威：《学校与社会·明日之学校》，赵祥麟、任钟印、吴志宏译，北京：人民教育出版社，1994年版，第9页。

学或科学，这是不正确的。”[①]学课程就如同过生活，各种知识应该是千丝万缕交织在一起的。课程中所研究的问题也应该是与共同生活密切相关的。在学校教育中，我们需要设置什么样的课程才能充分保证或者体现这种社会生活性？杜威认为，有社会根源和应用性的主动作业是最好的课程形式。

在前工业时代，儿童可以通过参与家庭工作来获得融入社会的能力。然而，在工业社会，工业的集中和分工消灭了以家庭为单位的劳作形式。儿童只能通过学校教育的间接训练来弥补这一遗憾。所以，杜威要求“现在学校必须提供过去由家庭负责的那些教育因素”。[②]木工、金工、纺织、烹调、缝纫等过去在家庭生活中开展的手工训练和工场作业应该在学校课程中占有一席之地。这些科目“并不是附加在其他许多科目之外，而是作为娱乐、休息手段，或者作为次要的技能的特殊科目而提出的”。[③]它们代表社会活动的基本类型和形态，使学校有可能与社会生活建立联系。在主动作业中，学生通过直接生活而学习。

杜威对工业化以前家庭生活的重视与他的童年经历有关。“作为一个男孩和一个男青年，他亲眼看到了他所有的亲戚都参加了家务活，并承担了一部分责任。年轻人被引导去深入接触简易工农业的整个工作范围。”[④]对杜威所受的学校教育来说，有价值的补充都是通过主动的职业活动获得的。这些亲身体会无疑影响了他日后主动作业课程观的形成。英国教育史家博伊德曾经说过，杜威理想学校的模型脱胎于他理想的家庭，他认为杜威理想的“学校应该是一个扩大的家庭，在其中，儿童受的训练多多少少是家庭训练的延续，它不过是正式的、有好的设备和更科学的指导而已”。[⑤]毕竟，杜威极力推崇的缝纫、烹调等课程确实来源于家庭生活。

---

①[美]约翰·杜威：《学校与社会·明日之学校》，赵祥麟、任钟印、吴志宏译，北京：人民教育出版社，1994年版，第11页。

②赵祥麟、王承绪主编：《杜威教育论著选》，上海：华东师范大学出版社，1981年版，第17页。

③[美]约翰·杜威：《学校与社会·明日之学校》，赵祥麟、任钟印、吴志宏译，北京：人民教育出版社，1994年版，第10页。

④[美]简·杜威：《杜威传》，单中惠译，合肥：安徽教育出版社，1987年版，第9页。

⑤[英]博伊德·金：《西方教育史》，任宝祥、吴元训译，北京：人民教育出版社，1985年版，第393页。

另外，在杜威看来，“主动作业这个名词，既包括工作，又包括游戏”。[①]除了缝纫、烹调、木工、金工等具有工作性质的主动作业，合乎儿童天性的游戏也应该成为这种作业形式的一部分。幼儿生活中的大部分时间都是消磨在游戏上的，“它能教给儿童他们生活于其中的世界。他们的游戏玩得愈多，他们的玩具材料就愈精巧，整个游戏也就成为一副相当精确的反映他们家长日常生活的画面”。[②]儿童通过游戏模仿和演练成人的社会生活。杜威也提醒我们注意，在游戏中，儿童既重复和模仿成人生活的优点，也重复和模仿成人生活的缺点，“学校的任务就是设置一个环境，在这种环境里，游戏和工作的进行，应能促进青年智力和道德的成长”。[③]

总之，在学校教育中，没有主动作业就不可能有正常有效的学习。这种有效性主要体现在知识的获得是从事有目的的活动的结果。通过游戏和作业，学校也将成为最生动、真实的雏形社会。

（三）从做中学——学习法的变革

与杜威主动作业的课程观念紧密相连的，是他主张的“从做中学”的学习方法。通过活动学习也是学校教育从儿童生活出发的必然要求。

杜威同意卢梭的对儿童的看法，认为“儿童时代的生活在程度上不亚于成人的生活”。[④]因此，我们要尊重儿童的生活。在学校中，当我们无时无刻不在和儿童打交道时，尊重儿童的生活，尊重儿童期活动的特性就更加显得必要和迫切。如果我们要使教育卓有成效，就必须求助于儿童的经验。儿童生活在狭窄的个人世界之中，除非外界发生的活动与他自己、他的家庭和邻里以及小伙伴有关系，否则这些活动根本无法进入到儿童的经验当中。所以，我们设置游戏、缝纫、烹调、木工、金工等主动作业，就是为了最大可能地与儿童的真实生活相契合。这些课程并不是用来教授的，而是让儿童主动进入其中“生活”的。

---

①[美]约翰·杜威：《民主主义与教育》，王承绪译，北京：人民教育出版社，1990年版，第215页。

②[美]约翰·杜威：《学校与社会·明日之学校》，赵祥麟、任钟印、吴志宏译，北京：人民教育出版社，1994年版，第270—280页。

③[美]约翰·杜威：《民主主义与教育》，王承绪译，北京：人民教育出版社，1990年版，第209页。

④[美]约翰·杜威：《学校与社会·明日之学校》，赵祥麟、任钟印、吴志宏译，北京：人民教育出版社，1994年版，第55页。

对儿童来说，除了睡觉以外的时间几乎都在活动中度过。因此，活动是儿童生活的基础，是他生活最主要的形式。学校要展现生活就要通过活动来展现；学校要施行教育也要通过活动来施行。毕竟，在杜威看来，学校教育的理想模型脱胎于家庭。在前工业时代，家庭中的学习都是通过活动，即做工来实现的。工业社会的学校要提供之前由家庭来承担的这部分教育工作，就必须在移植家庭作业的同时，将学生的学习方式由静听转变为"从做中学"。此外，杜威也认为行动是儿童凸显个体的重要途径，当"儿童在行动时，他们就使自己变成了个人，他们不再是一个人群，而是变成了我们在校外、在家中、在家庭里、在游戏场上和在邻里中所习见的有显著个人特点的人"。①当学校以儿童的生活为中心，通过活动的方式组织教学时，我们就会发现儿童不再是静听的"木偶"，而是完全相反的鲜活、灵动的个人。

与"从做中学"相对应，教师也要转变教学观念。对儿童来说，学习固然重要，但最重要的还在于生活，生活是学校教育的首位。围绕教材与课程开展的学习活动都是通过儿童生活联系起来的。因此，对教师来说，如果在教学过程中能够"采用与儿童获得最初经验尽可能相类似的方法来扩大儿童的经验"，②教学的效果就会大大提高。但这并不是说教师可以放任儿童在活动中肆意冲动，教师要做的就是尊重儿童符合天性的学习方法，在儿童"从做中学"的过程中，抓住活动的关键，给予活动以指导。

遗憾的是，在进步主义教育运动的影响之下，许多学校认为让儿童"从做中学"就是抛弃课表和教材，允许儿童随意活动。杜威于 1938 在《经验和教育》中着力解释道："任何东西，凡被称为'某种学科'，不论是算术、历史、地理，或自然科学中的任何一门学科，起初一定是从日常生活范围中得到各种资料。……但是，在经验的范围内搜集学习的资料，这仅仅是第一步。下一步是将已经经验到的东西累积地发展为更充实、更丰富，并且也是更有组织的形式，即逐渐地接近

①[美]约翰·杜威：《学校与社会·明日之学校》，赵祥麟、任钟印、吴志宏译，北京：人民教育出版社，1994 年版，第 43 页。

②[美]约翰·杜威：《学校与社会·明日之学校》，赵祥麟、任钟印、吴志宏译，北京：人民教育出版社，1994 年版，第 260 页。

于提供给有技能的、成熟的人的那种教材形式。”[①]可见，杜威“从做中学”的理论只适用于初级阶段或者是较低层次的学习，并不适合高级阶段或是高深知识的学习。“从做中学”是有一定适用范围的。

三、职业教育——当下生活与未来生活的纽带

杜威曾说，没有各种职业，文明就无从延续下去。然而经济革命以来，现代职业发生了很大变化。科学的发展和机械的应用激发了人们对理性的尊重。在《明日之学校》中，杜威指出，“在最近的一百五十年间，社会生活发生了两大变化，一个是民主思想的发展，另一个就是通过科学发现带来的变化，政治和经济领域的这些变化都要求在教育中，在课堂上体现出来。”[②]

现代工业不再是过去以习惯经验为依据的粗浅程序，工人也不再是以过去的方式从事生产，这就意味着传统的师徒制已经无法适应大工业发展的需求。工人不仅要知道如何操控机器，更要明白机械运作的原理；不仅要适应当前从事的职业，更要具备迎接社会多样化发展带来的挑战。杜威将工业社会发生的各种不同的变化概括为三条原理：“第一，从来没有像现在这么重要的是一个人应该能够自尊、自立、明智地工作……第二，从来没有像现在这样一个人的工作能对别人的利益产生这么广泛的影响……第三，工业方法和过程今天比以往任何时候都在更大程度上要依赖于自然科学和社会科学的事实和原理知识。”[③]

工业社会的变化使得现代职业的背后蕴含了比过去每个时代都要多的理智内容，因此一种特殊的教育就显得尤为紧迫。这种教育不仅要使社会成员了解他们职业的科学和社会基础，还要了解职业对社会发展和人类延续的意义。这就是杜威所主张的职业教育的变革。

---

①[美]约翰·杜威：《经验与教育》，姜文闵译，台北：五南图书出版公司，2001年版，第95—96页。

②[美]约翰·杜威：《学校与社会·明日之学校》，赵祥麟、任钟印、吴志宏译，北京：人民教育出版社，1994年版，第388页。

③[美]约翰·杜威：《学校与社会·明日之学校》，赵祥麟、任钟印、吴志宏译，北京：人民教育出版社，1994年版，第355页。

（一）职业与职业教育

在杜威看来，“职业是唯一能使个人的特异才能和他的社会服务取得平衡的事情”。[①]而对个人来说适当的职业，指的就是他的能力倾向得到充分运用，在工作时能够得到最大的满足。据此说来，所谓职业教育，不过就是一条连接当下的个人潜能与未来公民经济生活的纽带罢了。在现代社会，不论男女，每一位成员最终要过的都是一种职业的生活。因此，从教导儿童融入社会、自食其力的角度出发，所有的教育都可以称得上是一种职业教育。

杜威认为，在民主主义社会，不存在脱离劳动而存在的特权阶级，“凡关于体力劳动、商业工作以及对社会所做的明确的服务逐渐受人尊重”，[②]社会道德谴责那些好吃懒做的闲散做法。教导每一位公民乐于劳动、善于劳动的职业教育对于构建理想的民主社会来说是必不可少的。不论在东方还是西方，传统社会都认为劳心与劳力，修养与劳动是相互对立、不可融合的。这种对立，归根结底是闲暇统治阶级和受压迫劳动阶级的对立。然而在民主社会，这种对立的社会基础已经不复存在，每一个人都要通过劳动获得生存资料，也要通过劳动赢得尊重。“如果一个人无力自谋生计并抚养子女，他就是依赖别人活动的累赘或寄生虫。他就失却一种最有教育意义的生活经验。如果他不知道正确地利用工业产品，没有受过相当的训练，他拥有的财富也许有腐化堕落和伤害别人的严重危险。”[③]因此，“随着寡头独裁政治发展为民主社会，教育应该使受教育者有能力在经济上自谋生计，并能有效地管理经济资源”。[④]

此外，杜威反对把职业的概念仅仅“局限于生产直接有形的商品的职业”，[⑤]也不认为“职业的区分是相互排斥的，每个人只有一种职业”。[⑥]职业教育的目的不是预先为儿童选定一个特定的职业，并严格地教育他从事这个职业。在《我的教育信条》中，杜威曾明言：“由于民主和现代工业的出现，我们不可能明确地预

①[美]约翰·杜威：《民主主义与教育》，王承绪译，北京：人民教育出版社，1990年版，第324页。
②[美]约翰·杜威：《民主主义与教育》，王承绪译，北京：人民教育出版社，1990年版，第329页。
③[美]约翰·杜威：《民主主义与教育》，王承绪译，北京：人民教育出版社，1990年版，第126页。
④[美]约翰·杜威：《民主主义与教育》，王承绪译，北京：人民教育出版社，1990年版，第126页。
⑤[美]约翰·杜威：《民主主义与教育》，王承绪译，北京：人民教育出版社，1990年版，第323页。
⑥[美]约翰·杜威：《民主主义与教育》，王承绪译，北京：人民教育出版社，1990年版，第323页。

言二十年后的文化是什么样子,因此也不能准备儿童去适应某种定型的状况。”[1]职业教育的真正预备不在于使儿童适应某一种或某几种职业，而是要让儿童在不同情况下不断地形成重新选择和组织方法的能力。真正做到这一点,“唯一可供选择的办法,就是使一切早期的职业预备都是间接的,而不是直接的;就是通过从事学生目前的需要和兴趣所表明的主动的作业。只有这样，教育者和受教育者才能真正发现个人的能力倾向，并且可以表明在今后生活中应选择何种专门的职业”。[2]缝纫、烹调、木工、金工等主动作业是学校职业教育最有效的间接手段,之所以说它们是间接的,一是因为在学校中,学生从事的工作不直接受制于经济压力;二是因为通过主动作业,学生不是直接习得专业技能,而是发现自己的潜在能力。教育上的这种间接指导还应该是灵活的,“如果教育者以为职业指导可使人对职业作出确定的、无可改变的和完全的抉择。那么,教育和所选职业都很可能流于呆板,阻碍将来的发展”。[3]

(二)职业教育与个人修养

在西方,职业教育与自由教育的分离可以追溯到希腊时期。中国先秦时期的孟子也曾说过:“劳心者治人,劳力者治于人。”劳心与劳力,劳动与闲暇,手工技艺与文化修养一直以来都被视为相互独立、不可调和的对立物。然而,在大工业时代，科学和技术的应用为劳动职业带来了更广泛的理智背景。劳动者不仅要知道做什么,而且要知道为什么这么做。工人不再是只会听取命令的奴隶,而是懂得机械原理和职业意义的独立劳动者。因此，杜威反对把职业教育看做是只注重技能和技术方法传授的狭隘的实用教育,职业教育应与文化修养相结合。

亚里士多德曾将教育分为两类,一种是实用的教育,另一种是博雅的教育。前者传授实际生活需要的技艺,是卑贱的;后者涉及的知识专供自由人闲暇、享乐所用,是高尚和文雅的。虽然自亚里士多德时代以来,社会生活已经发生了极大的变化,但“闲暇”和“实用”尊卑对立的观念依然占据主流地位。“现在还有许多人认为，真正的文化修养或自由教育和工业的事务至少没有任何直接共同的

①赵祥麟、王承绪主编:《杜威教育论著选》,上海:华东师范大学出版社,1981年版,第3页。

②[美]约翰·杜威:《民主主义与教育》,王承绪译,北京:人民教育出版社,1990年版,第326—327页。

③[美]约翰·杜威:《民主主义与教育》,王承绪译,北京:人民教育出版社,1990年版,第327页。

东西，认为适合于群众的教育必须是一种有用的或实际的教育，而这种教育，把有用的和实际的教育与培养欣赏能力和解放思想对立起来。”①这种错误的观念导致在各级各类教育中出现两种教育并存的混乱局面。所谓“文化”的科目不以社会服务为目的；“实用”的科目不注重认知和思维能力的培养。

杜威认为，如果我们少一些外在折中的做法，而是更审慎地分析“文化”与“实用”的意义，我们就能廓清上述混乱，制定出一种既是有用的，又是自由的科目来。在杜威看来，文化最好的定义莫过于“不断扩大一个人对事物意义的理解的范围，增加理解的正确性的能力”。②从这个意义上来说，文化修养也属于“实用”的范畴，是一种“大实用”。我们在技能传授过程中，若能加深工人对技能本身的理智见识和综合判断，工人不仅能够更快地掌握技术，还能更容易适应新情境，扩大技术的适用范围。所以，职业教育中的文化因素不仅不会妨碍和耽误技艺的传授，反而会促进专业知识的学习和应用。

总之，在杜威这里，属于个人生活的文化修养与属于社会服务的职业生活不是彼此对抗的。职业教育的特殊任务就是使二者可以同时进行，相互融合，相互促进。

在杜威的教育理论中，与美国经济生活相关的职业教育占据很大的比重。1915 年的《明日之学校》和 1916 年出版的《民主主义与教育》都对职业教育做了比较集中的讨论。然而，身处于社会动荡，经济不平衡发展的年代，杜威对职业和职业教育的构想难免过于理想和浪漫。站在两次世界大战造成的城市废墟之上，面对 1929 年经济大萧条带来的失业危机，不知杜威是否会为了他所谓的职业修养奉劝他人放弃一份压抑人性的工作。尽管如此，杜威对于职业教育的论述和设想却是具有前瞻性的，职业教育与文化修养相结合的思想在跨越一个世纪之后的今天依然熠熠生辉。

---

①[美]约翰·杜威：《民主主义与教育》，王承绪译，北京：人民教育出版社，1990 年版，第 272 页。

②[美]约翰·杜威：《民主主义与教育》，王承绪译，北京：人民教育出版社，1990 年版，第 131页。

第三节　国家:“教育即生活”理论的实践保障者

20世纪是美国飞速发展的世纪，国家为杜威的民主信仰提供了可供想象的未来与可供触摸的现实。杜威曾说过:“任何无论是个人或是社会的教育观,离开当时的背景就毫无意义。”[①]时代背景在为杜威的教育理论和实践提供一切可能的同时,也在他的教育思想中留下了深刻的痕迹。

一、民主主义的危急与超越

20世纪30年代，美国乃至世界都发生了明显的变化，增长与动荡交替出现。在美国,社会经济刚刚经过柯立芝繁荣(1923—1929),科技的进步、市场的开放、工商业的繁荣等,使美国人的物质生活达到了幸福境界。但是在1929年10月24日,面临股市的彻底崩盘,人们膨胀的信心与欲望也一起随着刚刚时兴的爵士乐咆哮而去。这个黑色的星期四让数百万美国家庭一夜破产,1929年成了“饥饿之年”。[②]资本主义历史上最严重的大萧条来袭。

民主主义在这场大萧条中受到了重创,这是杜威所痛心的。十几年后,经历过这场民主主义大危机的杜威不再像20世纪初那样对民主怀抱近乎信仰的乐观,他说:“民主主义不是一条容易采取和遵行的道路。相反,就其在现代世界复杂情况中的实现来说,它是一条极艰难的道路。”[③]虽然过去实行民主主义的良好经验可以给我们带来应有的勇气,但是只有勇气是不够明智的。民主主义的维持需要“严格要求利用最有效的方法去求得和我们的物质知识大抵相称的社会

---

①[美]约翰·杜威:《民主主义与教育》,王承绪译,北京:人民教育出版社,1990年版,第102页。
②[美]威廉·J.本内特:《美国通史》(下册),刘军等译,南昌:江西人民出版社,2009年版,第88页。
③[美]约翰·杜威:《人的问题》,傅统先,邱椿译,上海:上海人民出版社,1965年版,第23页。

知识，并去发明和利用和我们关于物质事务的技术能力大抵相称的社会工程的形式”。①

1938年，杜威总结当时世界的民主与教育说，在20世纪30年代，民主在全世界遭遇了阻击。墨索里尼也表示，民主主义的时代过去了。②美国《时代》周刊甚至将大洋彼岸的阿道夫·希特勒评选为1938年的年度人物。尽管《时代》杂志极力解释这一评选结果，并不表示他们赞同这位纳粹独裁者，但他们还是为希特勒做了极大的宣传。③在当时，没有人能够否定，民主制度正面临着空前的危机。然而，杜威却告诉我们：“民主不是由一个人传给另一个人或某一代传给下一代的东西，而是根据我们逐年参与的和逐年变化的极剧烈的社会生活之需要、问题与状况，去重新创造的东西。”④民主不会因为时代的变化而落伍，它永远是我们社会生活向前发展的目标。关于如何应对民主的危机，杜威的观点是，我们既不能丢弃光荣伟大的美国传统，又不能无视其在当下生活中的意义。也就是说，由于生活情况的改变，如何维持民主的方式不仅仅要“陈述这个国家的开创者们的种种观念、希望和意向等”，还要通过教育教导青年人，“使其知道什么是一个民主社会在目前情况下的意义”。⑤

毫无疑问，美国人是幸运的，杜威是幸运的，因为民主主义的救赎在1933年3月4日正式启动。这一天，新任总统罗斯福表达了自己的信念：“让我再次强调一下我的坚定信念，我们为之恐惧的唯一东西就是恐惧本身，这种不可言说的、非理性的和没有道理的恐惧，瓦解了我们所需要的将后退转变为前进的努力。”⑥为了扭转这种局势，罗斯福要求国会赋予自己战时总统的最高行政权，以政府干预的方式应对这场危机。从结果来看，罗斯福新政最终挽救了美国。这不禁使杜威感慨，20世纪30年代的美国，在世界中处于一个幸运的地位。美国已经拥有足

①[美]约翰·杜威：《人的问题》，傅统先、邱椿译，上海：上海人民出版社，1965年版，第23页。
②[美]约翰·杜威：《人的问题》，傅统先、邱椿译，上海：上海人民出版社，1965年版，第25页。
③[美]威廉·J.本内特：《美国通史》（下册），刘军等译，南昌：江西人民出版社，2009年版，第134页。
④[美]约翰·杜威：《人的问题》，傅统先、邱椿译，上海：上海人民出版社，1965年版，第29页。
⑤[美]约翰·杜威：《人的问题》，傅统先、邱椿译，上海：上海人民出版社，1965年版，第29页。
⑥[美]威廉·J.本内特：《美国通史》（下册），刘军等译，南昌：江西人民出版社，2009年版，第99—100页。

够的资源“去建成一个真正的、实在的、有效的民主社会”，从而在国内和世界的其他地方，保卫民主制度。[①]

至此，杜威看到了国家理性在社会生活中发挥的巨大保障作用，开始考虑如何在实践层面真正实现教育上的民主生活。于是，由国家客观理性主导，个人与公共利益兼顾的教育思想逐渐浮出水面。

二、个人主义与集体主义融合的国家保障

杜威在《我的教育信条》中表示：“在理想的学校里，我们得到了个人主义和集体组织之间的调和。”[②]“一切教育都是通过个人参与人类的社会意识而进行的。”[③]教育调节社会意识分享的过程，从而使个人活动适应社会意识，最终实现社会的改造。[④]这种理想的学校，教育的调节都要依靠国家来保障。杜威极力推崇的公立学校就是国家理性介入教育领域的典型表现。

国家对教育的这种保障主要通过调节个人生活与群体生活的关系来实现。

杜威是如何看待个人与集体的呢？首先，杜威从心理学的角度对作为个体的人进行了分析。他说，在文明开化之前，个人对于知识的态度十分谦卑，他们根据权威的教导接受知识，认为一切都是神的启示。宗教的个人主义以灵魂的得救为目的。总结起来，近代以前的人追求的都是个人心理的孤独状态。[⑤]随着文明的发展，尤其是近代社会的形成，商业、制造业、移民、通讯等科学控制自然能量的方式使人们能够参与的公共事务、公共利益越来越大，越来越多，而这些公共

①[美]约翰·杜威：《人的问题》，傅统先、邱椿译，上海：上海人民出版社，1965年版，第32页。

②赵祥麟、王承绪主编：《杜威教育论著选》，上海：华东师范大学出版社，1981年版，第11页。

③[美]约翰·杜威：《学校与社会·明日之学校》，赵祥麟、任钟印、吴志宏译，北京：人民教育出版社，1994年版，第3页。

④[美]约翰·杜威：《学校与社会·明日之学校》，赵祥麟、任钟印、吴志宏译，北京：人民教育出版社，1994年版，第5页。

⑤[美]约翰·杜威：《民主主义与教育》，王承绪译，北京：人民教育出版社，1990年版，第307—308页。

事务使得个人的能力得到解放。[①]人们开始从哲学层面,或者说从世界观层面,关注个人与集体,个人与各种社会共同体的关系,并且努力使其相互适应,相互调和。

杜威认为,上述改变可以归结为一种理智的个人主义,这种个人主义是一种道德的、社会的个人主义。虽然从根源上看,道德的个人主义认为每个人的意识是完全私人的,与其他人的观念、意志、欲望无关。但是当每个人一旦开始做出某些行动,他就会发现,自己总是在一个共同的世界中行动。所以真正的问题在于,如何寻找一个足以联结个人与他人的纽带。[②]杜威通过分析道德哲学的四种典型方法,告诉了我们解决这个问题的关键,即典型的德国哲学开辟的道路。以黑格尔为代表的德国思想,发展了理性的概念,将一个人的自然属性与社会属性在他身上同时展开。于是,"真正的问题不是控制个人自由……而是通过按照在作为客观理性的国家的组织中所发现的普遍规律,发展个人信念而获得个人自由的问题"。[③]

个人与集体之间的鸿沟被填平,个人不是被消灭,而是得到理性的、充分的尊重。杜威说,真正的个人主义,在放松了权威、习俗对人的控制之后,也不能任其放纵。"自由是一种心理态度,而不是行动不受外部约束。""这种哲学对拯救19世纪初已经陷入鼓励的个人主义的英国和法国哲学有很大的影响。它足以使国家组织更加建设性地关心公共事务",不那么听凭个人心理的影响,也不那么让私利起作用。[④]

对于过往教育中那种追求孤立的个人主义的超越,杜威从长久的教育实验中得出的结论是:"教育过程的进行,不仅需要某种方法,而且需要某种积极的机构,某种行政机关。"[⑤]学校环境的社会化,教材的心理化,主动作业的设置以

①[美]约翰·杜威:《民主主义与教育》,王承绪译,北京:人民教育出版社,1990年版,第93页。

②[美]约翰·杜威:《民主主义与教育》,王承绪译,北京:人民教育出版社,1990年版,第312页。

③[美]约翰·杜威:《民主主义与教育》,王承绪译,北京:人民教育出版社,1990年版,第315页。

④[美]约翰·杜威:《民主主义与教育》,王承绪译,北京:人民教育出版社,1990年版,第316页。

⑤[美]约翰·杜威:《民主主义与教育》,王承绪译,北京:人民教育出版社,1990年版,第99页。

及“从做中学”等方法层面展开的教育变革虽然重要，但终究不是“教育即生活”的理念能够落实到实践当中的保障。个人主义的盛行不仅影响学校生活社会化的实现，还会阻碍教育促使学生融入集体生活的进程。因此，杜威认为体现国家理性的行政机关对教育来说是必不可少的引导者和保护者。像裴斯泰洛齐等教育家那样，通过劝说慈善家支持其教育实验的做法已经遇到瓶颈。“要有效地实行新教育思想，需要国家的支持。要实行产生新社会的教育，终究有赖于现存国家的活动。”[①]

1944 年，杜威回顾过去 50 年的风云变幻，仍旧以一种乐观的精神鼓励人们，要克服悲观主义的影响，为实现和平与民主去付出努力，并且相信“教育在培养习惯和态度上的基本重要性”。[②]谈到民主主义曾经遭遇的危机，他告诫人们，时代赋予他们的任务就是将“科学、教育、民主动机合而为一。因为这是我们的人生问题。”[③]既然是人生问题，那么所有问题的解决，也只有依靠人自己。杜威自己亲身实践了这种人生态度，他在《人的问题》一书中将自己定性为一个终身致力于教育的人。[④]他继承了历史悠久的教育改革传统，从文艺复兴至美国时代，完成了一种对教育意义本身的深刻探索。

当下，随着科学技术的进步、工业社会革命和民主主义的发展，人们不禁要问，这些社会变革中包含了哪些观念和思想？过去的观念与思想要做怎样的修正？[⑤]在杜威的价值观中，一切理论都应当有益于实际，他的教育思想同样遵循这条标准。因此为了改革传统教育，改善儿童的受教育环境，杜威提出了“教育即生活”的主张。在这种新的教育观中，教育一方面是促进美好生活的手段，另一方面，它本身也是美好生活的其中一种形式。新的“生活准备说”将当下与未来联系在一起，将个人与社会融合为一体，使教育成为生活中不可或缺的一部分，这就是“教育即生活”的核心内容。

---

①[美]约翰·杜威：《民主主义与教育》，王承绪译，北京：人民教育出版社，1990 年版，第 99 页。
②[美]约翰·杜威：《人的问题》，傅统先、邱椿译，上海：上海人民出版社，1965 年版，第 24 页。
③[美]约翰·杜威：《人的问题》，傅统先、邱椿译，上海：上海人民出版社，1965 年版，第 24 页。
④[美]约翰·杜威：《人的问题》，傅统先、邱椿译，上海：上海人民出版社，1965 年版，第 70 页。
⑤[美]约翰·杜威：《民主主义与教育》，王承绪译，北京：人民教育出版社，1990 年版，第 347 页。

曾有人批评杜威，称他的思想过多地沉浸在教育方面。但杜威反驳道，《民主主义与教育》最全面地表达了自己的哲学思想，而且哲学研究是可以集中于教育之上的，因为它代表了人类的最高利益，甚至一些哲学问题能够在教育层面达到顶点。[①]教育在杜威心中的重要性，由此可见一斑。杜威曾说："欧洲哲学是在教育问题的直接压力下（在雅典人中）起源的。"[②]这一点确有道理。以智者派为例，不论他们承受着何种争议，他们无疑都是哲学家。智者派可以说是教育与哲学的集合体，是知识的传播者，是文明的初始动力之一。后来以精神助产术助人求知的苏格拉底，创建学园传授知识的柏拉图，在吕克昂逍遥讲学的亚里士多德等其他哲学先贤。教育学与哲学从一开始就形影不离，自身也是哲学家的杜威，自然深知教育学的重要。

不可否认，杜威教育观的形成离不开他深厚的哲学素养。

起初，德国哲学，尤其是黑格尔的客观唯心主义曾经深深地影响了杜威，但他最终从这种思想转向了实用主义。除了哲学方面的营养，给予杜威更多启发的是威廉·詹姆士。后者的《心理学原理》成为改变杜威思想的酵素，催生了新的理念。[③]杜威关于儿童的认知，主要就是遵循詹姆士的心理学分析而获得的。一些并不十分了解杜威思想谱系的人曾指责，杜威的一些教育思想与卢梭、福禄培尔等十分相似，这种相似性尤其表现在关于儿童天性的认知和教育等方面。杜威自己表示，在他形成自己的教育观点之前，从未看过这些人的书。只有詹姆士的心理学思想是杜威明确承认的思想资源，并且他与詹姆士又同时受到《物种起源》的影响。[④]因此，以生物学为基础的心理学分析方法，是杜威剖析儿童天性、构建儿童教育体系的主要方法论。而以卢梭为代表的欧洲思想家，他们更主要的是依据传统的、朴素的自然主义观念，辅以一般的经验判断与直观来分析儿童。殊途同归的巧合让杜威蒙受了一丝"不白之冤"，但杜威并不在乎这些观念层面的纷扰，他更注重教育理念在现实生活中的实践应用。因为仅仅认识世界是不够的，更重要的是改变世界。

---

①[美]简·杜威：《杜威传》，单中惠译，合肥：安徽教育出版社，1987年版，第66页。

②[美]约翰·杜威：《民主主义与教育》，王承绪译，北京：人民教育出版社，1990年版，第346页。

③[美]简·杜威：《杜威传》，单中惠译，合肥：安徽教育出版社，1987年版，第26—27页。

④[美]简·杜威：《杜威传》，单中惠译，合肥：安徽教育出版社，1987年版，第181页。

1894 年，杜威接受芝加哥大学的邀请，担任哲学、心理学、教育学系的系主任。这一时期的杜威，其学术威望与社会影响力都大大提升。他一方面笔耕不辍，继续扩展自己的教育理论，另一方面，还在芝加哥创办了一所初等学校，实践自己的教育学思想。为筹办这所学校，杜威做了一系列的演讲，而这些演讲的内容被编辑成册，冠名为《学校与社会》，由芝加哥大学出版社和霍顿·米夫林公司分别出版，成为这所学校与伊利诺伊州在教育实验方面共同努力的一部分成果。[①]十年后，杜威转至哥伦比亚大学，但是在哥大期间写成的《我们怎样思维》《民主主义与教育》等著作，其实也是杜威在芝加哥进行教育实验的直接成果。[②]因此，从整体上来说，杜威教育理论的形成就是杜威本人生活实践的结果。

教育，如果是真正的教育，就应当在它将学生输送出至社会当中时，使学生对自己所生活的世界能够起到作用，包括这个世界的动向等，都有统一的看法。[③]这种统一看法的形成就是实现民主生活的基础。在杜威看来，任何社会群体中都会有教育，教育将随着生活的质量高低而不同。[④]民主社会的生活，决定了民主主义教育的本质与高度。为了实现这一目标，人们更应当充分利用当下，重视当下。如何理解当下，决定了如何获取未来。杜威是一个十分关注现实问题的人，虽然他心系远方，但目光永远注视着脚下。弗雷德里克·李尔奇认为，杜威是一个应时而生的哲学家。因此他十分关注现实的社会问题，并致力于为之提供一个思想的解决方法。[⑤]杜威的这种人生态度赢得了李尔奇的尊重，也赢得了全世界的尊重。

时至今日，我们探讨杜威的教育思想，就是要从他的教育思想中汲取养分，杜威主张“教育即生活”，就是要提醒我们，单纯的理论探索对于解决现实问题往往是杯水车薪，缘木求鱼。教育问题的解决必须与现实生活相结合，积极面对生活，深入剖析生活，立足生活，改造生活，方能帮助教育不断进步。

---

①[美]简·杜威：《杜威传》，单中惠译，合肥：安徽教育出版社，1987 年版，第 32—33 页。

②[美]简·杜威：《杜威传》，单中惠译，合肥：安徽教育出版社，1987 年版，第 40 页。

③[美]约翰·杜威：《人的问题》，傅统先、邱椿译，上海：上海人民出版社，1965 年版，第 71—72 页。

④[美]约翰·杜威：《民主主义与教育》，王承绪译，北京：人民教育出版社，1990 年版，第 86 页。

⑤[美]简·杜威：《杜威传》，单中惠译，合肥：安徽教育出版社，1987 年版，第 189 页。

有人批评杜威的教育思想充满理想和天真，认为他的理论体系过于追求面面俱到，而缺乏冷峻、深邃的分析。客观地说，这些批评并非毫无根据，而且恰恰正是这些缺陷导致了有些自命为杜威追随者的人，在诠释与实践杜威思想的时候常常偏离了杜威的轨道。这些人一方面扩大了杜威的影响力，另一方面却背离了杜威，甚至给他招致了诸多非议。但无论是作为一个理性的学术研究者，还是务实的教育工作者，都应当以客观、公正、理性、辩证的态度审视其教育思想。一切从实际出发，从各自的现实生活出发，以问题为中心，以未来为导向，以实践为衡量一切的标准，取其精华，去其糟粕，将杜威思想中具有生长性的部分引入我们的教育理论体系中，实现教育改革从理论到实践的全面更新。

杜威深切地体会到，“教育不是唯一的工具，而是第一工具，首要工具，最审慎的工具”。[①]通过教育来保障生活的延续，通过教育融入生活，正视生活，继而改造生活，才能到达更加美好的未来。只有把教育视为生活的一部分而非仅仅是工具；把生活视为教育的过程而非仅仅是结果；把学习本身视为一种酬报而非以结果来辨明学习的价值；[②]树立一种新生活的取向，才能实践一种新教育，反过来实现这种新生活。这就是杜威教育思想为当代中国教育改革提供的经验和建议。

①[美]约翰·杜威:《人的问题》,傅统先、邱椿译,上海:上海人民出版社,1965年版,第27页。

②[美]简·杜威:《杜威传》,单中惠译,合肥:安徽教育出版社,1987年版,第191页。

第八章

学校与社会

杜威夫妇参观申报馆合影留念(前排右一为杜威)

第一节　杜威“学校与社会”思想的提出背景

杜威是美国富有社会责任感与使命感的哲学家、思想家和教育家，同时也是直面现实、改造社会的践行者。他以教育尤其是学校为工具，试图通过学校教育的改革，培养具有民主主义精神与意识的公民，构建一个具有民主主义共同价值观的和谐社会。本章拟从杜威生活与成长的社会背景为起点，分析杜威理想中的社会与学校是什么样的。

杜威关于学校与社会的思想与其生活成长的社会背景密不可分。19 世纪末 20 世纪初，随着工业化的发展，美国作为年轻的资本主义国家，社会处于大变革时代。美国在 18 世纪后半期科学技术和经济发展与欧洲其他国家相比都较为落后，但独立战争与南北战争的胜利改善了生产关系，极大地解放了生产力，农业获得了较大发展，大量外来移民为工业发展提供了先进的技术工人与廉价的劳动力，为工业发展奠定了经济与人力基础。到 19 世纪末，美国基本上由农业国转变为工业国。经济增长模式的变化引发了一些复杂的社会问题，成为杜威思想形成的沃土。杜威的女儿简·M.杜威(Jane M.Dewey)在《约翰·杜威传》一书中指出：“在形成约翰·杜威教育理论的各种因素中，他童年时代的环境显然起了很大的作用。”①

一、风云突变的时代背景

(一)工业化的完成

美国作为一个后发国家，没有封建经济传统的羁绊。在南北战争之后，工业迅速发展。到 19 世纪末期，美国产业工人规模已达 700 多万，科学技术开始广泛应用到工业生产中，机器生产逐渐取代了手工业，工业水平提高很快，工业发展

①Jane M.Dewey.*Biography of John Dewey.The Philosophy of John Dewey*.Evanston and Chicago: Northwestern University, 1939.p.9.

迅速，1895 年美国制造业产值为 18 亿美元，4 年后增长为 130 亿美元。到 1912 年时美国制造业产值已相当于 1900 年产值的 205%，超过了欧洲各国。1900 年，美国工业总产值已占世界工业总产值的 30%，超过英国（占 20%）、德国（占 17%）、法国（占 7%），成为世界第一经济大国，社会财富倍增，美国从农业社会过渡到了工业社会。[①]杜威在《学校与社会》中一开始就明确指出："首先引人注意的那个笼罩一切、甚至支配一切的变化是工业上的变化……人们难以相信，在整个历史上有过这样迅速、这样广泛和这样彻底的革命。"[②]美国工业化的完成与机器生产的应用，导致工厂需要的越来越多的懂技术、能适应生产要求的人才短缺，当时大批不具备相应技术的工人失业，社会矛盾加剧。

（二）移民的新变化

美国原本就起源于移民，属于多民族移民国家。然而，从 19 世纪下半叶到 20 世纪初，随着美国工业化的发展与国家的崛起，美国移民出现了新变化。到 19 世纪 80 年代时，美国来自欧洲落后国家如奥匈帝国、意大利和俄国的移民增多，而美国之前的移民多来自欧洲发达国家如德国、爱尔兰、苏格兰、威尔士和北欧等文化水平较高的群体，他们多是为了宗教信仰和开辟新世界而来美国的，而这一时期的新移民受教育程度较低、文盲率较高，大多是为生活所迫的、刚摆脱农奴身份的一代或二代农民。[③]这些大量新移民的涌入，使得城市住房、交通等公共设施问题日益严重。"城市贫民区的贫穷、肮脏、疾病和绝望是客观存在的、令人十分沮丧的事实。19 世纪 90 年代，在那些城市里，新一代美国人感受到了工业文明的灾祸。他们一窝蜂地涌进纽约、芝加哥、费城、底特律等城市，寻找工作、财富和刺激，寻找一种更好的生活，但找到的常常只是在廉租公寓中忍受难熬的苦难。他们希望破灭，美梦迅速变成了噩梦。"[④]新移民成为社会不稳定的因素。

---

①周菲菲：《杜威教育思想形成的社会背景探析》，《学理论》2013 年第 17 期，第 233 页。

②[美]约翰·杜威：《学校与社会·明日之学校》，赵祥麟、任钟印、吴志宏译，北京：人民教育出版社，2006 年版，第 26 页。

③John A.Garraty. *The American Nation Since 1865:A History of United States.* NewYork:Hraper and Row，1966.p.154—155.

④[美]劳伦斯·阿瑟·克雷明：《学校的变革》，单中惠等译，上海：上海教育出版社，1994 年版，第 64 页。

（三）城市化的快速发展

美国工业化和移民新潮的发展同时也推动了城市化的快速发展。1860年，居住在城市或城镇的人口约占美国总人口的四分之一，1890年约增加至三分之一，到1910年差不多有一半美国人居住在城市或城镇，[①]美国城乡人口比例发生了很大变化，城市人口开始占据优势。马萨诸塞州的城市人口占该州总人口92%以上，而纽约的城市人口占该州总人口78.8%。[②]在数量方面，8000人以上人口的城市，1860年只有141个，1880年达到286个，1990年达到574个；从规模上看，百万人口以上的大城市，1860~1880年只有纽约一个，1990年时增加到了3个，人口在50~100万的中等城市，1860年有84个，1900年达到402个。[③]

二、社会问题突出

美国工业化的完成在转变经济增长方式与经济结构的同时，虽然促进了物质财富的巨大增加，但与此同时也引发了社会结构的调整与社会风气的变化，导致了一系列经济、政治、文化与教育等问题。

经济方面，由于美国实行由市场调节的自由资本主义经济，其优势是能够及时、灵活地响应市场需求，但其最大的缺陷是缺乏系统性和统一管理，易于导致经济发展过程中的无序状态；政治方面，市场经济与工业化时代背景下，追逐财富成为社会主流价值取向，公众热衷于开工厂办企业，政治意识淡薄，政治参与与监督意识下降，在政治岗位上的人也普遍受控于大资本家，腐败盛行，美国民主精神衰弱；社会阶层方面，阶级分化与矛盾加剧，贫富分化突出，财富越来越集中在少数资本家手中，城市中以出卖劳动力为生的劳动者成为城市中的贫困者，集中居住在城市贫民区，再加上大量文化水平较低的外来移民，环境脏、秩序乱、卫生差，疾病、失业与暴力充斥，使得阶级对立、贫富差距的矛盾越来越严

---

①[美]阿瑟·林克，威廉·卡顿：《1900年以来的美国史》（上册），刘绪贻等译，北京：中国社会科学出版社，1981年版，第13—14页。

②[美]菲特·里斯：《美国经济史》，司徒淳、方秉铸译，沈阳：辽宁人民出版社，1981年版，第371页。

③黄安年：《美国的崛起：17—19世纪的美国》，北京：中国社会科学出版社，1992年版，第373页。

峻；劳资对立，工厂主与企业家压榨工人，工人工作时间长、工资待遇低，缺乏必要的安全保障，疾病与饥饿横行，工人罢工不断，劳动者与资本家之间矛盾难以调和，成为社会普遍关注的问题；精神道德方面，由于追逐财富成为社会基本价值取向，拜金主义、极端个人主义盛行，文化衰落，许多资本家道德滑坡，为追逐利益不择手段，不惜危害社会与他人的利益。城市社区生活中来自不同文化背景的人员混杂，色情、暴力和个人享乐主义盛行，严重破坏了习俗与社会的良好秩序。

杜威看到，工业化的发展带来资本主义垄断经济和财富飞速增长，却未能"改善所有人的生活状况"，反而导致"平等这一伟大的美国原则已成为神话"。[①]"与普遍的和平相反，发生了两次世界范围的战争，其规模和破坏性在历史上都是空前的。与民主自由和平等的普遍持续的增长相反，我们看到的是强大的极权国家的增长，其对信仰和表述自由的极力扼制超过了历史上最专制的国家。……与经济安全的提高和贫困消除相反，我们现在面临的是工业危机的严重扩大与加深以及失业工人的猛增。"[②]另外，美国工业与技术的发展瓦解了原有的人与人之间的关系，重构了一整套广泛而复杂的相互依存关系。"工业专业化的发展和城市中心的扩展破坏了人们的集体感，并使人与人之间相互疏远。"[③]美国的社会价值体系在遭到工业文明破坏的同时，亟须重建资本主义文化。再加上"科学是如此迅速地改变了所有的社会和工业状况，因此如果极少数人完全垄断了科学材料，就不可能有人人平等的机会"。[④]美国社会沦为"迷茫的""混乱的""不安的""漂浮的""分裂的房子"，[⑤]美国的民主已经成为"一场不堪入目的闹剧"。总之，个人与社会、精神与物质之间的矛盾在这个时代发展到极点。正如《美国精神》中所说的，"以前没有任何一代人像这一代人遇到的问题这么多，以前的任何问题（除奴隶问题外）也没有像今天这样难办"，而且"所遇到的问题已不再是那

①孙有中：《美国精神的象征—杜威社会思想研究》，上海：上海人民出版社，2002年版，第128—129页。

②[美]约翰·杜威：《新旧个人主义——杜威文选》，孙有中译，上海：上海社会科学院出版社，1997年版，第175页。

③[美]斯普林格：《脑中之轮》，贾晨阳译，北京：北京大学出版社，2005年版，第32页。

④[美]约翰·杜威：《学校与社会·明日之学校》，赵祥麟、任钟印、吴志宏译，北京：人民教育出版社，2006年版，第299页。

⑤孙有中：《美国精神的象征——杜威社会思想研究》，上海：上海人民出版社，2002年版，第137—139页。

些老问题,也不能用那些老办法解决”。[①]对美国社会现状的观察、不满与思考,奠定了杜威社会思想的总基调。如何通过控制个人行为以维系社会秩序、发展精神文化以与物质财富同步,从而推动经济发展与社会进步协调成为社会难题,成了杜威哲学思想与教育思想的起点。

三、教育问题丛生

美国工业化发展对教育尤其是学校提出了新要求:改变培养目标与培养方式,调整培养内容,培养一大批能够适应大工业生产方式的、具有一定科学技术知识的人才,以促进生产发展。“一场知识的革命已经发生。……知识不再是凝固不变的东西,它已经成为变动不定的东西。它在社会自身的一切潮流之中积极地活动着。”[②]这对于学校教育而言,是一场全新的变革。另外,美国作为一个“新兴中产阶级的社会”,新兴中产阶级大多受过良好的教育,具有一定的社会地位,掌握一定的专业知识与技能,他们要求按照自己的意愿将原来的农业社会改造为工业社会,而这个改造过程需要学校培养适应社会改造的专业人才作为支撑。再加上大批移民以及新城市人口的增加,无论是就业还是社会秩序的形成,都需要教育发挥一定的作用。

然而,美国当时的教育仍以 19 世纪上半叶传入的赫尔巴特教育思想为主导,以教师、课堂、教材为中心,忽视儿童的内在需求,教学内容、学校生活、教学方法都与社会相脱节,形式主义盛行,不符合社会变革的需要。学校与社会隔离、不能满足城市化、工业化进程的需要以及人们平等接受教育的民主诉求。虽然,从19 世纪 70 年代之后,美国接受公共教育的人数开始大幅度增加:19 世纪70 年代,约有 680 万,而 1900 年有 1550 万。公共教育的费用也在大幅增长,1870年为6300 万美元,1902 年为 23400 万美元。文盲率也随之降低,1870 年为 20%,1900 年为 10.7%,[③]但从深层次分析,“在社会转型的情况下,人们易于走向两个

①H.S.康马杰:《美国精神》,杨静予等译,北京:光明日报出版社,1988 年版,第 73–74 页。

③赵祥麟、王承绪编译:《杜威教育论著选》,上海:华东师范大学出版社,1981 年版,第 26 页。

②[美]劳伦斯·阿瑟·克雷明:《学校的变革》,单中惠等译,上海:上海教育出版社,1994 年版,第 64 页。

极端:一种是不加任何思考地随着社会的改变而不断改变,不顾及最后的结果;另一种是固守传统,抵制一切改变。当时美国教育的最大弊病就是陷于旧有的教育传统泥潭中而不能自拔"。①

面对巨大的社会转型,学校教育也必须与社会发展同步或引领社会发展,积极关注社会需求。因此,生长于这个时代、关注这个时代的杜威开始对该阶段美国"制度化"学校教育的特点与弊端提出质疑,如制度化、标准化、模式化、统一化、形式化、同质化等,学校脱离学生与社会实际,扼杀学生的积极性与创造性以及自由发展等,这种危害与美国工业化、信息化、民主化的发展是格格不入的。并且,这种制度化的学校教育体系和模式也不能满足个人自由发展的需要。如同原哈佛大学校长埃利奥特(C.W.Eliot)所说:"真正的教育目的是使个体的能力得到最大限度的发展——固定的标准,是人的身、心和精神充分发展的天敌。"随着进步主义教育运动的发展与一些激进主义教育家呼吁废除学校呼声的日益高涨,杜威批判与改革制度化学校教育的积极意义越来越明显。

杜威认为传统学校教育与社会相脱节,对于培养儿童参与实际社会生活的能力无任何意义,也无法担负起指导青年、改造社会的使命。作为一位有着强烈社会责任感的教育家,他认识到当前美国的社会状况是人类社会发展的必然阶段,必须通过教育更新人们的观念,实施公民道德教育,培养公民民主精神与公民习惯,才能从根本上逐渐解放思想与道德混乱、社会无序等问题。他非常赞赏贺拉斯·曼的话:"教育是我们唯一的政治安全;在这个船以外只有洪水。""公共学校是人类的最大发现。其他社会机关是医疗的和补救的。这个机关是预防的和解毒的。"②因此,杜威指出:"我们的社会生活正在经历着一个彻底的和根本的变化,如果我们的教育对于生活必须具有任何意义的话,那么必须经历一个相应的完美的变革。"③

杜威尽管对美国这些社会问题、教育问题的弊端有着切肤之痛,但他认同民

①朱丽莉:《美国社会转型下的约翰·杜威实用主义教育思想》,华东师范大学2006年博士学位论文,第10页。

②[美]约翰·杜威:《人的问题》,傅统先、邱椿译,上海:上海人民出版社,1986年版,第34页。

③[美]约翰·杜威:《学校与社会·明日之学校》,赵祥麟、任钟印、吴志宏译,北京:人民教育出版社,2006年版,序第15页。

主的方式，认为要想挽救美国社会“混乱”“分裂”与“漂浮”的状况，“美国人必须尽快抛弃那些陈旧的民主教条，使他们的信仰、道德、欲望、情感乃至整个文化迅速适应工业革命以来所发生的社会巨变”。[①]这样，才能从根本上逐步发展社会民主，恢复社会改造的生命力。作为一个关心美国民主社会发展的有社会责任感的学者，他坚持认为民主社会建设需要教育来传递民主社会价值观，培养具有民主精神的公民态度与理性，提供公民进行社会建设的技能，“把教育看作社会的需要和社会的职能”。[②]学校作为教育的主战场，是杜威社会改造理想的实践基地。杜威在他的代表作《民主主义与教育——教育哲学导论》的序中开篇就阐明了他的社会理想和教育理想，说该书体现了他“探索和阐明民主社会所包含的思想，和把这些思想应用于教育事业的许多问题所作的努力”。[③]

①孙有中：《美国精神的象征——杜威社会思想研究》，上海：上海人民出版社，2002年版，第146页。
③[美]约翰·杜威：《民主主义与教育》，王承绪译，北京：人民教育出版社，2001年版，第340页。
②[美]约翰·杜威：《民主主义与教育》，王承绪译，北京：人民教育出版社，2001年版，序第5页。

第二节　杜威的“学校与社会”观

从认识基础看,美国的社会实践是杜威教育思想的出发点,也是其哲学思考的起点。美国社会冲突、阶级分化以及工业化发展所带来的矛盾,他认为都需要进行社会调整,需要通过教育促进社会改造。他认为哲学问题的产生“是因为在社会实践中有许多广泛传播和广为感觉到的困难,由于哲学家成了一个特殊的阶层,他们运用的专门术语……在一种哲学体系占势力的地方,经常可以发现它和社会利益的冲突有联系,这种利益的冲突要求实现某种社会调整的计划,在这一点上,哲学和教育的密切关系就表现出来了”。①因此,杜威对学校的关注源于其对社会的认识。杜威的学校观与其社会观是共生一体的互动关系。为了更深入地了解其“学校与社会”观,需先理解其“学校”与“社会”观。教育,尤其是学校教育,是杜威哲学思想在改造社会方面的具体实践。

一、杜威的“社会”观

杜威的社会观,即他对社会的看法与观点,是建立在当时美国社会实践的基础上。19 世纪末 20 世纪初,美国工业化、城市化的发展与垄断阶层的出现,威胁到中产阶级利益的同时也推动了中产阶级的觉醒;大批拥有不同价值观并低文化水平的国外移民的涌入,使得重塑美国主流社会价值观、重建社会秩序成为时代所需。杜威作为美国中产阶级出身的哲学家、思想家和教育家,他极力支持和维护美国民主主义社会,他所设想的理想的民主主义社会的特征是:“倘有一个社会,它的全体成员都能以同等条件,共同享受社会的利益,并通过各种形式的联合生活的相互影响,使社会各种制度得到灵活机动的重新调整,在这个范围内,这个社会就是民主主义社会。”②他认为民主主义社会有其内在的标准:“归

①[美]约翰·杜威:《民主主义与教育》,王承绪译,北京:人民教育出版社,2001 年版,第 347 页。

②[美]约翰·杜威:《民主主义与教育》,王承绪译,北京:人民教育出版社,2001 年版,第 109—110 页。

根到底，民主主义的问题是个人尊严与价值的道德问题。通过互相尊重、互相容忍、授受关系、总结经验等，民主主义到底还是唯一的方法，使人们能成功地进行我们全体都牵涉在内（不管愿意与否）的实验。人类最伟大的实验——在这共同生活的实验中，每人的生活，在最深刻的意义上是有利的，对自己有利，同时复有助于他人的个性之培养。”[①]这也是杜威构建民主社会的标准。

在杜威看来，民主主义社会“首先是一种联合生活的方式，是一种共同交流经验的方式”，[②]这种生活方式打破了以往社会人为设置的种种障碍，促进了不同利益群体之间的自由往来与经验交流，有利于个人自身自由发展。杜威认为，民主社会之所以伟大，在于其所推崇的“民主政治”具有其道德意义，即“一切政治制度和实业组织的最高标准，应当对社会每个成员的完满生长有贡献”，[③]也就是说民主政治将个人发展、人性解放与个人价值置于社会首位，为个人发展创造条件，通过人性与人格的改造促进社会的变革。“当自我是一个能动的历程时，社会的变革成为创造人格的唯一手段。”[④]人与人结合的共同体构成社会，只有构成这个社会的每个个体都具有良好的个人品质，才能构成一个良性循环的社会，也值得个人为其贡献。用杜威的话来说就是：“如果民主主义具有道德的和理想的含义，那么就要求每个人对社会作出贡献，同时给每个人发展特殊才能的机会。”[⑤]可见，民主既是个体努力争取实现的社会目的与结果，又是实现目的的一种手段与过程，不是一蹴而就的。以此为基础，杜威论述了科学与民主、自由与民主、个人与社会、教育与民主四重关系。

第一，科学与民主。杜威认为，科学的态度、方法与精神其本质是要求所有人做任何事情都必须经受住检验、批评与质问，杜绝独断专行，在此意义上在社会生活中秉持科学就是民主。真正的民主社会，大家共同平等参与，各抒己见，通过讨论、商讨与批评，最后得出所有人都一致认同的结论。就此而言，科学是民

①[美]约翰·杜威：《人的问题》，傅统先、邱椿译，上海：上海人民出版社，1965年版，第32—33页。
②[美]约翰·杜威：《民主主义与教育》，王承绪译，北京：人民教育出版社，2001年版，第27页。
③赵祥麟、王承绪编译：《杜威教育论著选》，上海：华东师范大学出版社，1981年版，第111页。
④[美]约翰·杜威：《哲学的改造》，许崇清译，北京：商务印书馆，1958年版，第105—106页。
⑤[美]约翰·杜威：《民主主义与教育》，王承绪译，北京：人民教育出版社，2001年版，第134页。

主的基础，民主的态度是科学态度的扩大化、社会化。这一观点直接决定了杜威对科学培养能够有效进行社会改造的个人的重视。因此，在学校教学方法方面，杜威呼吁进行改革，要求进行探究、反思和思维训练，以培养民主社会的新人，打造民主社会的科学精神。

第二，自由与民主。杜威理想中的民主社会是一个和谐的社会，“全体成员都以同等条件，共同享受社会的利益，并通过各种形式的联合生活的相互影响，使社会各种制度得到灵活机动的重新调整”的社会，[①]这就要求每个社会成员的思想、性情、态度都应符合民主社会建设的需求，是理智的、科学的，才能实现共享与联合、充分交流，营造民主社会氛围。因此，杜威要求教育要尊重儿童天性的自由发展，同时还要营造一种“社会的氛围”，用科学与民主的方法，培养儿童民主的意识与习惯、修养、思维方式和生活方式，以达到巩固‘民主’的最终目的。关于这一联合体的标准，杜威列出了两条，即“组内+组间”模式：群体内成员有意识地参与利益的多少，以及和其他团体的相互作用，充分自由到什么程度。[②]在杜威看来，民主与自由不仅具有政治层面意义，而且是一种相对的、动态的、联合生活、共同经验交流的方式，需要渗透到教育过程中。

第三，个人与社会。杜威指出，社会是许多个体的结合，不是单一的组织。“任何个人都是某一联合体的一个方面……个人的所作所为及其行为的结果，他的所有经验的构成都不能在一种孤立的状态下被描述，更不用说依次获得解释了。”[③]但杜威认为，因为个人是通过联合体的形式构成一个社会，那么个人是各种联合体的内在要素，各个联合体构成一个整体的社会，个人与作为整体的社会之间并不是直接的联系，而是间接的，因此个人与社会之间的对立是根本不存在的。他举例说：“氢原子”与“氧原子”是构成水必不可少的成分，两者不可分离。我们也不能在水和氢或氧之间作出对立性的区分，否则“水”这样一种组合与物

①[美]约翰·杜威：《民主主义与教育》，王承绪译，北京：人民教育出版社，2001年版，第109—110页。

②[美]约翰·杜威：《民主主义与教育》，王承绪译，北京：人民教育出版社，2001年版，第93页。

③John Dewey. *The Public and Its Problems*, *The Later Works*, Vol.2. Carbondale and Edwardsville: Southern Illinois University Press, 1988, p.353.

质则是不存在的。[①]这个例子说明“每个个人不可能同他作为其中的一个内在因素的团体相对立，这样的一个团体也不可能认为可同作为其组合体的构成部分相对抗。”[②]因此，“个人”同“社会”之间的分离与对立是不存在的，真正的区别与对立是个人所从属的不同团体之间的区别。杜威坚信，个人在本质上不是反民主、反社会的，“民主是一种个人生活的方式”。[③]“在民主生活中，每个个人共同形成和指导团体行为，每个人共享联合生活所创造的价值。通过社会生活中的相互作用，每个人都在成长之中。他的能力在他参与其中的团体中得到和谐的发挥和培养。”[④]杜威继而充满信心地说：“当学校能在这样一个小社会里引导和训练每个儿童成为社会的成员，用服务的精神熏陶他，并授予有效的自我指导的工具时，我们将拥有一个有价值的、可爱的、和谐的大社会。”[⑤]

杜威指出个人与社会的问题上有三种观点：“社会必须为个人而存在；或个人必须遵奉社会为他所设定的各种目的和生活方法；或社会和个人是相关的有机的，社会需要个人的效用和从属，而同时亦需要为服务于个人而存在。”[⑥]而杜威所秉持的观点是：“正因为社会是个人所组成，个人和结合个人的共同关系似乎就必须是同等重要的。没有强而有为的个人，构成社会的绳索纽结就没有东西可以牵缠得住。离开了相互间的共同关系，个人就彼此隔离而凋残零落，或相互敌对而损害个人的发展。”[⑦]杜威高度重视社会对于个人发展的重要意义，将个人与社会理解为共生关系，从而个人与社会的关系转为新个人主义与民主社会的问题。

第四，教育与民主。“民主必须由一代人来创生，教育则是民主的助产

①John Dewey.*The Public and Its Problems*,*The Later Works*,Vol.2.Carbondale and Edwardsville: Southern Illinois University Press,1988,p.353.

②John Dewey.*The Public and Its Problems*,*The Later Works*,Vol.2.Carbondale and Edwardsville: Southern Illinois University Press, 1988,p.354.

③John Dewey.*Creative Democracy–The Task Before Us*,*The Later Works*,Vol.14. Carbondale and Edwardsville:Southern Illinois University Press,1984,p.227.

④John Dewey.*The Public and Its Problems*,*The Later Works*,Vol.2.Carbondale and Edwardsville: Southern Illinois University Press,1988,p.28.

⑤赵祥麟、王承绪编译:《杜威教育论著选》,上海:华东师范大学出版社 1981 年版,第 28 页。

⑥[美]约翰·杜威:《哲学的改造》,许崇清译,北京:商务印书馆,1958 年版,第 101 页。

⑦[美]约翰·杜威:《哲学的改造》,许崇清译,北京:商务印书馆,1958 年版,第 101 页。

人。”[①]杜威主张通过改良的方式改造理想中的和谐社会，认为教育是人类中最温和、最恰当而又最具建设性的途径，是对人的思想、性情、态度产生重要影响的有效途径，通向民主的教育可营造一个人人参与、共同合作学习的过程，这本身类似于共同合作与分享的社会生活模式，培养个体参与民主生活与公共空间的能力，从而养成、塑造新个体与群体。杜威坚信，这种思想的变革将优于政治的变革，民主化的教育是促进现实向理想社会迈进的有效方式。在杜威看来，“美国的趋向要把民治主义和教育合在一块，民治就是教育，教育也是民治。凡是教育部都是为民治设的，必须有这种政治，才可使教育格外发展，也必须有这种教育，才可使政治格外改良”。[②]杜威将教育视为维护与发展社会民主、进行社会改造的重要手段，民主社会也将比其他社会更关心、重视教育，“民主与教育之间的关系是一种相互交织、相互依存的关系，这一点至关重要”。[③]民主社会为实施人人平等接受教育提供了条件，教育又通过培养具有民主意识和共同参与能力的人推动民主社会的进步，进一步促进人的发展与解放，即“在教育方面，我们首先注意到，由于民主社会实现了一种社会生活方式，在这种社会中，各种利益相互渗透，并特别注意进步或重新调整，这就使民主社会比其他各种社会更加关心审慎的和有系统的教育”，[④]“民主政治热心教育，这是众所周知的事实”。[⑤]民主社会奉行民主化原则，重视个别差异和个性培养，从而使得教育更具生命力。就此而言，民主社会是教育发展的基石，民主化教育是民主社会发展的动力，“教育是社会进步和社会改革的基本方式”，只有通过“共享的、协调的社会智慧”实现“社会控制”，才能“消除现存的邪恶而同时又能使我们最终免于自上或自外而来的某种胁迫形式的控制”。[⑥]而杜威所谓的智慧的“社会控制”，就是实验的方法、民主的方法、教育的方法。教育的方法是追求政治问题的文化解

---

①John Dewey. *The Middle Works of John Dewey*（1899—1924）. Carbondale: Southern Illinois University Press, 1976, p.139.

②赵祥麟、王承绪编译：《杜威教育论著选》，上海：华东师范大学出版社，1981 年版，第 443 页。

③[美]约翰·杜威：《新旧个人主义：杜威文选》，孙有中等译，上海：上海社会科学院出版社，1997 年版，第 23 页。

④[美]约翰·杜威：《新旧个人主义：杜威文选》，孙有中等译，上海：上海社会科学院出版社，1997 年版，第 7 页。

⑤[美]约翰·杜威：《新旧个人主义：杜威文选》，孙有中等译，上海：上海社会科学院出版社，1997 年版，第 7 页。

⑥孙有中：《美国精神的象征：杜威社会思想研究》，上海：上海人民出版社，2002 年版，第 194 页。

决；民主的方法则是追求文化问题的政治解决，而绝非以前国内学者对杜威的理解：所有的社会问题都是道德问题，所有的道德问题都是教育问题，因此所有的政治问题都是教育问题。[①]正是基于这样的理解，民主与教育成为贯穿杜威教育思想与实践的一条主线，也是他的学校与社会思想的基石。

在历经了第一次世界大战与世界经济危机之后，晚年的杜威更加关注世界和平、人的自由、经济稳定与社会民主以及教育在其中的重要作用。他提醒世人："要吸取的教训是：人生态度和努力是实现国际和平目标、促进经济安全、利用政治手段以增进自由与和平以及发展世界民主制度的战略中心。凡是以这个前提为出发点的人，必定能看到教育在培养习惯和态度上的基本重要性；这些习惯和态度使个人能够和热望达到和平、民主与经济安全的目标。"

杜威对外部社会变革的激发及其对教育的全新期待的分析，成为其学校观和教育改革实践的指导思想。上述关于社会的四重关系具有的内在一致性，共同构成了杜威对学校与社会的认识基础。

二、杜威的"学校"观

从教育学的视角看，教育具有三大要素——教育者、受教育者与教育影响。所谓教育者指包括教师在内的所有教学及管理人员，受教育者即学生，而教育影响则包括教室、教材、教学设施、学校环境等一切教育媒介，也就是说除去教育者、受教育者之外的一切物质环境、精神环境都可成为教育影响。从影响个人成长的因素看，除了遗传、成熟、教育之外，环境的作用也非常重要。而杜威所谓的学校正是基于他对环境在社会人的培养中的作用的认识。

杜威非常重视环境的教育作用，他认为"所有的改革，如果仅仅依赖于法规的制定、惩罚的威胁，或某些机械的、外在的变更，都只能是短暂的、无效的"，[②]

①[美]威尔斯：《实用主义：帝国主义的哲学》，葛力等译，北京：三联书店，1955年版，第205页。

②[美]约翰·杜威：《新旧个人主义：杜威文选》，孙有中等译上海：上海社会科学院出版社，1997年版，第222页。

而“环境的无意识的影响难以捉摸而又无处不在，影响着性格和心理的每一根纤维。环境能通过个体的种种活动，塑造个人行为智力的和情感的倾向。这些活动能唤起和强化某些冲动，并具有某种目标和承担某种后果；社会环境无意识地、不设任何目的地发挥着教育和塑造的影响。在野蛮的未开化的社会，在学校产生之前，直接地参与（即杜威所讲的间接的或偶然的教育）并几乎成为教育青年的唯一影响，使他们获得群体的习俗和信仰。甚至在目前的社会，即使对于最坚持受学校教育的青年，这种直接参与也提供给他们基本的教养。①杜威尤其认可环境在日常生活中对个体文化思维方式的潜移默化的影响，“虽然环境无意识的影响难以捉摸而又无处不在，影响着性格和心理的每一根纤维，但是指出它的效果最为显著的几个方面可能是有价值的。第一，语言习惯。第二，仪表。第三，美感和美的欣赏”。②他认为，“凡是我们不经研究或思考而视为当然的东西，正是决定我们有意识的思想和决定我们结论的东西”。③正是由于杜威对环境育人作用的独特理解，他由教育对民主社会的认识自然引入到学校作为一种特殊环境的认识。“学校首先是一个社会机构。教育是一段社会经历，学校仅仅是多种机构共同组成的社会生活的一部分。”④“社会的改良，全依赖学校。因为学校是造成新社会的，去掉旧弊向新的方向发展的，且含有不曾发现的能力预备儿童替社会做事的一大工具，许多旁的机关都不及他。”⑤

杜威认为学校是一个特殊的社会环境，“学校是一种社会的制度，社会把一切过去、现在的、将来的种种计划工具，集聚在这个机关之中，拿这些东西训练学生，使他本能的活动，变向一条路上去，和当时的社会生活精神相合——这就是学校的定义”。⑥杜威坚持：“学校当然总是明确根据影响其成员智力的和道德的倾向而塑造的环境典型。”⑦他认为，学校应该拥有三个比较重要的功能：“一

①[美]约翰·杜威：《民主主义与教育》，王承绪译，北京：人民教育出版社，2001年版，第22—23页。
②[美]约翰·杜威：《民主主义与教育》，王承绪译，北京：人民教育出版社，2001年版，第23—24页。
③[美]约翰·杜威：：《民主主义与教育》，王承绪译，北京：人民教育出版社，2001年版，第24页。
④John Dewey. *My Pedagogic Creed*.New York and Chicago.E. L.Kellogg & Co.，1897，p.7.
⑤[美]约翰·杜威：《杜威的五大演讲》，合肥：安徽教育出版社，2005年版，第133页。
⑥姜义华主编：《胡适学术文集》，北京：中华书局，1998年版，第319页。
⑦[美]约翰·杜威：《民主主义与教育》，王承绪译，北京：人民教育出版社，2001年版，第25页。

是简化和安排所要发展的倾向的许多因素；二是净化现有的社会习惯并使其观念化；三是创造一个更加广阔和更加平衡的环境，使青少年不受原来环境的限制。”①他认为“只有当学校使青年了解社会势力的运动方向、了解社会需要和满足这些需要所能用的资源的时候，学校才能迎接民主主义的挑战”。②因此，杜威继而概括出学校发挥功能的基本途径——“学校社会机构的首要职责就是在于提供一个简化的环境。选择相当基本并能为青少年反应的种种特征，然后建立一个循序渐进的秩序，应用先学会的因素作为领会比较复杂的因素的手段。”③即学校发挥作用需要对环境进行简化、选择、过滤与优化，要选择最基础的、阶段性地推进。对此，杜威指出：“相对于社会环境而言，一个适宜孩子成长的环境应是简化的，而不是像成人社会那样过于复杂的；是经过组织而条理化的，而不是像成人社会那样庞杂的；是经过滤清和优选的，而不是像成人社会那样良莠不齐的；是在多种影响中求得平衡的，而不是像成人社会那样含有冲突和偏颇的；应是高效能的，而不是像社会非正式教育那样劳多费时而寡效的。”学校环境的创建取决于教育者的教育教学观念、整体素质以及对整个教育教学活动的设计，保持学校与外部社会生活的一致性，使学校通过简化等方式再现社会生活中的关键性活动，促进儿童熟悉社会结构和运行模式，并在活动中表现自我，获得自我控制的能力。④

当然，杜威也意识到，要想将学校教育发挥成为创建民主社会的有效途径，必须保证手段与目的的一致性。为此，教育改革，尤其是学校教育改革，成为杜威社会再造的第一步。1896 年，杜威开始着手进行教育改革与实践，创办了实验学校，亲自践行自己的学校与社会观，“他把以粉笔和口讲为形式的课堂改变为儿童由活动而求知的课堂，把儿童静坐听讲的课堂改变为儿童为活动而随时位移的课堂，气象一新”。⑤

---

①[美]约翰·杜威：《民主主义与教育》，王承绪译，北京：人民教育出版社，2001 年版，第 29 页。
②赵祥麟、王承绪编译：《杜威教育名篇》，北京：教育科学出版社，2006 年版，第 296 页。
③[美]约翰·杜威：《民主主义与教育》，王承绪译，北京：人民教育出版社，2001 年版，第 26 页。
④John Dewey. *The university school*. University Record, Vol. I, 1897, p.418.
⑤[美]约翰·杜威：《民主主义与教育》，王承绪译，北京：人民教育出版社，2001 年版，第 6 页。

三、杜威的“学校与社会”观

杜威认为，儿童的教育过程有两个方面：“一个是心理学的，一个是社会学的，它们是平列并重的，哪一个也不能偏废。”[①]学校教育的作用就在于协调个人价值与社会价值，这也是杜威学校与社会理论的一个基本出发点。在杜威看来，儿童是教育的出发点，社会是教育的归宿，两者之间是一种张力关系，关于两者关系过程的论述与设计，就是杜威著名的“学校即社会”，也是杜威教育思想的精髓之一。杜威的这一观点也是对当时美国盛行的赫尔巴特传统教育中学校与社会割裂、忽视学生社会实践活动、不适应社会需要的弊端的否定。根据杜威的设想，“学校主要是一种社会组织。教育既然是一种社会过程，学校便是社会生活的一种形式”。[②]那么，学校必须是与社会相融合的、生机勃勃的机构，具备社会生活的全部含义与典型条件，在教育者的整体设计下，对学生有意识、有目、有组织地施加正向影响。杜威设想的学校既不是社会生活的全部，又不是其简单的“雏形”，而应是社会生活的自然延伸，是“明确根据影响其成员的智力和道德的倾向而塑造的环境典型”。[③]具备如下几个特征：

其一，学校是简化的社会，即根据青少年的生理与心理特征，将复杂的社会生活进行分化、简化，从中选取与青少年密切相关的、易于理解和吸收的部分，按照一定的顺序循序渐进地对学生进行引导与教育，为学生进一步了解社会、深入社会奠定初步的认知基础。

其二，学校是一个优化、净化之后的环境，应将复杂的现实社会中不民主的、坏的、不良的现象与因素过滤排除，让学生感受、体验好的民主社会氛围，避免受到不良的影响。诚如杜威所说：“学校环境的职责，在于尽力排除现存环境中的丑恶现象，以免影响儿童的心理习惯……只是把有助于未来更美好的社会的部分传递和保存起来。”[④]例如，对于竞争，杜威要求“必须以合作代替竞争”。[⑤]这样，有助于学生朝着民主、科学的方向发展。

---

①赵祥麟、王承绪编译：《杜威教育论著选》，上海：华东师范大学出版社，1981 年版，第 31 页。

②[美]约翰·杜威：《道德教育原理》，王承绪译，杭州：浙江教育出版社，2003 年版，第 357 页。

③[美]约翰·杜威：《民主主义与教育》，王承绪译，北京：人民教育出版社，2001 年版，第 25 页。

④[美]约翰·杜威：《民主主义与教育》，王承绪译，北京：人民教育出版社，2001 年版，第 26—27 页。

⑤[美]凯瑟琳·坎普·梅休等：《杜威学校》，王承绪、赵祥麟、赵端瑛、顾岳中译，北京：教育科学出版社，1991 年版，第 320 页。

其三,学校应是一个开阔与协调的社会环境,为来自不同国家、民族、种族与肤色以及不同阶层背景的学生提供一个相对平等的社会环境。鉴于美国是一个移民国家,具有不同传统与习俗的不同群体之间的异质性、多样化很突出,为构建一个相对平衡的环境以避免不同儿童受其所在环境的局限与影响,学校应"平衡社会环境中的各种成分,保证使每个人有机会避免他所在社会群体的限制,并和更广阔的环境建立充满生气的联系"。[①]这样,通过学校的平衡与协调,有益于发挥社会对儿童成长与教育的有益因素,控制不利于民主社会形成的因素,更有利于儿童成长与具有良好秩序的现代社会的形成。

综上可看出,杜威"学校即社会"的观点在于打破学校与社会之间的割裂状况,使学校与社会相融合,学校、家庭与社会形成大教育的合力,学校的教育活动与校外社会生活相联系、甚至融合。"学校必须呈现现在的生活"即是"对于儿童来说是真实而生气勃勃的生活,像他在家庭里,在邻里间,在运动场上所经历的生活那样"。"学校生活是如此简化的社会生活,那么它应当从家庭生活里逐渐发展出来。它应当开展并继续儿童在家庭里已经熟悉的活动。"[②]学校教育成为一种社会生活,"学校本身必须是一个比现在所公认更大程度上生气勃勃的社会机构"。[③]另外,为了促进校内生活与校外社会生活的一致性,杜威要求,学校"不能有两套伦理的原则,或两种方式的伦理的理论,一种是学校生活的,另一种是校外生活的。所有的行动是一致的,行动的原则也是一致的"。[④]这样,才能更好地激发学生的学习兴趣与社会责任感,培养民主意识与民主观念的人,构建民主的社会。

---

①[美]约翰·杜威:《民主主义与教育》,王承绪译,北京:人民教育出版社,2001年版,第27页。

②[美]约翰·杜威:《学校与社会·明日之学校》,赵祥麟、任钟印、吴志宏译,北京:人民教育出版社,2006年版,第6页。

③[美]约翰·杜威:《学校与社会·明日之学校》,赵祥麟、任钟印、吴志宏译,北京:人民教育出版社,2006年版,第6页。

④单中惠:《现代教育的探索:杜威实用主义教育思想》,北京:人民教育出版社,2002年版,第308页。

第三节　为了民主社会的学校:从学校到社会改造

学校与社会相结合是杜威主要的教育理论之一，他认为学校应该担负社会改造的功能,学校应该关注社会问题,维护社会、改造社会、巩固社会秩序,个人的要求与兴趣应服从于社会利益。他在1899年发表了关于教育问题的论著《学校与社会》一书,主张将学校视为工业和民主社会的一个组成部分,提议学习方法和学习内容应该与现代工业界的职业以及现代工业发展所需要的劳动组织方式联系起来,鼓励学生积极参加社会生活实践,使得教育充满活力,学生也从中体验到社会和科学的价值。教育者也从中可实现自己的社会价值。他主张学校主动地适应社会,学校应该成为社会的典范,即驱除了不良的、无意义的东西之后的理想化的社会。为更好地适应社会,杜威希望改变学校、教材与社会相隔离的情况,学校应该主动了解社会的需求,用科学精神和技术方法为人类服务。杜威教育哲学中,始终关注社会问题,一些教学内容,比如人文学科都必须有助于解决当时的社会问题,否则即被视为逃避社会责任。公众可根据社会改造效果对学校及专业知识进行判断，这样学校就会保持与社会一致，重视社会的联系与需要,更好地成为社会改造者。杜威认为:“学校工作有三个主题:教材、方法和行政或管理,这三者是三位一体的。”[①]杜威关于学校与社会的理论围绕教材、方法和行政管理进行了详细的论述。

一、为了社会发展的办学目的

杜威关于教育,尤其学校教育对于社会改造与人的发展的意义的认识,建立在他对人性认识的基础上。他认为“人性无限制的可塑性的看法是正确的”,[②]“如果人性是不变的,那么,就根本不要教育了,一切教育的努力都注定要失败了。因为教育意义的本身就在改变人性以形成那些异于朴质的人性的思维,情

①[美]约翰·杜威:《民主主义与教育》,王承绪译,北京:人民教育出版社,2001年版,第180页。
②[美]约翰·杜威:《人的问题》,傅统先、邱椿译,上海:上海人民出版社,1986年版,第150页。

感、欲望和信仰的新方式。如果人性是不可变的，我们可能有训练，但不可能有教育”。[①]正是基于人性可改变这一认识，杜威高度重视学校作为社会的重要组成部分，在社会改革过程中所发挥的重要作用，将学校改革视为整个教育改革与社会改革的中心。他认为，学校的改革是对人的观念的改革，是组织制度的改革，是整个社会改造的基础。美国教育家克雷明在评价杜威思想时也指出：“对于一个以进步主义为目标的社会来说，学校改革是改革的更高层次。”[②]诚如杜威所说，“教育不但能发展儿童与青年，并能发展将来的社会；这种儿童与青年，就是这种将来社会的分子”，[③]学生在学校中所接受的教育以及所积累的经验、养成的习惯，一旦进入社会，会“使将来的成人社会比现在更进步”。[④]

从学校办学目的看，杜威试图通过学校教育实现个人发展与社会发展的统一。曾在杜威实验学校工作过的梅休和爱德华兹指出杜威学校的目的是：“在发展个人能力和满足个人需要的同时，在管理、教材选择、学习方法、教学方法和纪律方面，去发现一所学校怎样才能成为一个合作的社区。”[⑤]这与杜威的学校观密切相关。“学校的首要任务，在于训练儿童从事合作的和相互帮助的生活，培养他们相互依赖的意识，并实际帮助他们适应这种生活，以便在实际行动中体现这个精神。……这些个体的倾向和活动，只有通过他们在合作生活的实际过程中的体现，才能组织起来发挥作用；当这种过程在儿童发展水平上，重演他最终要参加的、较大、较成熟的社会的典型活动和职业时，就产生最好的结果；而且只有通过这种富有成效的和创造性的运用，才能获得和牢固地掌握有价值的知识。”[⑥]因此，杜威在实验学校办学实践中，非常重视培养学生的主动发展与合作的精神，注重统一的民主社会价值观的培养，培养学生的道德与理智，传授给他们改造社会、建设的知识与技能。在他看来，真正的学校教育，“应当使这些学

---

①[美]约翰·杜威：《人的问题》，傅统先、邱椿译，上海：上海人民出版社，1986年版，第155页。

②[美]克雷明：《美国教育史：城市化时期的历程1876—1980》，朱旭东等译，北京：北京师范大学出版社，2002年版，第192页。

③[美]约翰·杜威：《民本主义与教育》，邹恩润译，北京：商务印书馆，1935年版，第141页。

④[美]约翰·杜威：《民本主义与教育》，邹恩润译，北京：商务印书馆，1935年版，第140页。

⑤[美]简·杜威等：《杜威传》（修订版），单中惠编译，合肥：安徽教育出版社，2009年版，第90页。

⑥[美]凯瑟琳·坎普·梅休等：《杜威学校》，王承绪、赵祥麟、赵端瑛、顾岳中译，北京：教育科学出版社，1991年版，第30页。

生，当他们被输送出来的时候，对于他们所生活的这个世界、它的动向以及他们在这里所要起的作用等等要具有某种统一的看法”。学校就是要给学生“以进入他们当代世界的某些在理智和道德上的钥匙”，[①]使他们“能考察现有的改良社会所必需的知识之资源”。[②]从杜威的论述中可以总结出，杜威所设想的学校主要任务是培养民主社会的公民。杜威所设想的公民不仅是政治意义上的合格公民，还是一个具有整体社会责任感、具备多种多样社会能力和良好的道德素质及完整的人格，并能积极参与社会生活的经济主体、文化主体和社会改造者。而公民教育包括公民道德教育，培养社会责任感与同情心；政治信仰，坚定民主主义信念；个人参与社会生活的习惯、能力。杜威认为，个人参与社会共同活动的程度，直接决定了教育效果。

杜威的学校办学目的与其理解的学校性质一致。他认为：“现在学校是地方或者国家设的，系谋社会幸福，不是个人的。……总之，人民不要专为自己的幸福，因学校机关不是谋个人的幸福，是谋社会的幸福啊！”[③]因此，以社会的幸福为目的就要明确社会的需要。杜威概括出三种社会需要：“1.怎样可以提高人民健康的精力，培养积极的人格？2.怎么可以增加人民经济的能力，造就生利的、有用的人才？3.怎样可以使人民有高尚的娱乐，利用闲暇的时候养成有益高尚的嗜好？上面所讲三种，虽不能全数包含社会的需要，至少是社会进步的基础。”[④]为满足社会的需要，学校办学就有了清晰的方向：第一，培养“积极发动的人格”，学校应通过娱乐和运动活动，加强学生体育锻炼，培养学生勇敢和冒险的精神，并通过与医院及娱乐机构沟通，向学生普及预防疾病的意识与能力，促进学生身体康健；第二，以增加学生日后的经济能力为导向，“中等学校需要设法造就有知识的农人、有技巧的工人、灵敏的商人。……教育行政家也要研究农业、工业、商业的状况……各种职业的情形都要研究……所以，课程万不能划一，而是要因地制宜地”。[⑤]第三，为培养学生具有高尚的娱乐、享有闲暇时光的能力，学校应该

①[美]约翰·杜威：《人的问题》，傅统先、邱椿译，上海：上海人民出版社，1986年版，第72页。
②[美]约翰·杜威：《人的问题》，傅统先、邱椿译，上海：上海人民出版社，1986年版，第41页。
③单中惠、王凤玉编：《杜威在华教育讲演》，北京：教育科学出版社，2007年版，第149页。
④单中惠、王凤玉编：《杜威在华教育讲演》，北京：教育科学出版社，2007年版，第167页。
⑤单中惠、王凤玉编：《杜威在华教育讲演》，北京：教育科学出版社，2007年版，第168页。

通过综合运用音乐、戏剧、讨论会、俱乐部、图书馆等让学生养成高尚的、有益的兴趣爱好。①

总之,杜威认为:“社会把它自己所成就的一切,通过学校机构,交给它未来的成员。”②同时,杜威也发现当时学校的缺陷,即“缺乏这种共同的、有创造价值的活动因素”“企图在社会精神条件非常缺乏的媒介中培养社会秩序的未来成员”。③而现实中“公立学校已被现状的卫道士们接管”,④为培养具有民主生活方式和生活习惯的新人,必须将真正民主的生活方式、民主社会的核心价值引入到学校教育中,以构建理想的“民主共同体”。这是杜威进行学校改革以建立民主社会的路径。

二、开放融通的学校组织

杜威观察到,当时美国学校教育仍沿袭传统教育,其主要弊端是学校教育与现实社会生活相分离,无法为学生参与社会和成长提供充分的条件。杜威认为,传统学校教育的弊端与其组织制度密切相关,他甚至认为,“一切浪费都是缺乏组织的结果”。⑤在此,杜威所谓的浪费,主要是指“人生命的浪费,儿童在校时生命的浪费和以后由于在校时不恰当的和反常的准备工作所造成的浪费”。⑥也就是说,从儿童角度看,传统学校教育的“最大浪费是由于儿童在学校中不能完全、自由地运用他在校外所获得的经验;同时,另一方面,他又不能把学校里所学的东西应用于日常生活”,⑦究其原因,“一切浪费都由于彼此的

①单中惠、王凤玉编:《杜威在华教育讲演》,北京:教育科学出版社,2007年版,第168页。

②[美]约翰·杜威:《新旧个人主义——杜威文选》,孙有中等译,上海:上海社会科学院出版社,1997年版,第200、201页。

③[美]约翰·杜威:《新旧个人主义——杜威文选》,孙有中等译,上海:上海社会科学院出版社,1997年版,第201页。

④孙有中:《美国精神的象征——杜威社会思想研究》,上海:上海人民出版社,2002年版,第137页。

⑤[美]约翰·杜威:《学校与社会·明日之学校》,赵祥麟、任钟印、吴志宏译,北京:人民教育出版社,2006年版,第53页。

⑥[美]约翰·杜威:《学校与社会·明日之学校》,赵祥麟、任钟印、吴志宏译,北京:人民教育出版社,2006年版,第53页。

⑦[美]约翰·杜威:《学校与社会·明日之学校》,赵祥麟、任钟印、吴志宏译,北京:人民教育出版社,2006年版,第58页。

隔离”。[①]具体体现在以下几个方面：其一，从纵向看，不同层次的学校之间的学制衔接方面缺乏连续性与协调，彼此是割裂的，“教育管理的重要问题是在一连串多少互不联系而又交叉重复的地方求得整体的统一性，从而减少由于互相摩擦、彼此重复和没有适当的衔接过渡所造成的浪费”；[②]其二，从横向看，不同学科之间的划分、人文与科学之间的分离，使得教育内容支离破碎，缺失了统一性，最后各门互不联系的学科分别为了不同的目的变成折中、妥协的大杂烩；其三，从校内与校外之间的关系看，由于学校内部与校外社会之间的割裂，学生的社会经验在校内得不到体现与应用，同时，“一般公立学校那种僵化的制度倾向于不是把学生留在校内，而是把他们推出门外。学校的课程不能适合学生的需要，并且也无能为力使课程适合学生的需要，除非彻底改变整个学校组织”。[③]因此，杜威非常重视学校的组织。但杜威所说的组织，“不仅是那些外表的东西，那些称作‘学校制度’的东西——校董事会、教育厅(局)长、校舍、教师的聘用和提升等等。这些事情都要讨论，但基本的组织是与其他各种社会生活形式联系的作为个人的共同体的学校本身的组织”。他所强调的学校组织的功能不仅仅是减少金钱和物力方面的浪费，更是减少学生生命的浪费。

为了克服这种浪费，杜威提出了相应的学校管理与学生生活相结合的解决方案：其一，杜威建议：“实际上把学制的各个部分结合起来的唯一方法就是使每一部分与生活结合。只要我们把视线局限于学校制度本身，我们就只能获得一种人为的统一性。我们必须把学校制度看作社会生活中更大整体的一部分。”[④]其二，“如果学校作为一个整体和生活作为一个整体结合起来，那么它的各种目的和理想——文化修养、训练、知识、实用——就不再是各不相同的东西，就不再需要为其中的一个目标挑选某一门学科，为另一个目标挑选另一门学科”。其三，解

①[美]约翰·杜威：《学校与社会·明日之学校》，赵祥麟、任钟印、吴志宏译，北京：人民教育出版社，2006年版，第53页。

②[美]约翰·杜威：《学校与社会·明日之学校》，赵祥麟、任钟印、吴志宏译，北京：人民教育出版社，2006年版，第57页。

③[美]约翰·杜威：《学校与社会·明日之学校》，赵祥麟、任钟印、吴志宏译，北京：人民教育出版社，2006年版，第57页。

④[美]约翰·杜威：《学校与社会·明日之学校》，赵祥麟、任钟印、吴志宏译，北京：人民教育出版社，2006年版，第57页。

决学校制度本身的统一和组织问题,"通过使它与生活的密切联系,用以证明在一切教育中实现这种组织的可能性和必要性"。[①]杜威指出:"我们生活于其中的世界,它的一切方面都是紧紧联系在一起的。"[②]那么,以促进学生融入社会生活为使命的学校组织与管理,也必须融入整体化和统一化的思维。

杜威认为:"学校是传播任何社会集团所重视的任何价值与目标的核心机构,它不是唯一的手段,但它是首要的手段、基本的手段和最审慎的手段。"[③]为了建设民主社会,学校在传播民主主义价值与目标过程中,学校组织也必须体现民主的原则,将民主的生活方式传递给学生,从而使学生体验、理解民主的真正含义,成为民主社会的合格社会公民。"家庭和学校的主要职责就是直接影响情绪上、理智上和道德上态度与性情的形成与成长。所以,这个教育过程在主导的方面是以民主的或非民主的方式进行的,就成为一个特别重要的问题了……而且在它对于一个专心致力于民主社会生活方式的社会的一切兴趣与活动方面的最后影响中也是重要的。"[④]学校只有通过民主的组织方式,才能身体力行地向学生传递民主的理想,引导学生开展民主社会实践。基于这种认识,杜威对学校民主组织的论述主要包括以下几点:

第一,学校组织既要给儿童自由,还要实施纪律约束。杜威要求学校应以儿童为中心,给予儿童自由。"对儿童来说,自由就是提供机会,使他能尝试他对于周围的人和事的种种冲动及倾向,从中他感到自己充分地发现这些人和事的特点,以致他可以避免那些有害的东西,发展那些对自己和别人有益的东西。"[⑤]杜

①[美]约翰·杜威:《学校与社会·明日之学校》,赵祥麟、任钟印、吴志宏译,北京:人民教育出版社,2006年版,第66—68页。

②[美]约翰·杜威:《学校与社会·明日之学校》,赵祥麟、任钟印、吴志宏译,北京:人民教育出版社,2006年版,第66—68页。

③[美]约翰·杜威:《新旧个人主义:杜威文选》,孙有中等译,上海:上海社会科学院出版社,1997年版,第26页。

④[美]约翰·杜威:《人的问题》,傅统先、邱椿译,上海:上海人民出版社,1986年版,第59页。

⑤[美]约翰·杜威:《学校与社会·明日之学校》,赵祥麟、任钟印、吴志宏译,北京:人民教育出版社,2006年版,第284页。

威认为，这种自由是儿童获得充分发展的前提。同时，杜威又指出，为防止这种"自由"转变为"放纵"，教师还应给予儿童必要的指导，进行纪律约束，让儿童形成遵守社会秩序的意识。这种自由与纪律的张力，意味着"唯一真正的秩序和纪律是来自儿童对他必须做的工作的尊重和他对一起工作的人的权利的认识。"①

第二，明确学校组织与管理的目标是为了实现社会发展这一远大目标。杜威认为，"教育行政乃是一种工具"，②从事学校组织管理的工作人员，都应具有学者的态度，持有教育立场，以促进社会进步为目的。他说："我们把眼光放大看来，教育无非要促进社会。在教师方面，它的目光是注意于儿童个人的需要。若教育行政家，则需要研究社会上的需要，谋学校的进步，以使社会进步。"③只有这样，才能使学校的组织和运行与社会发展的立场一致。

第三，学校组织与管理制度应符合人性。杜威认为，人性是可改变的，人性得以改变的根本原因在于制度。"因为制度能影响人性。制度的价值就在教育。有些人没有进过教室，知识却很高，因为他受了各种文明制度的熏陶。学校不过是教育工具的一种，其他制度都有教育的作用。所以，不但学校，凡是文明的制度都能教育人民，都能改变人性。"④杜威呼吁建立具有教育性的制度，以教育和促进学生成长。他说："从广义和最后的意义上来讲，一切制度都是有教育作用的，这就是说，它们在构成一个具体人格的态度、性情、才能等方面是起一定的作用的。这个原理特别能应用于学校方面。"⑤教育意义是评价学校制度好坏的标准，因为学校教育在面向大众、培养民主社会公民方面发挥着重要作用，"凡为社会制度所影响的一切人都必须共同参与在创造和管理这些制度之中。每一个人都生活在制度之下，他的行动以及他所变成的结果都是受这些制度影响的"。⑥就

①单中惠：《现代教育的探索：杜威实用主义教育思想》，北京：人民教育出版社，2002年版，第391页。
②单中惠、王凤玉编：《杜威在华教育讲演》，北京：教育科学出版社，2007年版，第164页。
③单中惠、王凤玉编：《杜威在华教育讲演》，北京：教育科学出版社，2007年版，第165页。
④单中惠、王凤玉编：《杜威在华教育讲演》，北京：教育科学出版社，2007年版，第392页。
⑤[美]约翰·杜威：《人的问题》，傅统先、邱椿译，南京：江苏教育出版社，2006年版，第48页。
⑥[美]约翰·杜威：《人的问题》，傅统先、邱椿译，南京：江苏教育出版社，2006年版，第44页。

此而言,学校制度犹如政治制度,是解决社会问题与政治问题的最佳途径。

三、教材与课程编制的社会性

为确保学校教育与校外社会生活的一致性,杜威在论述学校组织连续性、一致性的基础上,又论述了学校教材与课程设置要以儿童生活成长的社会为基础和背景,加强教材的社会性与课程设置的人类学与社会化基础。他提出:"学校科目相互联系的真正中心不是科学,不是文学,不是历史,不是地理,而是儿童本身的社会活动。"①学校所有的科目都应该与现实社会生活相联系,随着社会生活的变化而变化。

关于教材与课程的编制,杜威曾明确论述"教材的社会性"问题,他认为在课程与教材编制过程中不能只关注知识层面,必须考虑当前社会的需要与目的,具有社会性。他指出"一个课程计划必须以改进我们的共同生活为目的,使将来比过去更美好""承认教育的社会责任的课程必须提供一种环境,在这种环境中,所研究的总体问题都是有关共同生活的问题,所从事的观察和传授的知识,都能发展学生的社会见识和社会兴趣"。杜威之所以强调环境,是与人类社会不断的发展变化相关,也就是说,具有社会性的教材应该是关照社会变化的生活现实的"活"教材,否则所谓的社会责任也就失去了意义。"在教材里,几乎找不到社会因素,各学科只有在教师的鼓励、训诫、督促和各种方法之中,教师用这些办法使儿童学习那些只是偶然受到社会一线曙光照耀的教材。忘了从各学科同社会生活的关系这一观点提出来时,才能获得最大的感染力和儿童生活的全部意义。忘了要使各学科化为儿童的行为和品性的组成部分的话,就不应把学科光看做一条条的知识来吸收,只能把它们与为现实种种需要和目的有机组成部分来吸收才行——这些需要和目的又是社会的。"②杜威强调教材与课程设置需提供培

①[美]约翰·杜威:《民主主义与教育》,王承绪译,北京:人民教育出版社,2001年版,第26页。

②[美]约翰·杜威:《民主主义与教育》,王承绪译,北京:人民教育出版社,1990年版,第67—68页。

养学生社会责任感的环境，围绕关于社会共同生活的问题，在人为的、有意识地可控性环境中培养学生的社会见识、兴趣与能力。诚如杜威所指出的，“维持民主主义社会尤其要依靠用广泛的人类的标准来编制学校的课程”，[①]即让学校的课程与教材及人类的共同利益一致，“一个课程计划必须考虑课程能适应现在社会生活的需要；选材时必须以改进我们的共同生活为目的，使将来比过去更美好”。[②]这样才能最终有利于实现民主主义理想社会。

杜威关于教材与课程编制的社会性观点与他所理解的教育目的的特性相关。他认为，一个良好的教育目的“必须根据受教育者的特定个人的固有活动和需要”，[③]“必须能转化为与受教育者的活动进行合作的方法”，[④]因为“一种真正的人的教育就在于按照社会境况的种种可能性和必然性给天生自发的活动以一种理智上的指导”。[⑤]只有如此，才能有助于学生的发展和民主社会的进步，不断加强民主社会的基础。杜威认为，所有的科学的、人文的教育内容都是人本主义的，“知识具有人文主义的性质，不是因为它是关于过去人类的产物，而是因为它在解释人类智力和同情心方面作出了贡献。任何能达到这种结果的教材都是人文主义的”，[⑥]“任何学习要是增加对生活的价值的关心，任何学习要是产生对社会幸福更大的敏感性和推进社会幸福的更大的能力，就是具有人本的学习”。[⑦]杜威在强调为了民主社会的教育的基础上，还提出教育要尊重儿童的天性的观点，形成了儿童、教育与社会相互作用有机统一的“儿童·教育·社会”理念，按照学校即社会的原则，设计教材与课程，探索具有社会意义的教学内容。杜威提出了新的判断和评价学校改革效果的标准，“判断和评价学校所有教学内容的方式，应该取决于教学内容对社会活动网络所产生的影响，而这个社会活动网络把人们捆绑到了一块。……脱离知识的社会意义去单纯地积累知识，则比没有知识

①[美]约翰·杜威:《民主主义与教育》，王承绪译，北京:人民教育出版社，2001年版，第209页。
②[美]约翰·杜威:《民主主义与教育》，王承绪译，北京:人民教育出版社，2001年版，第209页。
③[美]约翰·杜威:《民主主义与教育》，王承绪译，北京:人民教育出版社，2001年版，第119页。
④[美]约翰·杜威:《民主主义与教育》，王承绪译，北京:人民教育出版社2001年版，第119—120页。
⑤万俊人:《现代西方伦理学史》(下)，北京:北京大学出版社，1992年版，第310页。
⑥[美]约翰·杜威:《民主主义与教育》，王承绪译，北京:人民教育出版社，2001年版，第247页。
⑦[美]约翰·杜威:《民主主义与教育》，王承绪译，北京:人民教育出版社，2001年版，第377页。

更糟糕”。[①]在此，社会意义是指与现实社会生活内容相关的社会价值观、社会发展现状、社会生活方式等一切都能促进学生主动适应社会生活的内容，促进儿童在实现社会目的的过程中实现个人发展。

为协调个人发展的心理和社会因素，杜威设计的具有社会意义的课程共分三类：主动作业、社会生活背景知识和理智性工具知识。第一类课程是主动作业，学生们通过活动不断学习掌握科学方法，接触历史和文化，并使用读写算等工具性知识。[②]具体而言，主动作业主要设计三类社会基本事务：(1)木工、工具车间工作；(2)烹饪；(3)纺织工作。主动作业的意义并非在于作业本身，而是通过作业使学生了解校外的社会生产活动，并锻炼学生各方面的能力。第二类课程是关于社会生活背景知识的内容，主要包括历史、地理、文学。学校根据儿童生活经验，结合手工作业活动，鼓励学生自主表演、编写故事等，进行学习。实验证明，结合儿童经验进行作业和研究原始生活是最自然的。[③]在杜威看来，历史并不仅仅是对过去事物的记载，它是人们了解社会如何形成、演变，洞见社会生活的主要途径，文学也应通过历史来学习。[④]学生通过与当前生活相联系的方式，学习古代以来的历史，获得关于社会发展的知识与经验，还在编写剧本、唱歌、演奏乐器、评论音乐作品等方面锻炼提高了文学艺术表现能力。第三类课程主要涉及交往、探索的理智性工具知识，如传统的读写算课程，结合学生的心理发展与兴趣，在第一、二类课程学习过程中根据儿童需要适时调整，交叉进行，以促进他们拓展当下的生活意义，并将平常所做所说、所发生的事情，及其发现、发明等记录、联系起来。[⑤]这三类课程相互联系，交叉进行，相互促进，根据儿童不同生长阶段和学习主体，调整活动内容，见下表。

---

①[美]约翰·杜威：《杜威全集：中期著作(1899—1924)》(第八卷)，何克勇等译，上海：华东师范大学出版社，2012年版，第286页。

②[美]约翰·杜威：《杜威全集：早期著作(1882—1898)》(第五卷)，杨小微、罗德红等译，上海：华东师范大学出版社，2010年版，第174页。

③Camp,Katherine. *Primitive history in primary groups of the laboratory school.* The Elementary School Teacher,Vol.3(1902—03),p.668—669.

④John Dewey. *University elementary school.* University Record,Vol.II,1898,p.72—73

⑤Mayhew,K.C.,Anna,C.E. *The Dewey School.* New York:Appleton-Century,1936,p.234—236.

儿童的生长阶段及作业活动安排[1]

生长阶段	组别	学习主题	主要作业活动
生长的第一阶段	第一组 & 第二组(4~5 岁)	家庭性作业	观察动物,洗熨衣服,打扫,木工等
	第三组(6 岁)	服务家庭的社会性工作	研究食物、烹饪、植物、木工、石油、动物、地形、气候、数字符号、量度单位、多米诺骨牌游戏、阅读、戏剧表演(农民、矿工表演)等
过渡阶段	第四组(7 岁)	发明性发展	戏剧、纺织、木工、烹饪、艺术、技术、原始生活(如生活、制陶)、讲故事等
	第五组(8 岁)	探险性发展	腓尼基人贸易、造船活动,及探究地中海盆地等
生长的第二阶段	第六组(9 岁)	当地历史	芝加哥城市的发展、撰写故事、阅读、纺织、学习部分殖民地生活等
	第七组(10 岁)	殖民地历史和美国革命	殖民地建筑、寝具、地毯、装饰、阅读、写字、食物、衣物、住所、地质科学等
过渡阶段	第八组(11 岁)	殖民者的欧洲背景	历史、英语、外国语、文学、科学等
	第九组(12 岁)	专门活动实验	学校集会、读报、俱乐部活动、历史、手工技能、交流、艺术表现、数学、石灰岩等
生长的第三阶段和中等教育的开始	第十组(13 岁)	专门活动实验	俱乐部社会组织、摄影、读、写、算等
	第十一组(14~15 岁)	专门活动实验	普通科学(生物、地文学)、几何、科学论文

杜威也指出:“学习不是课程所提供的零散的知识信息,而是由互动、无法预料的活动组成的知识统一体。知识与活动不可分。”[2]如何安排课程,需要任课教师在教学中进行教育设计,帮助学生在社会活动、实现社会目的过程中发展自我。

四、民主自由的教学方法

在杜威看来,构建民主社会首先需要民主社会的每个成员具有民主观念,进而内化为民主心理与民主意志,外化为社会成员的民主行动,这样才是真正的民主社会。诚如杜威所说,“除非民主的思想与行为的习惯变成了人民素质的一部分,否则,政治上的民主是不可靠的。它不能孤立地存在。它要求必须在一切社会关系中都出现民主的方法来支持它”,[3]即“民主的目的要求有民主的方法

①高玲:《教育的实验室:杜威学校》,《教育科学研究》2016 年第 3 期,第 77 页。

②John Dewey. *Democracy and Education*. New York:The Macmillan Company,1916,p.389.

③[美]约翰·杜威:《人的问题》,傅统先、邱椿译,上海:上海人民出版社,1986 年版,第 51 页。

来实现它们”。[①]所谓民主的方法,按照杜威的理解,就是协商、说服、交流、理智协作。而教育则是传播民主理念、将民主的方法植入人心的首要工具。用杜威的话来说就是“民主生活方式的最大力量在于民主教育”。[②]因此,杜威在学校改革中,特别注重通过民主自由的教学方法的改革培养和训练学生的反省思维习惯与群体社交能力,如辩论、协商与妥协等。具体而言,为向学生传递民主观念、培养民主生活能力,杜威强调学校教学中应注意以下几点:

第一,教学要立足于学生的现实生活,在做中学。杜威非常反对传统学校教学只重视知识传授,忽视儿童的主动性与兴趣,忽视社会需求,“学习知识从生活中孤立出来作为直接追求的事体”,从而造成最大的浪费。“从儿童的观点来看,学校最大的浪费是由于儿童完全不能只把校外获得的经验完整、自由地在校内利用;同时,另一方面,他在日常生活中又不能应用在学校学习的东西。那就是学校与人隔离现象,就是学校与生活的隔离。当儿童走进教室时,他不得不把他在家庭和邻里间占有主导地位的观念、兴趣和活动搁置一边。学校由于不能利用这种日常经验,于是煞费苦心地利用各种方法和手段,以激发儿童对学校功课的兴趣。”[③]杜威认为教学犹如战争,为避免耗费军力,采取迂回战术远比正面进攻效果要好。同样,学校教学也不应为了教学而教学,应从儿童社会生活实际出发,根据儿童心理特征和兴趣爱好,引导儿童在人类社会的生活中直面问题进行探究学习,教师作为活动的参与者,适时指导学生,引导学生通过活动实现“从做中学”。在杜威看来,学校教学只有与儿童社会生活联系起来,才能真正实现杜威所谓的学校即雏形社会的理念,才能让儿童真正感受到民主社会的概念、原则与问题。

具体而言,杜威要求教学活动以学生共同体的生活或活动为中心,根据不同年龄分组,开展不同的教育。如4~5岁儿童,引导他们做饭、缝衣、木工活等,从家庭熟悉的活动做起,锻炼最基本的劳动能力;6岁儿童学习播种与收割庄稼;7岁儿童根据想象设计古代的山洞;8岁儿童阅读鲁滨逊等探险故事。这些直观的

①赵祥麟、王承绪编译:《杜威教育论著选》,上海:华东师范大学出版社,1981年版,第392页。

②[美]范斯科德等:《美国教育基础》,刘传忱等译,北京:教育科学出版社,1984年版,第57页。

③[美]约翰·杜威:《学校与社会·明日之学校》,赵祥麟、任钟印、吴志宏译,北京:人民教育出版社,2006年版,第58页。

教学法可吸引儿童注意力，培养他们的学习兴趣与习惯。9岁之后，可引导学生学习历史、地理等内容。逐渐培养学生的概括与抽象思维能力。通过做中学的方式，让学生通过讲故事、编写剧本等形式，锻炼语言和社交、艺术欣赏能力。通过烹饪活动中称量食材，木工活动中使用计量单位，贸易活动中使用数字等社会生活相关的内容，学会动手制作、研究和探索的本领。总之，通过广泛的社会生活实践活动改造儿童的经验，建立各种知识之间的联系，进一步改造儿童的知识结构，使儿童个体发展与社会发展相统一。

第二，推行问题导向的探究式教学。从杜威的学校课程与教材的社会性设想可看出，杜威在提倡课程及教学要立足于儿童社会生活实践的基础上，课程及教材的编写均具有问题导向的特点，意在引导学生思考、行动、学习与解决问题，在活动中体验到工作的历史性意义，同时自然地提高了思考问题、解决问题的能力。实验证明，8岁孩子具有的经验足以指导他去观察事物之间的联系，并进行推导、检验；[①]12岁的孩子熟悉许多科学知识，他们把握抽象事物的能力，处理、分析和解决问题的能力都在增强。他们尝试运用科学手段处理问题，提出问题、假设，并进行检验。[②]这种问题解决导向的教学方式，后来被杜威总结为“五步教学法”：第一，创设真实性问题实验情境，激发学生兴趣；第二，呈现真实问题，激发学生思考；第三，占有信息，通过分析观察，提出解决问题假设；第四，确定解决方案；第五，运用并检验解决方案。[③]

第三，教学中贯穿民主原则。杜威非常反对传统学校教学中以教师为中心的强制灌输式教学，提倡在教学中应用民主的原则。杜威首先界定了教师在学校中的角色，教师的责任“并不是把某些观念强加给孩子或让他们养成某些习惯，而是作为集体生活的一员，选择应该对孩子起作用的影响，并帮助他们对这些影响作出恰当的反应”。[④]也就是说，教师是教学活动中学生的伙伴或共同参与者，是社会价值的代表，教师应该根据儿童身心发展规律及兴趣和需要，熟悉现代民主生活，在教学活动中根据活动要求适时发挥主导作用。

---

①Mayhew, K.C., Anna, C.E. *The Dewey School.* New York:Appleton—Century, 1936, p.139—140.

②Mayhew, K.C., Anna, C.E. *The Dewey School.* New York:Appleton—Century, 1936, p.218.

③John Dewey. *Democracy and Education.* New York:The Macmillan Company, 1916, p.192.

④Jo Ann Boyston.*Dewey:Democracy and Education*, *The Middle Works of John Dewey*, vol.9, Southern Illinois University, 1984.p.86—89.

其次，教师在教学中给予学生自由思考的机会，养成学生按照自己的兴趣和特有的处理问题的方式发展的习惯，即让学生自由民主地学习，掌握科学方法和理性思维，培养独特的个性与独立思维的习惯，这些都是民主精神的基础。“从广义和最后的意义上讲，一切制度都是有教育作用的，这就是说，它们在构成一个具体人格的态度、性情、才能等方面是起着一定的作用。这个原理特别能应用于学校方面。因为家庭与学校的主要职责就是直接影响情绪上、理智上和道德上态度与性情的形成与成长。所以，这个教育过程在主导的方面是以民主的或非民主的方式进行的，就成为一个特别重要的问题了。它不仅对于教育本身重要，而且在它对于一个专心致力于民主生活方式的社会一切兴趣与活动方面的最后影响中也是重要的”。[①]所以，杜威非常重视学生的直接经验，鼓励学生亲自体验社会、积极参与整个教育过程，希望在此过程中养成学生独立思维判断的能力，释放自己的潜能，他将民主的教学过程视为改革思想的重要手段。只有教师在教学过程中贯彻民主原则，才会潜移默化地将民主意识深植于学生心中。杜威认为：“那个原则在教室中的实现，便是作为教育过程的民主主义的意义之表现，没有这个教育过程，个人不能完全照顾自己，如果他有点可贡献的东西，他亦不能对他人的社会福利有所贡献。”[②]即只有民主的学校和民主的教学，民主社会的根基才会巩固。因此，杜威疾呼：“任何人，如果他读过在我国早年争取普及和义务教育的斗争中所提出的请求，就知道重点是放在把教育当作是培养为使民主成功所必需的公民的必要条件这个事情上。理智的公民在参与社会改造中是真正自由的，而没有这种社会改造，民主就将死亡。在今天，要有这样理智的公民就绝对需要有教师和学生在教与学的方面的自由。”[③]民主自由教学是教育民主的贯彻与实施，是促使人们形成民主自由生活方式、建设民主社会的重要手段。

五、师生民主参与学校管理

民主、自由是政治术语，杜威所设想与维护的民主主义社会首先是政治意义

①[美]约翰·杜威：《人的问题》，傅统先、邱椿译，上海：上海人民出版社，1986年版，第48页。
②[美]约翰·杜威：《人的问题》，傅统先、邱椿译，上海：上海人民出版社，1986年版，第27页。
③[美]约翰·杜威：《人的问题》，傅统先、邱椿译，上海：上海人民出版社，1986年版，第60页。

上的，具有制度建设的价值。杜威关于“学校即社会”的观点中，对学校管理制度也进行了慎重的思考：“我们的国家，是建立在自由基础上的，可是我们为将来的国家进行训练的时候，却尽可能少给它自由。儿童在校内，一定要给他们自由，以便当他们管理国家的时候，懂得自由是什么意思，并且一定要让他们去发展那些积极的品性，如主动精神，独立性，足智多谋等，然后才能够避免民主政治的滥用和失败。”[①]也就是说，如果学校真正发挥民主社会建设的作用，必须营造民主学校氛围，使得民主主义精神融入学校管理的各个环节，让学生通过耳濡目染真正把民主主义精神内化于心、外化于行，成为个人内在智慧与性格的一部分，自觉地履行民主主义社会的义务和责任。因此，杜威呼吁：“我们应严肃地、认真地、大力地利用民主学校与学校中民主地方法，并应在自由的精神中，教育国家的少年和青年去参加一个自由的社会”“并采取步骤，使学校成为标准自由人明智地参加自由社会的更完善的工具”。[②]

基于上述对民主主义理想和学校以及学校内部管理之间的关系的认识，杜威认为民主教育的前提是教育自由，具体说就是“意味着学生和教师的自由：作为一个教育机构的学校的自由”，[③]而教育自由与未来的民主社会密切联系，“今天，教师与学生的教与学的自由对于塑造一种理智的公民是绝对必要的，这种公民能够真正自由地参与社会重建，而没有这种重建，民主就会消亡”。[④]因此，杜威曾于 1937 年发表了《民主与教育管理》一文，深入论述了学校民主管理的问题。他指出：“如果在指导一些次要的社会集团时流行的方法是不民主的，不论它是直接的不民主，还是间接的不民主或者是两者兼而有之，那么反过来这就势必使得从广义上所理解公民的感情、思想行为等方面的习惯受到不利的反应。”也就是说，学校管理的民主与否，直接影响学生的情绪、思想、行为等方面的习惯的养成，最终影响民主主义社会的根基。他坚信制度，尤其是学校制度的教育作用与影响，主张所有的教师和学生民主参与学校管理。他首先要求教师必须民主参与学校管理，“教师的自由是学生学习自由的必要条件”，[⑤]“课堂里

①赵祥麟、王承绪编译：《杜威教育论著选》，上海：华东师范大学出版社，1981 年版，第 128 页。

②[美]约翰·杜威：《人的问题》，傅统先、邱椿译，上海：上海人民出版社，1986 年版，第 27—28 页。

③[美]约翰·杜威：《人的问题》，傅统先、邱椿译，上海：上海人民出版社，1986 年版，第 59 页。

④[美]约翰·杜威：《新旧个人主义——杜威文选》，孙有中等译，上海：上海社会科学院出版社，1997 年版，第 54 页。

⑤[美]约翰·杜威：《人的问题》，傅统先、邱椿译，上海：上海人民出版社，1986 年版，第 59 页。

的老师是不断地和那些被教育者直接不断发生接触的。管理人员的地位比较起来充其量也不过是间接的",[1]如果教师在学校管理中没有得到民主待遇,这种影响会直接转移到学生身上。教师通过民主参与学校管理,这种体验对学生而言也具有重要的教育意义。并且,教师在此过程中,可以"自由地传递给其他的教师从而可以使他们获得益处。如果不动员教师们出来,以一种能够对一般学校政策具有有机影响的形式,来交流他们成功的方法和结果,这种浪费不是大大地增加了吗?"[2]由于"在青年中培养性格和良好判断这项复杂而艰巨的任务需要一切可能的激励和启示",[3]教师在民主参与学校管理过程中会生发出更强烈的责任感,这种责任感进而会激励和启示学生,促进学生成长。另外,教师在参与学校管理中逐渐锻炼并培养自己民主参与的能力、理智与技能,这也是胜任民主社会教师、培养未来民主社会公民必备的要求。因此,杜威提出:"民主的原则要求每一位教师能够通过某种有规则的和有机的方式,直接地或通过民主选举出来的代表们,参与到形成他所在学校的管理目的、方法和内容的过程中去。"[4]

曾担任杜威学校的教学监督员的埃拉·弗拉格·扬负责实验学校的具体操作。与杜威一样,她主张学校应实施民主管理,让教师在决策中拥有更大的发言权。[5]教师们在每周的例会上交流经验,修改、调整学校计划;各班教师在学期结束时总结汇报,批判、借鉴经验教训。[6]教师之间的这种合作协商的关系,在塑造学校民主社会氛围的同时为学生树立了榜样。

在学生民主参与管理方面,杜威主张学生自治。他认为,"学校里的一切事情,教师和学生当合而为一,互相尽职,不必分彼此的权限"。"以上课时分发用品的一件事而论,有许多教员往往不肯想教学生去做,或恐怕学生做得不好,而自己去做。不知道学生能在一定的时间,轮值分发,或收拾一切用品,就是练习

①[美]约翰·杜威:《人的问题》,傅统先、邱椿译,南京:江苏教育出版社,2006年版,第45页。

②[美]约翰·杜威:《人的问题》,傅统先、邱椿译,南京:江苏教育出版社,2006年版,第45页。

③[美]约翰·杜威:《人的问题》,傅统先、邱椿译,南京:江苏教育出版社,2006年版,第45页。

④[美]约翰·杜威:《人的问题》,傅统先、邱椿译,南京:江苏教育出版社2006年版,第42页。

⑤Eastman, Max. *Heroes I Have Known, Twelve Who Lived Great Lives*. New York: Simon and Schuster, 1942, p.300.

⑥Mayhew, K.C., Anna, C.E. *The Dewey School*. New York: Appleton-Century, 1936, p.69—70.

自治的绝好机会。教师能时时在此处着想，就能造就学生完全的自治。做教师切不可把一切事务都要自己去做，使学生误会学校是教师的学校。应该和学生一起去做，使他们知道学校是自己的学校。"①也就是说，让学生在自我治理中培养自己的能力与责任。就管理的内容而言，杜威主要列举了与学生密切相关的日常学校生活。如，让学生分组轮班整理课堂卫生与校内场地；鼓励学生组建各种组织，设计并制造学校各处的修饰品、仪器、标本及教具等；鼓励学生在规定课程之外，组建剧团，举办音乐会、辩论赛、公益活动等，培养他们服务社会与自治的意识和能力。为了杜绝学生在自治过程中的放任自流，杜威强调："自治的意义'不是绝对的不许外界插入干涉，乃自己练习管束自己的意思'。学生组织这一机关，乃专为管理自己的，不是去管教习、校务及学校以外的一切事情。"②亦即说，学生在自治过程中必须学会自我约束。

在杜威的实验学校，他还采取混合形式进行学生组织与管理，让不同年龄、能力的学生共同学习、生活，培养他们合作、谦让的精神。③师生共同参与社会活动，共同参与探索新知，营造了学校生机勃勃的氛围。如同杜威所描述："学校的创办、管理，学科的选择、实施和教学，实际上都是掌握在教师手里的；教育原则和方法是不断发展的，而非既定安排好的。"④

---

①单中惠、王凤玉编：《杜威在华教育讲演》，北京：教育科学出版社，2007年版，第406页。

②单中惠、王凤玉编：《杜威在华教育讲演》，北京：教育科学出版社，2007年版，第404页。

③John Dewey. *School and Society*. Chicago：The University of Chicago Press，1907，p.126.

④John Dewey. *School and Society*. Chicago：The University of Chicago Press，1907，p.115—116.

第四节　杜威学校与社会思想评价

社会秩序与个性发展并不矛盾。杜威希望,在一个多移民、多民族和多元文化的国家,不同的文化与信仰以及各种各样的社区,能够通过学校教育,宣传一种共同的文化价值观,形成一个统一的社会,为社会工业时代的发展提供一种思想方法与价值引领。他希望打破教育垄断的局限性,改变教育属于少数人特权的状况,呼吁每个人都接受教育、得到最大限度的发展,广大美国青少年与妇女认识到教育是他们不可剥夺的权利,这种教育民主化的思想在促进教育民主化的同时,培养具有民主精神和现代社会意识的公民,成为构建社会的民众基础,同时也满足了经济生产力发展对人口素质的要求。他在自己的实验学校内践行着自己的民主主义社会的教育理想,迈出了从理想到理论、从理论到实践的第一步,就此而言,他是成功者。

美国乃至世界各国对杜威给予诸多盛赞。美国南康涅狄克州大学教授彼得森(F.H.Peterson)在《约翰·杜威的哲学改造》一书中指出:“在20世纪美国,在公共教育方面没有一个名字能比约翰·杜威更神圣的了。”[①]当代美国教育家、结构主义教育思想的主要代表人物布鲁纳(J.S.Bruner)也写道:为激励人们起来批判和改变传统学校教育的状况,“杜威做出了极大的贡献”。[②]前美国芝加哥大学校长、永恒主义教育思想的主要代表人物赫钦斯(R.M.Hutchins)在《民主社会中的教育冲突》(1953)一书中虽然批判了杜威,但他同时又承认:“约翰·杜威是最有影响的美国教育家和最有影响的哲学家。40年来,他改造了美国教育制度。”[③]英国教育家彼得斯(R.S.Peters)在《对约翰·杜威的反思》一书中说道:“杜威对仍在学校中继续存在的形式主义的反对是贴切的。”[④]更需要指出的是:“只要旧学校里

①Forrest H.Peterson.*John Dewey' s Reconstruct ion in Philosophy.* New York :Philosophical Library, Preface, 1987.

②[美]布鲁纳:《杜威教育哲学之我见》,伟俊、钟会译,《外国教育研究》1985年第4期,第17—24页。

③Arthur G.Wirth.*John Dewey as Educator,His Design for Work in Education.*New York :John Wiley & Sons,Inc.,Preface,1966.

④Richard S.Peters.*John Dewey Reconsidered.* London :Routhedge &Kengan Paul,1977,p.121.

空洞的形式主义存在下去，杜威的教育理论就将依旧保持生命力，并继续起作用。”[①]美国教育家伯杰（M.I.Berger）曾这样指出：“杜威在教育理论方面所做的批判工作既是历史的，又是现实的；既是理论的，又是实践的。”[②]虽然，学界乃至美国社会一度对杜威的民主教育思想产生了一些质疑，但百年之后美国民主社会的发展与民主教育的盛行就是对杜威学校与社会思想的最好的注解。

美国教育学者珀金森（H.J.Perkinson）在《美国教育思想二百年》一书中指出：“杜威的教育哲学所描述的一种学校从未存在过，也许从未能存在过。要实现这样的学校，就要有极好的教师和极好的学生。”[③]但杜威关于学校与社会的论述的指导价值永存。“杜威仍然作为美国教育、哲学和政治的一个主要人物高耸着，他是一个巍然屹立的人物。他的著作因为对直到如今依然被人们如此关心的许多社会问题的深入考察，仍然值得人们去阅读。”[④]杜威所致力构建的民主社会与民主教育的进步意义在于对“个人各种各样的能力的解放”。作为一名教育家，他身体力行用自己的一生向世界呼吁：我们的学校教育必须走出封闭，融入社会，在每一个环节都应融入民主主义精神、都应具有社会意义和教育意义。最后用杜威的一段话来结尾：“我们应该严肃地、认真地、大力地利用民主的学校与学校中的民主的方法，并应在自由的精神中教育国家的少年和青年去参加一个自由的社会。也许我们距离欧洲的扰攘的局面很远，可从那里发生的可怕的悲剧中吸取教训，所以我们应更严肃地对待民主主义的观念，询问我们自己它的意义，并采取步骤，使学校成为标准自由人明智地参加自由社会的更完善的工具。”[⑤]

---

①赵祥麟：《重新评价实用主义教育思想》，《华东师范大学学报》（哲社版）1980年第2期。

②William W.*Brickman and Stanley Lehrer. John Dewey :Master Educator*.New York :Atherton，1961，p.235.

③Henry J.Perkinson.*Two Hundred Years of American Educational Thought*. New York :Mckay，1976，p.125.

④[英]帕尔默：《教育究竟是什么？100位思想家论教育》，任钟印、诸惠芳译，北京：北京大学出版社，2008年版，第230页。

⑤[美]约翰·杜威：《人的问题》，傅统先、邱椿译，上海：上海人民出版社，1986年版，第28页。

第九章

思维与教学

杜威与胡适合影

第一节　思维是什么

人类不断创新的历史是靠人的思维实现的。教育拥有培养创造精神的力量，但也有压抑创造精神的力量。传统教育强调教人要有知识，但知识不能替代思维。一个民族要想站在科学的最高峰，就一刻不能没有思维。

思维是杜威教育理论中的一个重要命题。杜威在《民主主义与教育》和《我们如何思维》中反复提到思维的概念，对思维的内涵、过程和方法做出了详实的解释和分析，这些观点直到今日仍对我们的教育教学实践有重要的影响。

一、思维的内涵

何谓思维？在哲学意义上，常常认为思维是人脑对客观现实的间接的、概括性的反映，是认识的高级形式。杜威在《民主主义与教育》一书中多次提到了思维的内涵。在他看来，所谓思维“就是识别我们所尝试的事和所发生的结果之间的关系。……思维就是有意识地努力去发现我们所做的事和所造成的结果之间的特定的连接，使两者连接起来”。思维是一种明智的学习方法，一种有教育意义的经验的方法。在《我们怎样思维》一书中，杜威将思维的内涵更加具体化，认为思维的最佳方式即为反思性思维，是“对某个问题进行反复的、严肃的、持续不断的沉思”“是探究、调查、熟思、探索和钻研，以求发现新事物或对已知事物有新的理解”“只有人们心甘情愿地忍受疑难的困惑，不辞劳苦地进行探究，他才可能有反省的思维”。

受达尔文的影响，杜威把思维理解为一种进化的思想。在他看来，思维的过程不是为了获得既定的知识和真理，而是通过不断的思维过程获得与现实情境互动的手段。现实经验的积累、数学符号、理论知识等都是思维探索的工具。因此，思维是一种明智的学习方法。一种明智的经验的方法，常常由一种存在疑惑或不确定的问题的情景而引起的，是一个有意识地探究行动和结果之间特定连结的过程。思维的内涵体现了其价值所在，但正如杜威在《民主主义与教育》中所说，在理论上，没有人怀疑学校中培养学生优良思维习惯的重要性。但事实上，这个看法在实践上不如在理论上那么为人们所承认。因此，学校为学生所能做或需要做的一切就是培养他们思维的能力。

二、经验与思维

经验，哲学上通常指感觉经验，即人们在同客观事物直接接触过程中，通过感觉器官获得的关于客观事物的现象和外部联系的认识。经验与思维是何种关系？在杜威看来，要解决“生命是如何产生的？”“社会为什么能发展？”这样一些问题，在感觉的水平上是不能实现的。只有运用人们已有的知识经验进行推论，才能揭示这些事物的内部特征和规律。也就是说，必须运用更高级的心理活动——思维。

以前的哲学家都把经验看成被动感知的结果，直到康德才对这个问题有不同的看法。康德认为，客体对意识的杂乱的作用，只有经过先验的理性形式的整理活动才能转化为经验。康德强调人在认识过程中思维的能动性，而杜威吸收了康德的观点并更进了一步。他认为，一个明智的人之所以被称为明智的、真正的有经验的人，并不是做出“结论”，而是在做中恰如其分地运用了思维。思维使我们能获得行动的目标，分析依据的条件，作出判断，并总结得失的原因等等。思维应连续完整地参与“做”的过程。

杜威认为在完全知识和毫无知识之间，存在着一个探索和思维的区域。如果利用怀疑构成假设，进行试验性的探索，再利用这种试验性的探索来证实这个假设，推翻或修改，对理论进行矫正和补充，则科学发明和发现就会有系统地进步。杜威认为这才是认识世界的有效方法。

因此，思维的开始阶段是经验，思维参与整个经验。经验中蕴含思维，思维引领经验。很多教育情境中，学生缺乏思维的力度，不能在经验中进行“假设—检验”的思维活动，学习与生活就陷入陈旧的习惯性思维中。

第二节　我们如何思维

一、反思性思维

反思性思维是最好的一种思维方式，杜威也称之为“科学的思维”，是“对某一问题进行反复的、严肃的、持续不断地深思”。杜威所提倡的反思性思维，不是漫无目的的思想以及稍闪即逝的糊涂印象，是有意识的和受控制的。它把一系列被思考的事情联结在一起，持续不断地向着一个共同的目标运动。这是头脑的逻辑能力的表现，所涉及的事物并不是直接感知的。因此，“对于任何信念或假设性的知识，按照其所依据的理由和进一步得出的结论，去进行主动的、持续的和周密的思考，就形成了反思性思维”。它既包括引起思维的疑惑问题和心智上的困难等状态，又包括探究的活动和解决疑惑的实际方法，为此，反思性思维更能激励人们去探究，作出自觉的和有意的努力。

在杜威看来，反思性思维有助于“将经验得到的模糊、疑难、矛盾和某种纷乱的情境，转化为清晰、连贯、确定以及和谐的情境”。从思维过程来看，开始于一个困惑的、困难的或混乱的情境，结束于一个清晰的、一致的、确定的情境。反思性思维就是在反思前的情境和反思后的情境这两者之间进行的。

二、思维的过程

在《我们如何思维》中杜威提出，思维应包括五个阶段的步骤：(1)疑难的情境；(2)确定疑难究竟在什么地方；(3)提出问题的种种假设；(4)推断每个阶段所含的结果，看哪个阶段能够解决这个困难；(5)进行试验，证实、驳斥或改正这个假设。[①]即从疑难情境开始，提出问题，联想假设，对联想假设进行推理，进一

①赵祥麟主编：《外国教育家评传》(第二卷)。上海：上海教育出版社，1992年版，第531页。

步观察检验假设。思维五步法在教育学的领域应用最为广泛，其思维探索也无时无刻不影响着我们日常的生活，对思维过程的认识与研究有助于我们摒弃漫无目的、胡乱的思维，去形成一个有条理、有目的、科学的思维。

思维第一步：确立疑难情境。这个情境最初是困惑、迷乱、怀疑的状态。面对疑难的情境，人们继续行动的倾向依然存在，为此必然“制定某种尝试问题的办法，考虑对问题做出某种解释”，身边所拥有的资料并不能提供解决问题的答案，于是凭靠以往的经验和可供自由使用的相关知识储备，采取了暗示的形式，并在暗示中寻找可能的解决方法。如果有两种或更多的暗示并且彼此互相冲突，那就需要进行更深一步的探究。

思维第二步：提出问题。确定疑难的所在，使感觉到的、直接经验到的疑难或困惑理智化，成为有待解决的难题或问题。在杜威看来，明确疑难究竟在哪里以及疑难是什么后，可以使得情境中的困难和行动的障碍更加明确，反思性思维就比较容易进行。

思维第三步：联想假设。在杜威看来，人们对疑难越有明确的认识，也就越能得到更好的实际可行的解决问题的观念。假设是对第一步中暗示的修正。将暗示与实际要解决的困难联系起来，通过观察和其他心智活动以及搜集事实材料，逐步修正、扩展或改正原来已有的暗示，暗示就成为确定的推测，即成为假设。同时，根据假设进一步开展更多的观察和其他心智活动，搜集更多的事实材料。

思维第四步：合理推断。杜威认为，在寻求解决疑难的方法时，推断是十分重要的。推断要依靠人们头脑中已经具备的知识积累，对一种概念或假设从理智上加以认真推敲。通过推断，可能出现：有些最初看来表面上是遥远的和不着边际的假设转变成恰当的和有效的假设；或者一个观念得到了发展；抑或从一种推论到另一种相反的推论。

思维第五步：用行动检验假设。用精心布置符合观念或假设要求的种种情境，审视这种观念的理论解释在实际上是否有效。这是思维过程的一个重要阶段，对思维习惯的养成是必需的。如果这种假设被验证或证实了，没有相反的事实表明要修正这种假设，即只有这个特定的疑难情境才能产生的一种结果，那么，这种认识是可信的。相反，如果这种假设最终被否定了，那表明它没有被验证或证实。尽管这是一种失败，但在杜威看来，真正善于思维的人从失败中学到的东西和从成功中学到的东西是完全相等的。

“思维五步”在教育史上具有重要的意义，成为后来教育研究者开展思维教学、问题解决教学的重要理论基础。但要注意的是，反思性思维过程的五个阶段只是一个大概的轮廓，勾勒了反思性思维不可或缺的几个特质，正如杜威所强调的，这五个阶段的顺序不是固定的，“并不是按一定的次序一个接一个地出现。相反，在真正的思维中，每个阶段都有助于一种暗示的形成，并促使这个暗示变成主要的观念或成为指导性的假设。它有助于明确问题究竟在何处，问题的性质究竟是什么，这种观念的每一次改进都可引导到新的观察。精心地提出假设，并不一定要等到问题确定之后，任何时候都可以提出一些假设；检验也并不需要到最后阶段才进行，可以依照出现的结果，引导新的观察，做出新的暗示”。可见，“思维五步”没有固定的规则，怎么安排和处理，要依靠个人理智的灵活性和敏感性。

第三节　如何开展思维教学

一、思维训练与活动

杜威认为，思维是教学的基础，也是教学的目的。无论对教师，还是对儿童来说，思维训练都十分重要。在杜威看来，“只有控制引起思维和指导思维的种种条件，思维训练才能获得成效”。在《我们如何思维》一书中，杜威从活动、语言、观察、知识和讲课等方面集中探讨了思维训练的重要意义。

第一，活动与思维训练。杜威很重视活动对思维训练的作用，认为没有改变自然情景的活动的进行，就没有有效思维的条件。那些有意识地选择和安排活动的作用就构成了思维。尤其是解决问题的活动为思维能力的培养提供了真正的训练。儿童的活动包括模仿、游戏、工作以及类似的活动。通过这些活动，儿童获得了自己不曾掌握的和具有更大价值的经验，有助于他的思维训练。杜威指出，成人的活动在儿童心智的发展中起着重要的作用。“成人活动给世界上的自然刺激加进了新的刺激，这些新加入的刺激更准确地适应于人类的需要，它们更丰富，有更好的组织，范围更复杂，允许有更灵活的适应，能引起更新奇的反应。”[①]如何通过游戏的形式引导儿童设想活动的目的和结果，并且学会选择安排活动的技巧，即进行思维的训练，这是教育工作者应该思考的问题。

第二，语言与思维训练。语言对于交流思想和思维本身而言都是必须的。[②]教育者应帮助学生将语言变成有意识地传播知识、帮助思维的工具。杜威提出，学生思维的松弛可能是由于词汇量的局限导致的，首先要推动儿童通过主动的活动，运用文字意义，增加能够运用的主动的词汇量。[③]在此基础上，要促进儿童更精确地表达词汇的含义，并使之养成连贯的口语表达的习惯。在强调语言在思

①[美]约翰·杜威：《我们如何思维》，伍中友译，北京：新华出版社，2010年版，第132页。

②[美]约翰·杜威：《我们如何思维》，伍中友译，北京：新华出版社，2010年版，第140页。

③[美]约翰·杜威：《我们如何思维》，伍中友译，北京：新华出版社，2010年版，第148页。

维训练中的作用的同时，杜威也指出，不要把语言的优势变成实际上的弊害，譬如语言运用阻碍了新的思考和发现，或者文字记忆代替了对事物意义的探究等。

第三，观察与思维训练。杜威认为，人们通常不能察觉思维习惯会直接受到观察方法和传授知识方法的影响。如果观察和知识传授进行适当的话，逻辑训练就成功了一半。①学校教育进入的误区是将观察同思维分离，把观察独立于问题之外。科学的观察应当与问题相关，观察本身不是最后的目的，而是获取资料、验证某一观念或计划、解答某一难题以及指导继之而来的思维的方法。②因此，在思维训练中，应激发儿童主动观察，探究未知的事物，使观察由静态变为动态，并具有科学的性质，成为为理智的目的而进行的观察。

第四，知识与思维训练。杜威认为，任何观察所能达到的范围都是狭窄的，因此需要将知识作为反思思维的材料。他指出："尽管在我们的学校里，直接观察的活动大大地增加了，但教材的极大部分还是从书籍、讲演、口头交谈等其他资料得来的。怎样从人和书本传授的知识中获得理智的益处，这是一个最为重要的问题。"③知识的传授对思维训练也起着重要的作用。但是，在知识传授时必须注意：知识应是儿童个人观察所不易获得的；应该是一种刺激，可激发儿童亲自探究的兴趣和主动思考的精神；应该与儿童经验中的问题密切相关，能深入儿童思维的过程，促使有效的思维。

第五，讲课和思维训练。杜威认为，讲课是刺激、指导儿童思维的场所和时间。④为了促使儿童主动思维，讲课应注意：一是应刺激儿童理智的热情，唤起儿童对于理智活动和知识学习的强烈愿望。二是讲课应该指导儿童形成良好的学习习惯。因为学习是一种反思性思维活动，所以儿童具有良好的学习习惯必然会有助于他们的思维能力的发展。如果教师深知讲课中提问的艺术，通过提问引导学生探究，就可以帮助他们养成探索的习惯。三是讲课应该检查儿童已经获得的知识，其重要性不仅在于培养儿童的好奇严谨的思考习惯和虚心诚实的态度等。

①[美]约翰·杜威：《我们如何思维》，伍中友译，北京：新华出版社，2010年版，第155页。

②[美]约翰·杜威：《我们如何思维》，伍中友译，北京：新华出版社，2010年版，第158页。

③[美]约翰·杜威：《我们怎样思维·经验与教育》，姜文闵译，北京：人民教育出版社，1991年版，第214页。

④[美]约翰·杜威：《我们怎样思维·经验与教育》，姜文闵译，北京：人民教育出版社，1991年版，第213页。

在杜威看来，处理好讲课和思维训练的关系，是对教师的教育技巧的考验，既不能展示和讲述得太少，以至不能刺激反思性思维；也不能展示和讲述得太多，而抑制学生的思维。

二、思维与五步教学

杜威认为，经验包括主动尝试和被动接受结果两个方面，思维就是有意识地去发现尝试和结果之间的联系，思维是在不确定的情境中产生的，经验只有经过反思才是有意义的。而教学法的要素和思维的要素是相同的，在《我们如何思维》中，杜威提出：思维最好的方式是反思性思维，即对某个问题进行反复的、持续不断的深思。为此，杜威把思维分为暗示、理智化、假设、推理、行动检验五个阶段，并且这五个阶段的顺序不是固定的，每个阶段都可能有暗示，并形成新的观念，促进发现新事实，而且这五个阶段是个大概的轮廓，它们中间的两段可以合并也可以略过，完全靠个人的技巧和敏感。杜威依据思维的五个阶段，提出了五步教学法。

五步教学法又被人们称作"教学五步"或"问题解决法"。杜威认为，教学的要素和思维的要素是相同的。因此，从"思维五步"的观点出发，杜威指出，教学过程也相应地分成以下五个阶段。①

第一阶段：教师给儿童准备一个真实的经验的情境。教学过程应该从儿童有一个真实的经验的情境开始。这是一个与现在生活的经验相联系的情境，与此同时给予一些暗示，使儿童有兴趣了解某个问题，以便获得某种现在生活所要求的经验。在杜威看来，这个情境既是学习的情境，也是思维的情境。在这个阶段，儿童要有一种对活动本身感兴趣的连续的活动。在活动中，儿童不仅自己提出很多的问题，而且自己想出多种多样和有独创性的解决问题的方法。所以教师在准备各种暗示时，应该根据儿童的本能需要和生活经验。

①单中惠：《杜威的反思性思维与教学理论浅析》，《清华大学教育研究》2002年第1期，第58—59页。

第二阶段:在这个情境中须能产生真实的问题作为思维的刺激物。杜威认为,儿童必须有足够的资料和实际材料,以便对付这个情境中产生的问题。这些资料和实际材料首要的是儿童本人现在生活的经验以及各种活动和事实。由于疑难是引起思维的不可缺的刺激物,因此,在这个阶段,疑难的情境必须和儿童曾经应付过的情境有足够相似之处,使他们对解决疑难的方法有一定的控制能力。当然,儿童应该能利用他人的经验以弥补个人经验的狭隘性,但与此同时,要防止静止的和冷藏库式的知识理想,因为它不仅放过了思维的机会,而且扼杀思维的能力。特别要反对的是,给儿童提供一些现成的答案,而没有给他材料并让他自己去加以整理,解决所遇到的疑难问题。

第三阶段:从资料的占有和必须的观察中产生对解决疑难问题的思考和假设。杜威认为,推论总是进入到未知的东西,是从已知的东西产生的一个飞跃。在这个阶段,通过资料和观察的激发,儿童进行了思考、设计、发明和创新,以便找到解决疑难问题的答案。在这个意义上,思维已含有某种发明的性质,是创造性的。因为儿童在思维中能考虑从前没有被认识的事物,使他的经验有了真正的增长,而成为一种新的性质的经验。教师不要把现成的教材提供给儿童,而要共同参与儿童的活动。

第四阶段:儿童自己负责一步一步地展开他所设想的解决疑难问题的方法。杜威认为,在这个阶段,儿童应该把自己提出的假设,即解决疑难问题的方法加以整理和排列,使其秩序井然不紊。因为离开这种整理和排列,思维也就无法存在。但是儿童必须自己去做,否则就学不到什么东西,也体验不到创造性思维活动所带来的快乐。

第五阶段:儿童通过应用检验他的观念是否有效。杜威认为,儿童的观念,即他自己提出的那些解决疑难问题的假设,在实际的情境中运用之前缺乏充分的意义和现实性。因此,只有应用才能检验儿童的观念是否有效。在这个阶段,为了检验假设的意义和价值,学校要使儿童有机会去进行检验,儿童要亲自动手去做并在做的过程中自己判断。

杜威所论述的"思维五步"和"教学五步"显然是指思维过程和教学过程的一

般程式。从思维过程五个阶段的顺序不是固定的出发，杜威也没有把教学过程五个阶段的顺序固定化。尤其对个人而言，往往会涉及个人在思维过程和教学中的态度。杜威认为，在思维过程和教学过程中还要培养个人态度，信心、虚心、专心和责任心对完成活动来说是很重要的态度。

三、思维教学实践与启示

什么样的知识观决定采用什么样的学习方式。杜威强调直接经验是知识的起点，所以他设计了“思维五步”“思维训练”作为探究无知世界到有知世界的一般过程。杜威有关思维的一系列的分析，尤其是反思性思维的提出及其在教学中的应用对教育改革产生了深远意义和影响。

时代的发展对人才素质的要求越来越高，关注创新、批判性思维和可持续发展能力等。为培养出适应知识时代需要的人才，学校必须重视培养学生的思维能力。以问题解决为主要特征的研究性学习、发现学习、探究性学习、项目学习、反思性教学、高阶思维教学等教学实践探索不断，其中的理论源头或基础都不能离开杜威的思维教学理论。

杜威关于思维的论述，在本质上意味着有关教学的知识观和方法论的变化，杜威强调学生在教学中进行反思性思维训练，强调通过疑难问题激发学生的思维，通过假设、推断等方式探索问题并解决问题。这要求我们在培养目标、内容和手段方面都要进行相应的变革，以新的视角审视“教学的性质”“教师的专业发展”等教师教育问题，要求教师把注意力转向教育的目的、教育行为的社会与个人后果、教育的伦理背景以及教育方法和课程的原理基础等更宽广的教育问题。在整个教学过程中，不仅要重视培养学生的反思能力，教师的反思意识对提高教学效率同样重要。教师和学生要一起反思教学实践的过程和意义，养成分析“反思”总结的习惯，共同促进教学质量的提高。

进步教育运动之后，美国课堂教学的教学形式主要是根据杜威提出设想的教学模式设计的，对低年龄的儿童效果更明显。但是由于教师的素质等方面的原因，人们发现该模式费时太多,流于形式,没有真正的成效。因此,仍要说明的是,杜威关于思维与教学的观点并非适用于任何情境和任何个体。在文献研究和人种学研究中,通常的假设可能在资料收集完以后还没有形成,要一直到对资料进行分析后才得到。杜威自己也强调方法的多样性,因人而异,“如果我们把一个所谓统一的一般的方法强加给每一个人,那么除了最杰出的人以外,所有的人都要成为碌碌庸才。”[①]

①[美]约翰·杜威:《民主主义与教育》,王承绪译,北京:人民教育出版社,1990年版,第184页。

第十章

教育与职业

佛蒙特大学校园内杜威纪念碑

第一节 重视职业教育的价值

美国现代著名的教育家约翰·杜威是实用主义教育思想的创立者。他的实用主义教育思想理论体系涉及教育与生活、学校与社会、经验与课程、教育与职业、儿童与教师等方方面面,而职业教育是其教育理论体系的一个重要的组成部分,并占有非常重要的地位。1916年,杜威的《民主主义与教育》一书出版,该书专列“教育与职业”一章,对职业教育问题进行了精辟的论述。后来,他又在其出版的著作和发表的文章中对职业教育进行了阐述。他认为,职业教育有助于解决社会工业化发展带来的机会不平等等诸多问题,同时有助于培养人们对职业的兴趣,最终实现自我的发展。他反对自由教育与职业教育的分离,主张通过综合性课程实现职教与普教的融合,为人的一生发展奠定基础。他主张通过“主动作业”及校内外的各种实践活动,加强个人与社会的联系。这些思想和见解对当代世界职业教育,尤其是对我国当前和今后的职业教育改革仍具有重要的借鉴价值。

19世纪末至20世纪初,以电力的广泛应用为特点的第二次工业革命席卷美国,新的技术在工业中层出不穷,工业生产突飞猛进。工业革命带来的变化急需学校教育加以应对,通过发展职业教育,可以解决机器大工业生产带来的如机会不平等等诸多危险性问题,因此,实施职业教育是适应社会工业化发展的需要。另外,从个人角度来讲,职业教育也有助于培养人们对职业的兴趣,最终实现自我的发展。

一、应对社会工业化发展的需要

第二次工业革命极大地促进了生产力水平的提高,同时也对人口的流动、生活习惯、思想观念等方面产生了较大的影响,并深深地渗透到社会的各个领域。杜威曾在《学校与社会》一书中进行了如下的描述:“人们难于相信,在整个历史上有过这样迅速、这样广泛和这样彻底的革命。经历了这个革命,世界的面貌,甚至它的自然形状都在改变着；人口从世界的各个角落急匆匆地集中到大城市；各种生活习惯也正发生着惊人的突然而彻底的改变；自然真相的研究无限地被刺激着、鼓励着，它们在生活上的应用不仅是切实可行的，而且也为商业上所必需。即使那深入人心的最保守的道德和宗教观念以及各种爱好，也深刻地受到影响。”①

杜威敏锐地认识到，工业革命引起的社会各个方面的变化，反映在学校教育上就是教育内容必须和工业生活联系起来，他指出：“工业上很多引人注目的制作法的社会重要性大大增加，不可避免地使学校教育与工业生活的关系问题重要起来了。这样大规模的社会调整的发生，不会不向从不同社会状况下继承下来的教育提出挑战，不会不对教育提出很多新的问题。”②因此，在学校教育系统中确立职业教育的地位是社会发展的必然，但当时传统教育无视社会发展的迫切需要，“这个革命对于教育只有形式上和表面上的影响，那是难以想象的”。③为此，杜威认为现代职业教育完全可以弥补这一缺陷。

另外，他还认为传统学校的教育无视工业革命的变化，这样的学校教育是行不通的，他说：“随着当代经济生活中经济因素的日益重要，一方面，教育须揭示职业的科学内容和社会意义已成为不可避免的事情；另一方面，学校的学习若要继续像传统教育那样与沸腾的工业生活隔离开来，仅靠‘书本的传统’和‘推理的方法’进行学习肯定是行不通的。”④因此，杜威主张必须改革现行的学校教育，让工业改革方面的最新内容充实学校教育，让学校焕发生机。他继续说道：职业教育的作用不仅表现在学生谋生、就业的前景与适应性的增强上，而且在于它能“改革传统的‘读书学校’，并利用工业的各种因素使学校生活更富有生气、更富有现实意义”。⑤

---

①上海师范大学教育系，杭州大学教育系：《杜威教育论著选》，内部资料，1977年版，第36页。
②[美]约翰·杜威：《民主主义与教育》，王承绪译，北京：人民教育出版社，1990年版，第329—331页。
③上海师范大学教育系，杭州大学教育系：《杜威教育论著选》，内部资料，1977年版，第36页。
④赵卫：《杜威的职业教育思想及其现实意义》，《教育研究与实验》1988年第3期，第45页。
⑤赵卫：《杜威的职业教育思想及其现实意义》，《教育研究与实验》1988年第3期，第45页。

二、培养个人对职业的兴趣

职业教育可以提高生产效率，创造社会财富。对个人来讲，通过职业教育可以培养他们对职业的兴趣，最终找到自己感兴趣的职业。他说："最根本的问题不是要训练各个人从事于某种特别的职业，而是要使他们对于必须进入的职业产生生动的和真诚的兴趣，如果他们不愿成为社会寄生虫的话，并且还要使他们知道关于那种职业社会的和科学的态度。目的不是要训练养家糊口的人。"①

可见，杜威考虑了职业教育与个人兴趣之间的关系，而不是仅仅通过职业教育，找到一个养家糊口的职业。因此，职业教育要充分考虑一个人对他即将所从事的工作是否感兴趣。如果一个人对他的职业感兴趣，他就一定会热爱这份工作，也一定会把工作做好。这样不仅有利于个人的发展，也有利于社会的发展，最终达到个人与社会双赢的目的，最重要的是实现个人的幸福。因此，杜威一再强调说，职业教育的最终目的就是帮助一个人"找出适宜做的事业并且获得实行的机会，这是幸福的关键"。②

杜威所说的"适宜做的事业"是指："一个人的能力倾向得到适当地运用，工作时能最少摩擦，得到最大的满足。对社会其他成员来说，这种适当的行动当然意味着他们得到这个人所能提供的最好的服务。"③1920 年 5 月 28 日，他在中国上海中华职业教育社的讲演中再次强调了这一观点："无论什么人，总应该有一种职业；有了职业，一方面可以对社会有所贡献，一方面可以发展自己的才能；其结果则不但个人得享幸福，而且社会幸福也可因此而增加。"④

杜威从第二次工业革命的社会背景和个人发展的两个角度对职业教育的价

①[美]约翰·杜威：《学校与社会·明日之学校》，赵祥麟、任钟印、吴志宏译，北京：人民教育出版社，1994 年版，第 357 页。

②[美]约翰·杜威：《民主主义与教育》，王承绪译，北京：人民教育出版社，1990 年版，第 324 页。

③[美]约翰·杜威：《民主主义与教育》，王承绪译，北京：人民教育出版社，1990 年版，第 324 页。

④袁刚、孙家祥、任丙强编：《民治主义与现代社会·杜威在华讲演集》，北京：北京大学出版社，2004 年版，第 584 页。

值及其意义进行了探讨，他把职业教育看做是人们找到人生幸福的关键所在，是为了实现人自身发展的需要。同时，也能使周围的人群获益、使整个社会获益。这些观点对我们当前的职业教育仍具有一定的指导价值。

第二节　批判狭隘的职业教育观

杜威在《民主主义与教育》一书中，对于传统的"职业"和"职业教育"进行了批判，反对只选择赚钱的职业，并反对过早地为学生选择一份职业，核心观点是反对狭隘的职业教育，提倡广义的职业教育。

一、反对只为赚钱的职业教育

首先，杜威反对职业与文化修养相对立。为了说明这个观点，他首先列举了教育上的种种对立面，主要表现在：劳动与闲暇的对立，理论与实践的对立、身体与精神的对立，心理状态与物质世界的对立。[①]杜威认为这些对立面会对我们的思维产生一定的影响，而最终的表现就是职业教育与文化修养的对立。这些对立面反映在职业观上，人们往往把职业与社会经济相联系，主要表现在将职业看作与身体有关的，并且为获得报酬或获得产品的操作活动。另外，还表现在将职业教育窄化为工艺教育，把职业教育看做是获得专门职业技术的手段。种种上述的表现，最终会导致职业与文化修养的对立。

接着，他又阐述了当时职业教育的局限性。杜威认为，当时的职业教育是以工业和商业为标准的，往往把职业教育看做为"仅仅属于金钱性质""具有狭隘的实用性质"的"工艺教育""商业教育"。他写道："有一种危险，把职业教育在理论和实践方面解释为工艺教育，作为获得将来专门职业的技术效率的手段。这样，教育将变成原封不动地永远延续社会现有工业秩序的工具，而不是改革这种工业秩序的手段。"[②]为了说明这个问题，他对"职业"一词进行了界定，他说："职业是一个表示有连续性的具体名词。它既包括专业性的和事务性的职业，也包括任何一种艺术能力、特殊的科学能力以及有效的公民品德的发展，更不必

①[美]约翰·杜威：《民主主义与教育》，王承绪译，北京：人民教育出版社，1990年版，第322页。
②[美]约翰·杜威：《民主主义与教育》，王承绪译，北京：人民教育出版社，1990年版，第387页。

说机械劳动或从事有收益的工作了。”[1]为此，“我们不仅要防止把职业的概念局限于生产直接有形的商品的职业，也不要认为职业的区分是相互排斥的，每个人只有一种职业”。[2]

可以看出，杜威反对当时职业教育只注重培养局限于生产直接有形商品的职业，这样的教育只是为了专门训练人如何去赚钱，而忘却了其他各方面，结果使职业者所受的训练过分机械。如一个想做医生的人所受的职业教育，仅仅是医生所要知道的解剖和诊治的手术，而不给予一般的训练，如医药的科学基础，医生的职业修养等，那么，他实际行医的时候，一定会有很多处置不当的地方。

针对当时传统职业教育忽略人的自由教育和文化修养而导致学生畸形发展的弊端，杜威提出，职业的概念不再局限于生产直接有形的商品的职业，而且每个人可以有很多种职业。并且职业教育应该包括从小学到大学各个阶段的职业渗透，同时也应该包括高等教育及就业过程中的职业训练。这种职业教育不仅是人的终身发展的一部分，更确切地说，这是一种终生教育的理念。

二、反对预先选择一个职业

杜威认为，不宜“过早地”“直接地”进行职业教育，为学生预先选择一份职业。因为，如果提前为学生选择一份职业，这样就有可能限制了他们未来发展的可能性，同时也不利于他们对将来适当职业的充分准备。杜威指出了预先选择一个职业的弊端，那就是：“预先决定一个将来的职业，使教育严格为这个职业做准备，这种办法要损害现在发展的可能性，从而削弱将来适当职业的充分准备。”[3]杜威继续解释说，如果学生按照当时社会的要求和标准，预先决定一个职业，并为这个职业做准备，但社会是不断变化的，如果只接受狭隘的职业教育，学生就很难适应不断变化的社会，以后也很难调换新的职业。最终的结果是，那

①[美]约翰·杜威：《民主主义与教育》，王承绪译，北京：人民教育出版社，1990年版，第323页。
②[美]约翰·杜威：《民主主义与教育》，王承绪译，北京：人民教育出版社，1990年版，第323页。
③[美]约翰·杜威：《民主主义与教育》，王承绪译，北京：人民教育出版社，1990年版，第326页。

些仅接受狭隘职业训练式教育的人，注定在不断变化的社会中遭到淘汰。

如何解决这个问题呢，杜威提出了职业教育应该是预备的间接的观点，这有助于将未来的职业与兴趣结合起来。他说："唯一可供选择的办法，就是使一切早期的职业预备都是间接的，而不是直接的；就是通过从事学生目前的需要和兴趣所表明的主动作业。只有这样，教育者和受教育者才能真正发现个人的能力倾向，并且可以表明在今后生活中应选择何种专门的职业。"①

杜威所主张的职业教育不是让学生专门研究一些特定的工作或职业，也不是为了训练一些熟练的技术工人，而是要给学生提供一些职业方面的实际情况和知识，让他认识到同类工作所处的地位，以及它们之间的相互关系，这样才能使他们选择出符合自己能力倾向和兴趣志向的职业。所以，杜威曾强调："最有效果之教育……绝非狭隘的职业教育。"②

---

①[美]约翰·杜威：《民主主义与教育》，王承绪译，北京：人民教育出版社，1990年版，第326—327页。

②单中惠：《现代教育的探索：杜威与实用主义教育思想》，北京：人民教育出版社，2002年版，第361页。

第三节　主张普通与职业课程的融合

从前面的阐述中可以看出，杜威是反对狭隘的职业教育观的，具体到课程上就是反对针对某一特定具体的职业而专门开设课程。其原因在于，这样的课程内容往往过于狭隘，这会严重制约一个人的目前的发展，也不利于他们今后职业能力的发展，更难适应岗位的流动。所以，杜威建议应该从人的全面发展方面考虑，职业教育的课程内容要为他们今后可能从事的职业奠定好基础。为此，杜威提出必须改革学校现行的课程体系，将职业教育课程和普通教育课程结合起来，组成一个完整的职业教育课程系统。

一、缘由：自由教育与职业教育的分离

其实自古希腊时代，自由教育与职业技术教育就分离了，它把人类分为两个阶级：(1)为谋生而劳动的阶级；(2)免于劳动的阶级。免于劳动的阶级所接受的是自由教育；为谋生而劳动的阶级接受的是职业教育。之所以造成这种情况，是因为那些为谋生而劳动的阶级必须为自己的生存而劳动，同时他们还要为免于劳动的阶级提供生活资料，因此免于劳动的阶段是不需要亲自从事职业的。

杜威认为，传统的观点是将职业教育与自由教育对立起来，表现在少数在经济上能够享用的人才有机会获得自由教育或文化修养教育，而广大的劳动阶级只能接受狭隘的职业教育，仅为谋生做好准备。

其实，当时美国的职业教育也存在着问题，与自由教育格格不入，把职业教育办成了技能培训，使得职业教育越来越狭窄。如此造成的不良后果是：两类阶级人们之间的隔阂也越来越深，威胁了当时美国社会的稳定与上层阶级的统治，有碍于民主社会的形成。为此，杜威强调，职业教育在民主社会中，应该是整个教育体系中的一部分，必须改革现行学校的课程体系，将普通教育与职业教育整合起来，为普通教育与职业教育的共同目标服务。

二、内容:技术与人文知识的综合

为了改变自由教育与职业教育的分离的局面,杜威提出职业教育要包括文、史、哲、农、工、商、军、政等广泛的学科内容,做到文化学科与实践学科并重、自然学科与人文学科兼顾,从而最终实现职业教育与普通教育两类课程的紧密结合。

首先,学校应开设各种职业课程。开设各类职业课程,"让儿童通过让他理解供给人们日常需要的各种职业的基本要素,认清他自己社会的生活脉络;而不是通过教他某种精巧的技艺,让他局限于所在地区的某些工业上"。①为此,杜威主张学校应开设大量的职业课程,让学生们了解社会的各种职业。"如为男生开设机械制图、模型制作、金工、木工以及印刷等课程,为女生开设缝纫、织布、烹饪、制帽、洗衣、普通家政学等课程,以及为男女生共同开设图案设计、簿记、陶器制造、书刊装订和园艺等课程。"②

其次,同时要注重课程内容的综合性。他主张职业教育课程"要包括有关部门目前状况的历史背景的教学;包括科学的训练,给人以应付生产资料和生产机构的智慧和首创精神;包括学习经济学、公民和政治学,使未来的工人能够接受当代的种种问题遗迹所提出的有关改进社会的各种方法"。③

杜威期望通过开设综合性课程,让学生受到广博的教育,这样让他们在获得一定技能的同时,也应为他们适应今后多变的社会打下坚实的基础。同时,让学生在理解、掌握科学知识与社会常识的基础之上,掌握专业的知识与技能。在科学、艺术、社会的关系中理解工作,而不仅仅是狭隘的技能培训。

总之,当时美国职业教育的主要弊端在于职业训练与文化修养的背离、职业与个人发展的对立、职业教育与社会发展的脱离。如何解决这些问题,杜威的观

---

①[美]约翰·杜威:《学校与社会·明日之学校》,赵祥麟、任钟印、吴志宏译,北京:人民教育出版社,1994年版,第69页。

②单中惠:《现代教育的探索:杜威与实用主义教育思想》,北京:人民教育出版社,2002年版,第36页。

③[美]约翰·杜威:《民主主义与教育》,王承绪译,北京:人民教育出版社,1990年版,第334页。

点将是职业教育与普通教育整合起来，推行“综合教育计划”，对后来美国职业教育产生了深远的影响。“这股思潮不仅对美国职业教育制度的形成产生了深远影响，对第二次世界大战以来世界教育的普通教育职业化、职业教育普通化的基本走向也具有决定性作用。”[①]

①王川著：《西方近代职业教育史稿》，广州：广东教育出版社，2011年版，第372页。

第四节　强调主动作业在职教中的作用

除了课堂学习和实验室学习之外,杜威还提出,学校的职业教育主要是通过设置相关的主动作业,进行具有职业因素的教育,并把它作为职业教育的一个新途径。主动作业的作用有助于改变传统学校只注重逻辑推理传授全部科学知识的弊端。主动作业可以将社会职业生活引进校园,借以改造学校的教材和教学方法,打通校内校外的联系,这样会使学校的生活更加富有生气,更加富有现实的意义,从而解决美国传统教育长期脱离社会的弊端。

杜威指出:“通过作业进行的教育所结合进去的有利学习的因素比任何其他方法都要多。作业能唤起人的本能和习惯……”①另外,通过这种方法来组织知识显然要比那种“刻板的、表面的、无趣味的”“有意为了纯粹抽象的目的”而组织的知识有利得多。所以,杜威一再强调:“通过作业进行的训练,是为职业进行的唯一适当的训练。”②

杜威非常重视学校中的主动作业,因为主动作业可以帮助学生进行探索与操作,有助于他们的兴趣和创新精神的培养。学校中到底有哪些主动作业,杜威列举说:“学校里的手工,有用纸的,有用硬纸板的,有用皮革的,有用布的,有用纱线的,有用黏土和沙的,有用金属的,有用工具的,也有不用工具的。采用的制作法,有折叠、切割、穿刺、测量、浇铸、做模型、创作图案、加热、冷却,以及锤、锯、锉等特有的操作方法。作业的方式也很多,除了无数种游戏和竞技以外,还有户外短途旅行、园艺、烹饪、缝纫、印刷、书籍装订、纺织、油漆、绘画、唱歌、演剧、讲故事、阅读、书写等具有社会目的的主动作业。”③

此外,杜威还提出,“主动作业活动”的方式并不仅限于在职业学校内部使

①[美]约翰·杜威:《民主主义与教育》,王承绪译,北京:人民教育出版社,1990年版,第325页。

②[美]约翰·杜威:《民主主义与教育》,王承绪译,北京:人民教育出版社,1990年版,第326页。

③赵祥麟、王承绪编译:《杜威教育论著选》,上海:华东师范大学出版社,1981年版,第204—205页。

用，它完全适用于学生参加的各种校外活动及社会实践活动。为此，在学校里应该有设备完善的工场，提供给各种职业课程。例如，金工车间、木工车间、机械工厂、印刷工厂、缝纫室、家政室等。同时，他也建议学生到校外的工厂、商店、医院和政府部门进行职业训练方面的实习。

可以看出，这里"主动作业"的理论渊源就是杜威的"从做中学"理论。杜威在《明日之学校》一书中明确提出："从做中学要比从听中学更是一种较好的方法。"[①]他所倡导的"主动的作业"既和传统的读书方法不同，同时也不是单纯为了获得经济利益，或者仅为了使学生获得一技之长的狭隘职业训练的方法。这种方法是让学生通过这些作业的"做中学"，培养和发展学生个体的兴趣，加强与社会生活的联系，培养学生的动手能力，最终真正担负起社会改造的任务。

从以上的论述可以看出，杜威的职业教育思想反映了当时社会发展的实际需要，有力地推动了美国民主社会职业教育制度的构建。杜威职业教育思想的核心观点可概括为以下六点：(1)在职业教育观上，杜威认为应该改变过去狭隘的职业技能训练观，不应该将职业教育视为职业训练的狭隘的观点，职业教育不仅要重视学生技能的培养，也要重视品德教育，思维能力、创造能力、科研能力等其他方面能力和素养的培养，只有这样培养的人，才能适应民主社会职业活动的要求。(2)在对职业的确定上，他认为不宜过早地为学生预先选择一份职业，应让学生在生活的继续、经验的增长与能力及倾向的发展中逐步确定职业。(3)在职业教育与个人发展关系上，强调把职业教育与个人兴趣联系起来，最终找到自己感兴趣的职业。(4)职业教育内容方面，杜威强调职业教育与普通教育课程的融合，注重技术科目与人文科目的结合。同时走职业教育普通化、普通教育职业化之路，为人的素质全面提高打下基础。(5)在职业教育途径方面，他倡导通过"主动作业"将社会职业生活引进校园，培养和发展学生个体的兴趣与能力，不断加强与社会生活的联系。(6)职业教育的场所，不应仅局限在校内进行，在进行职业教育时，必须校内外结合，走课程、实验室与工学交替的道路。杜威的这些观点对我国当前职业教育的改革与发展仍具有一定借鉴价值。我们应该本着"古为今用""洋为中用"的原则，吸收、借鉴杜威职业教育思想的精华，更好地为我国职业教育改革服务。

---

①[美]约翰·杜威：《学校与社会·明日之学校》，赵祥麟、任钟印、吴志宏译，北京：人民教育出版社，1994年版，第286页。

第十一章

杜威的中国之行

杜威受邀来华讲学

第一节 杜威在华的主要活动

被近代中国知识界誉为“美国教育大家”的教育家杜威的实用主义教育思想“不仅在美国,而且在其他国家产生了最广泛和最深刻的影响”。①尽管他作为一位具有世界性声誉的教育家,曾对世界上许多国家的教育产生了影响,但是他“最大的影响在中国”。②而杜威对中国教育的影响,除了他大量的著作被翻译成中文对中国教育产生影响外,最直接的就是他通过1919年4月至1921年7月长达两年多对中国的游历和讲学,来传播他的教育思想。

由于杜威亲自来中国访问和讲学,再加上他在哥伦比亚任教时的学生胡适、陶行知、陈鹤琴等人的宣传,使得实用主义教育思想在20世纪前半期的中国成为一种传播极广的教育思想,其影响“超过了任何一种西方教育”。③

邀请杜威访华肇始于杜威l919年初的日本之行。1919年2月,杜威偕夫人爱丽丝(Alice)、女儿露茜(Lucy)到日本游历、讲学。杜威的一些中国弟子得知后立即着手商讨邀请杜威访华的事宜。同年3月12日,南京高等师范学校教授陶行知致信胡适,称三个星期前已获悉杜威到日本游历讲学,如果能借便“请先生(指杜威)到中国来玩玩”,并帮助中国“建设新教育”,则再好不过了。④胡适接陶行知信后,立即致函正在日本东京帝国大学讲学的杜威,邀他旅华讲学。⑤最后由北京大学、南京高师、江苏教育会、浙江教育会和尚志学会等教育单位和社团联合邀请杜威来华访问讲学,杜威对中国之行十分感兴趣,在征得哥伦比亚大学校方当局同意续假后愉快地接受了这个邀请,这令中国知识界很兴奋。

---

①[美]M.S.德沃金:《杜威论教育》,1959年英文版,前言第2页。

②单中惠:《现代教育的探索:杜威与实用主义教育思想》,北京:人民教育出版社,2002年版,第478页。

③单中惠:《现代教育的探索:杜威与实用主义教育思想》,北京:人民教育出版社,2002年版,第478—479页。

④中国社会科学院近代史研究所中华民国史组编:《胡适往来书信选》(上册),北京:中华书局,1979年版,第29页。

⑤曹伯言,季维龙:《胡适年谱》,合肥:安徽教育出版社,1986年版,第92页。

1919年4月30日，适逢五四新文化运动如火如荼之际，杜威偕夫人和女儿由东京乘船到达上海，进行了为期两年两个月又十二天的中国之行。

1919年5月2日，在胡适的开路下，杜威作了“谈谈实验主义”的讲演，明确地提出了“经验就是生活”“生活就是应付环境”“教育即生活”“教育就是经验的不断重组和改造”的基本哲学观点。同年5月3日，杜威即开始了此行的学术讲演，随后又赴杭州、南京等地游历讲演。同年5月29日，杜威又到北京，以北大为基地，向中国知识界全面系统地介绍和宣传实验主义理论，主要涉及了五大方面：现代教育趋势、社会哲学与政治学、教育哲学、伦理学、思想的派别，这就是被人们称为的《杜威的五大讲演》（共58讲），除了各大杂志竞相连载外，该讲演还有单行本，在杜威离华前已再版10次，超过当时任何畅销书的发行量。1920年4月后，杜威再次南下讲学，在南京作了题为《教育哲学》《哲学史》《实验的伦理学》的三大演讲，与五大讲演相辅相成。

杜威在华期间，足迹遍及江苏、直隶、山西、奉天、山东、浙江、湖南、湖北、江西、福建、广东等10余省，在华讲演多达200余次，这些饱含实用主义学说的西方新文化极大地吸引了中国知识分子的注意力。报载，杜威每到一处皆在当地引起轰动，各阶层到会听讲者，颇极一时之盛。因杜威不能久滞广东，“百粤人士甚为怏憾”，致使杜威离粤时，“百般设法阻止其行，大有扳辕挡路之慨”。[①]

通过访问演说，杜威广泛传播了他的实用主义哲学、政治学、教育学和伦理学思想，但就其内容来说，绝大部分内容是介绍自己教育思想的。譬如，他在福州的15次演讲，至少有10次专谈教育；在济南的8次演讲，都是谈教育；在上海的12次演讲，也有7次是谈教育。[②]通过这些演说，杜威全面深入地表述了自己的教育观。这些演说被译成中文在报刊上接连发表后，在中国社会特别是教育界引起强烈反响，其轰动效应大大超过了发起人的最初预计。

---

①《粤省教育事业进行详志》，《晨报》1921年5月15日。

②元青：《杜威的中国之行及其影响》，《近代史研究》2001年第2期，第158页。

第二节　杜威访华对中国教育的影响

“杜威实用主义作为整个思想体系在旧中国的影响，哲学方面比教育方面小得多。实际上实用主义哲学在旧中国只流行了几年（约 1919—1925 年），而在教育方面的影响却极为深远。”[①]杜威的思想在中国的影响是多方面的，下面笔者重点探讨杜威访华对中国 1922 年新学制和课程以及平民教育的影响。

一、对中国学制和课程的影响

我国近代学制形成后，虽经民国初年的教育改革，但仍存在不少问题，已不适应当时的需要，因此孕育着一场新的改革，与此同时，美国的教育理论和实践都取得了长足的进步，美国教育对中国影响越来越大，特别是杜威来华访问讲学，也对这种影响的扩大起到了推动作用。

1917 年，国内曾有人提倡美国的学制，但由于种种原因一直没有改革。1919 年，全国教育联合会第五届年会邀请各省的代表对修改学制展开正式的讨论。同时受杜威的“教育无目的”论的影响，向北洋政府教育部提出了“废止教育宗旨”的请求：“……从前教育，只知研究如何教人，不知研究人应如何教。今后之教育，应觉悟人应如何教，所谓儿童本位教育是也。……”[②]后又经过几次讨论修正，于 1922 年 11 月 1 日以北洋政府大总统徐世昌的名义颁布实施。这就是 1922 年的新学制，又称“壬戌学制”。

新学制在形式上采用了美国的“六三三”制。该学制受杜威实用主义教育的影响，取消了教育宗旨，代之以七项标准：使学生适应社会之需要；发展平民教育精神；谋个性之发展；注意国民经济力；注意生活教育；使教育易于普及；多留各

①华东师大教育系外国教育史教研室编：《外国教育史教学参考资料》（内部使用），第 457 页。
②孙邦正：《六十年来的中国教育》，台北：正中书局，1971 年版，第 87 页。

地方伸缩余地。另外依据儿童身心发展过程,将教育分成初等、中等以及高等教育三个阶段,充分考虑到了儿童个性的发展。“‘六三三’学制是新学制中反映美国教育模式影响的最显著的特征。”[①]这个学制一直沿用到1949年,此期间它虽然有些变化,但基本体制没有改变。

杜威在中国的讲演中极力宣传他的儿童中心课程,极力反对传统的课程。他认为传统的学校课程以学科为中心,没有考虑儿童的兴趣和需要,学科分得过细,脱离生活实际。他主张“教育即生活”“学校即社会”“儿童是中心”,倡导教学要以儿童为中心,从而提出了儿童中心课程论。“现在,我们教育中将引起的改变是重心的转移。这是一种革命,这是和哥白尼把天文学的中心从地球转到太阳一样的那种革命。这里儿童变成了太阳,而教育的一切措施则围绕着他转动,儿童是中心,教育的措施便围绕他而组织起来。”[②]这一思想对我国的课程设置及教学方法产生了深远的影响。在此思想的影响下,1923年,在广泛讨论的基础上,全国教育联合会颁布了新学制中小学课程标准纲要,对课程的设置作了较大的变动,按此纲要重新编写的教科书,尤其注重儿童心理的发展,以儿童为中心。正如胡适在《杜威在中国》一文中所说的那样:“在一九二三年的新学校课程和一九二九年修订的课程中,都强调这个思想:儿童是学校的中心。杜威教育哲学的影响,在这些修改的内容中是可以容易看出来的。”[③]

随着学制和课程的变化,教学方法也随之改变了,强调一切以“儿童为中心”。美国的设计教学法和道尔顿制教学法的研究试验亦被强调和推广。

二、对中国平民教育的影响

胡适、陶行知等留美学者归国,在国内大力宣传杜威的哲学,使实用主义之风盛行一时。它除了影响1922年的新学制及以后的课程设置外,还推动了我国平民教育思潮的推广。

①卫道治主编:《中外教育交流史》,长沙:湖南教育出版社,1999年版,第234页。
②王旭东:《国外中小学教育面面观》,海口:海南出版社,2000年版,第48页。
③[美]简·杜威:《杜威传》,单中惠编译,合肥:安徽教育出版社,1987版,第212页。

平民教育是由蔡元培、蒋梦麟在民国初年最先倡导的，即平民主义教育，当时称为“德谟克拉西(Democracy)教育”。民国元年，蔡元培指出教育方针应为“养成共和国健全之人格”“使五族人民均受同等教育”。邓中夏发起的，在北京大学成立的平民教育讲演团，使平民教育的思想得到了逐渐的推广。

杜威对平民主义教育作了较多的论述，形成了其平民主义教育思想体系。他从宣扬资产阶级民主出发，针对专为贵族或资本家子弟而设立的“安闲”教育，主张教育下移，教育普及，提倡平民教育。认为人人都有平等的受教育机会，人人都有权通过教育来发展他们的聪明才智。五四运动后，杜威在华以民主主义为核心的教育讲演促进了平民教育的推广。

因此，他所鼓吹的平民主义教育思想，直接影响和推动了五四时期中国平民教育运动的展开。特别是杜威的得意门生胡适极力宣传平民教育是实行平民政治的先决条件，使平民教育的声势越来越大。1919 年 9 月《教育杂志》出版了“德谟克拉西教育”专号，另外国立北平高师创办了《平民教育》周刊。1923 年 8 月，中华平民教育促进会在北京成立，同时在各省市设立分会 50 余处，这是中国平民教育运动的领导机构，它的成立标志着我国平民教育运动进入组织和实践阶段。

当时人们是把平民教育当作救国和改良社会的主要手段，希望通过平民教育来实现平民政治，从而来挽救我们的国家和民族。正如杜威所说的那样：“人们还没有在其他地方听到过像今天中国青年代表人物口中那样说的，即教育是改造中国的唯一方法。”平民主义教育集大成者首推晏阳初，而陶行知和梁漱溟等人则将平民教育运动与中国国情相结合，发展成为各具特色的乡村教育运动。

对平民教育产生的原因及杜威与平民教育运动的关系，20 世纪 30 年代就有学者指出：“平民主义教育思想的产生是德谟克拉西思想盛行的结果。所以欧美各民主共和国家，早已有此种思想的流行。中国经过数千年君主专制政体，人民思想始终在‘天下有道，庶人不议’的圈套中。所以平民主义思想的出现，仍是辛亥革命政体改革以后的事。至‘五四’运动时，欧美各种新思想尽量输入中国来，于是平民主义教育思想遂大盛。适于此时,平民主义思想的创造者杜威博士来华讲演,更给予中国社会莫大的影响。"[①]

在此特别要提到的是陶行知先生,他在推行平民教育的同时,希望通过教育的普及来改造社会,达到救国的目的。我们可以看到他的言行中包含了杜威思想中社会改造理论的成分。1928年,陶行知在南京办了一所师范学校,即晓庄师范学校,并获得了巨大的成功。与此同时,他的生活教育理论也得到了完善和发展。在他的生活教育理论中,他以极大的热情吸取杜威的实用主义教育思想中有用的东西。如他大力提倡在中国普及幼儿教育;猛烈抨击传统教育的缺陷,提倡教育的实用主义;陶行知在教学中所用"小先生"制等,这和杜威的实用主义教育思想有着密不可分的联系。但陶行知在应用的同时把一些不符合中国国情的东西加以改造,使之更加完善。通过八年的晓庄师范实验,他认为杜威的"教育即生活"理论在中国行不通,并悟出教学做合一的道理。因此他毫不犹豫地把他尊师的"学校即社会""教育即生活"的命题颠倒过来,给人以更广阔的教育天地。正如人们所称赞他的那样:他是留美归国的学生中"最彻底的中国人"。

另外,杜威教育学说在"五四"前后也开始进入了中国学校的讲坛,为更多的青年学子所熟悉和掌握。当时,杜威教育哲学为中国所有的高等师范学校和大学教育系所接受,他划时代的著作《民主主义与教育》被用作课本或参考书。与此同时,从中小学到各级师范院校,多把实用主义教育学和心理学作为教育实践的依据。许多中小学在杜威"学校即社会"口号的影响下,布置了"社会环境",提倡学生开展课外活动,如开银行、设商店、组织清洁会、慈善团、学生会、自治会、巡察团等,长期进行杜威教育实验。这极大地扩大了杜威教育学说的影响。

①任时先:《中国教育思想史》(下册),上海:商务印书馆,1937年版,第358页。

第三节　杜威教育思想对中国影响的原因

“杜威一生访问过许多国家,如墨西哥、土耳其、日本、中国和苏联,其中受影响最大的是中国。”①其原因主要有以下几点。

一、中国教育发展的需要

杜威教育理论的传播,满足了中国当时经济发展与教育改革的实际需要。众所周知，第一次世界大战的爆发使欧洲列强无暇东顾，放松了对中国的经济侵略,从而给中国民族资本主义的发展带来了“黄金时代”。民族资本主义的迅速发展使民族资产阶级迫切感到人才缺乏对实业发展的阻碍，他们除了继续依靠外籍人员和归国留学生来解决高级技术人员的短缺问题外，愈来愈寄希望于本国教育界能为他们培养更多的中、初级技术人员、管理人员乃至有一定文化水平的工人、职员、店员。

20世纪初的中国教育存在着许多弊端，集中地表现为教育脱离社会实际。“社会所需要的是做事的人才,学堂所造成的是不会做事又不肯做事的人才。”②而杜威提出的通过教育来维护民主制度、教育即生活、学校即社会、以儿童为中心、从做中学等教育观点,使教育与民主社会、生活实用紧密联系在一起。因此,他的教育学说理所当然受到中国教育家和教育工作者的热烈欢迎。

另外,20世纪初的中国,教育科举制度业已废除,新式教育亟待发展,那时的中国正需要用一种新的教育理论来指导改革教育，由于杜威的学说满足和适应了五四思想解放的时代需要,满足和适应了中国经济发展和教育改革的需要,理所当然成为广泛流行于思想文化界和教育界的一股热潮，杜威也理所当然成为舆论界关注的焦点和受知识界比较一致欢迎的外国思想家和教育家。1917年前后,杜威的教育思想和实验主义哲学随胡适、蒋梦麟、朱经农等一批留美弟子

①华东师大教育系外国教育史教研室编:《外国教育史教学参考资料》(内部使用),第457页。

②乐文、施玮主编:《胡适文集·读书与胡说》,北京:燕山出版社,1995年版,第24页。

的返国而转入了我国。“杜威的试验主义教育学说无疑给尚处彷徨的中国教育带来了新鲜的空气。”[①]

二、五四运动的推动作用

1919年爆发的五四运动是一场思想启蒙和思想解放运动，它高举科学民主大旗，批判封建专制制度，成为时代的最强音，是时代赋予思想文化界的艰巨任务。完成这些任务，需要理论的武装和思想的指导。这也正是西方各种思潮繁荣于五四时期的根本原因。而实用主义的风行一时，恰恰是因为它更加满足和适应了思想解放运动的时代需要。

以民主、科学为旗帜的爱国学生运动与教育民主化为主题的杜威讲演交相辉映，使杜威的教育思想在中国受到了极大的欢迎和推广。而五四运动中提出的破除旧思想、旧道德的口号，对接受杜威实验主义教育理论也起到了开路先锋的作用。当时杜威在中国所宣扬的美国及西方资产阶级的民主政治观念与五四新知识界对民主、自由、平等、博爱的企盼追求一拍即合。胡适曾将杜威的学说归纳为“一切带有评判精神的运动的一个重要武器”“最公平，又最厉害”。[②]用这种武器评判中国文化，则要：(1)对于习俗相传下来的制度风俗，要问“这种制度现在还有存在的价值吗？”(2)对于古代遗传下来的圣贤教训，要问“这句话在今日还是不错吗？”(3)对于社会上糊涂公认的行为与信仰，都要问“大家公认的，就不会错了吗？人家这样做，我也该这样做吗？难道没有别样做法比这个更好，更有理，更有益吗？”[③]胡适的这段话实际从思想解放的意义上概括了实用主义所具有的批判怀疑精神及其对中国旧思想、旧礼教、旧的社会秩序的挑战意义，从一个侧面回答了实用主义在中国五四时期风行一时的原因。[④]

三、杜威弟子及中国学者的极力宣传

实用主义学说的广为流传与杜威的一批中国弟子的努力鼓吹也分不开。为了让中国的思想界对杜威及其哲学理论有些了解，为杜威在华的讲学做好准备，

①卫道治主编：《中外教育交流史》，长沙：湖南教育出版社，1999年版，第213页。

②葛懋春、李兴芝：《胡适哲学思想资料选》（上册），上海：华东师范大学出版社，1981年版，第182页。

③胡明著：《胡适作品新编》，北京：人民文学出版社，2009年版，第245页。

④胡适：《新思潮的意义》，《新青年》第7卷第1号。

南京高等师范学校的杜威弟子更是纷纷撰写介绍文章，加强舆论宣传。陶行知首先于 1919 年 3 月 31 日在《时报》“教育周刊·世界教育思潮”栏目中发表《介绍杜威先生的教育学说》一文，简要介绍了杜威的生平、著作及其实用主义教育思想，并极力推崇杜威为“当今的大哲学家，也是当今的大教育家”，并用大量的篇幅介绍其平民教育理论与代表著作，让人们对杜威的教育思想有个大概的了解。

1919 年 2 月，由江苏省教育会联合南京高等师范学校等五团体发起的《新教育》创刊，该杂志出版了《杜威号》（第 1 卷第 3 期，1919 年 4 月 20 日发行），集中刊登了一批介绍杜威学说的文章，其中郑晓沧翻译的《杜威氏之教育主义》是该杂志首篇介绍杜威思想的文章，紧接着《杜威号》上又登载刘伯明的《杜威之伦理学》和朱进的《教育与社会》两文。[①]此外，《新潮》《晨报》《时事新报·学灯》等报刊也刊登了一大批介绍杜威学说的文章。

在五四新文化舞台上十分活跃的胡适、蒋梦麟、傅斯年等自由派知识分子对杜威及其学说更是服膺有加，大力鼓吹和传播。为在杜威到来前介绍其人其学，1919 年 3 月及 5 月初，胡适在北京和上海分别对实用主义做了系统介绍和评述。杜威在华讲学期间，他的弟子及中国学者也写了大量有关杜威实用主义哲学理论及教育思想的文章和书籍，如刚才所提到的陶行知的《介绍杜威的教育学说》、胡适的《谈谈实验主义》、常道直的《杜威教育哲学》和《平民主义教育》、邹恩润的《民本主义与教育》等，促进了杜威思想在中国的传播。由于胡适、陶行知、蒋梦麟等在当时国内都是教育文化界的名人，他们也是杜威的学生，由他们助威，杜威的讲学自然事半功倍。

总之，杜威对中国的影响在于成功地推动了包括学制改革、平民教育、乡村教育、职业教育等多方面尝试的教育改革运动，将美国的学校组织形式、课程、教材和教学方法大量地介绍进来。在一些大城市里，建立了实验学校或“杜威学校”，采用了设计教学法、道尔顿制等一些新的教学方法；还出版了许多新的教育著作和杂志，一些著名的西方教育名著也翻译了过来。因此，他对中国教育的影响是很大的。杜威的学生胡适曾经说过：“自从中国与西洋文化接触以来，没有一个外国学者在中国思想界的影响有杜威这样大。”[②]我想他的评价是恰当的。

---

①王剑：《杜威、孟禄的中国之行与东南大学》，《东南大学学报》（哲学社会科学版）2002 年第 4 卷第 3期，第 22 页。

②胡适：《胡适文选》，上海：亚东图书馆，1920 年版，第 13 页。

参考文献

[1]托克维尔.论美国的民主[M].董果良,译.北京:商务印书馆,1988.

[2]约翰·杜威.经验与教育[M].姜文闵,译.台北:五南图书出版公司,2001.

[3]吕达,刘立德,邹海燕主编.杜威教育文集:第五卷[M].北京:人民教育出版社,2008.

[4]吕达,刘立德,邹海燕主编.杜威教育文集:第一卷[M].北京:人民教育出版社,2008.

[5]约翰·杜威.新旧个人主义——杜威文选[M].孙有中,蓝克林,裴雯,译.上海:上海社会科学院出版社,1997.

[6]理查德·D·范斯科德,理查德·J·克拉夫特,约翰·D·哈斯.美国教育基础(——社会展望)[M].北京师范大学外国教育研究所,译.北京:教育科学出版社,1984.

[7]凯瑟琳·坎普·梅休,等.杜威学校[M].王承绪,赵祥麟,赵端瑛,顾岳中,译.北京:教育科学出版社,1991.

[8]劳伦斯·A·克雷明.美国教育史:城市化时期的历程 1876~1980[M].朱旭东,等译.北京:北京师范大学出版社,2002.

[9]劳伦斯·阿瑟·克雷明.学校的变革[M].单中惠,马晓斌等译.上海:上海教育出版社,1994.

[10]罗伯特·威斯布鲁克.杜威与美国民主[M].王红欣,译.北京:北京大学出版社,2010.

[11]杜威.杜威的五大演讲[M].胡适,译.合肥:安徽教育出版社,2005.

[12]约翰·杜威.我们怎样思维·经验与教育[M].姜文闵,译.北京:人民教育出版社,1991.

[13]约翰·杜威.人的问题[M].傅统先,邱椿,译.上海:上海人民出版社,1965.

[14]约翰·杜威.杜威全集:早期著作(1882~1898):第五卷[M].杨小微,罗德红,等译.上海:华东师范大学出版社,2010.

[15]约翰·杜威.杜威全集:中期著作(1899~1924):第三卷[M].徐陶,译.上海:华东师范大学出版社,2010.

[16]约翰·杜威.杜威全集:中期著作(1899~1924):第八卷[M].何克勇,译.上海:华东师范大学出版社,2012.

[17]约翰·杜威.思维与教学[M].孟宪承,俞庆棠,译.上海:华东师范大学出版社,2010.

[18]约翰·杜威.道德教育原理[M].王承绪,译.杭州:浙江教育出版社,2003.

[19]约翰·杜威.民主主义与教育[M].王承绪,译.北京:人民教育出版社,1990.

[20]约翰·杜威.哲学的改造[M].许崇清,译.北京:商务印书馆,1958.

[21]约翰·杜威.学校与社会·明日之学校[M].赵祥麟,任钟印,吴志宏,译.北京:人民教育出版社,1994.

[22]约翰·杜威.杜威教育论著选[M].赵祥麟,王承绪,编译.上海:华东师范大学出版社,1981.

[23]褚洪启.杜威教育思想引论[M].长沙:湖南教育出版社,1997.

[24]单中惠:现代教育的探索——杜威与实用主义教育思想[M].北京:人民教育出版社,2001.

[25]康·梅里维尔.美国的实用主义[M].郭力军,译.上海:上海人民出版社,1958.

[26]孙有中.美国精神的象征——杜威社会思想研究[M].上海:上海人民出版社,2002.

[27]滕大春主编:外国教育通史:第五卷[M].济南:山东教育出版社,1993.

[28]单中惠,王凤玉编.杜威在华教育讲演[M].北京:教育科学出版社,2007.

[29]卫道治主编.中外教育交流史[M].长沙:湖南教育出版社,1999.

[30]吴式颖主编.外国教育史教程[M].北京:人民教育出版社,1999.

[31]杨光富.西方著名教育家的成长之路[M].上海:华东师范大学出版社,2016.

[32]袁刚,孙家祥,任丙强编.民治主义与现代社会?杜威在华讲演集[M].北京:北京大学出版社,2004.

[33]赵祥麟,王承绪编译.杜威教育论著选[M].上海:华东师范大学出版社,1981.

[34]赵祥麟主编.外国教育家评传:第二卷[M].上海:上海教育出版社,1992.

[35]张宝贵.杜威与中国[M].石家庄:河北人民出版社,2001.

[36]布鲁纳.杜威教育哲学之我见[J].伟俊,钟会译.外国教育研究,1985(4).

[37]单中惠.杜威的反思性思维与教学理论浅析[J].清华大学教育研究,2002(1).

[38]高玲.教育的实验室:杜威学校[J].教育科学研究,2016(3).

[39]王剑.杜威、孟禄的中国之行与东南大学[J].东南大学学报:哲学社会科学版,2002(3).

[40]杨光富.杜威的职业教育思想[J].湖南师范大学教育科学学报,2016(3).

[41]杨光富.重温杜威:创新教育之源[J].上海教育,2005(3A)<http://www.cqvip.com/QK/80550X/200503A/>.

[42]杨光富.杜威《民主主义与教育》中的课程观[J].新课程学习:中旬,2014(11).

[43]杨光富.杜威与实用主义教育思想研究的里程碑——《现代教育的探索——杜威与实用主义教育思想》评介[J].外国教育研究,2003(5).

[44]元青.杜威的中国之行及其影响[J].近代史研究,2001(2).

[45]赵卫.杜威的职业教育思想及其现实意义[J].教育研究与实验,1988(3).

[46]赵祥麟.重新评价实用主义教育思想[J].华东师范大学学报：哲社版，1980(2).

[47]朱丽莉.美国社会转型下的约翰·杜威实用主义教育思想[D].华东师范大学，2006.

[48]Arthur G.Wirth.John Dewey as Educator, His Design for Work in Education (1894-1904)[M].New York :John Wiley & Sons, Inc., Preface, 1966.

[49]Forrest H.Peterson.John Dewey ' s Reconstruction in Philosophy[M]. New York :Philosophical Library, 1987.

[50]George Herbert Eastman. John Dewey on Education: The Formative Years[M]. Harvard University, 1963.

[51]Henry J.Perkinson.Two Hundred Years of American Educational Thought[M]. New York :Mckay, 1976.

[52]Jane M.Dewey.Biography of John Dewey.The Philosophy of John Dewey[M]. Evanston and Chicago: Northwestern University, 1939.

[53]John A.Garraty. The American Nation Since 1865:A History of United States[M]. NewYork: Hraper and Row, 1966.

[54]John Dewey. Democracy and Education[M]. New York:The Macmillan Company, 1916.

[55]John Dewey. School and Society[M]. Chicago:The University of Chicago Press, 1907.

[56]John Dewey.Creative Democracy—The Task Before Us,The Later Works, Vol.14 [M]. Carbondale and Edwardsville: Southern Illinois University Press, 1984.

[57]John Dewey.The Public and Its Problems,The Later Works, Vol.2[M].Carbondale and Edwardsville: Southern Illinois University Press, 1988.

[58]Larry Cuban. How Teachers Taught: Constancy and Change in American Classroom, 1890~1980[M]. New York: Longman, 1984.

[59]Lawrence A. Cremin. The Transformation of the School, Progressivism in American Education, 1876~1957[M]. New York: Vintage Books, 1964.

[60]Max Eastman. Heroes I Have Known, Twelve Who Lived Great Lives[M].New

York: Simon and Schuster, 1942.

[61]Mayhew, K.C., Anna, C.E. The Dewey School[M]. New York: Appleton-Century, 1936.

[62]Richard S.Peters.John Dewey Reconsidered[M]. London : Routhedge &Kengan Paul, 1977.

[63]William W.Brickman and Stanley Lehrer. John Dewey: Master Educator[M]. New York: Atherton, 1961.

[64]Ellen Condliffe Lagemann. Experimenting with Education: John Dewey and Ella Flagg Young at the University of Chicago [J]. Journal of Education, Vol. 104, No. 3 (May, 1996).

[65]George Dykhuizen.John Dewey at John Hopkins (1882~1884)[J], Journal of the History of Ideas. 1961, 22(1).

[66]John Dewey. The university school[J]. University Record, Vol. I, 1897.

[67]John Dewey. University elementary school[J]. University Record, Vol.II, 1898.

[68]John Dewey.The Public and Its Problems, The Later Works, Vol.2[M].Carbondale and Edwardsville: Southern Illinois University Press, 1988.

[69]Katherine Camp. Primitive history in primary groups of the laboratory school[J]. The Elementary School Teacher, Vol.3(1902~03).

[70]Michael Knoll. John Dewey as Administrator: the Inglorious End of the Laboratory School in Chicago[J]. Journal of Curriculum Studies, 2015(2).

[71]Ralph Tyler. The Long-term Impact of the Dewey School[J]. The Curriculum Journal, 1992(2).

[72]Robert L. Mccaul. Dewey' Chicago[J]. The School Review, 1959, 67(2).

后 记

2016年1月,我受山西出版传媒集团《新课程》杂志社的邀请,参加了“教育薪火”书系的撰写工作。按照编写计划,第一辑丛书要研究的中外教育家有100余名,由于我接到任务的时间较晚,可供我选择的教育家已经所剩无几,正准备放弃之时,出版社决定让我写美国教育家杜威。

杜威是世界著名的哲学家、教育家,是国内外学者研究的热点人物,因此研究他的文章和著作非常多。我虽也陆续发表了若干篇关于杜威的学术论文,但若让我这个无名之辈选择这样一个大家进行研究,并且还要写出一本几十万字的专著,无疑具有很大的挑战。虽有犹豫与不安,但最终我还是“斗胆”接下了这项研究任务。

由于交稿时间紧迫,加之个人精力与能力有限,我特地邀请了几位对杜威教育思想研究感兴趣,并有一定研究基础的老师和研究生加入了本书的研究与撰写行列。本书的撰写人员主要有:华东师范大学教育学部教育学系副教授杨光富博士、中国社会科学院大学教务与科研处助理研究员高迎爽博士、上海开放大学发展研究部讲师沈岚霞博士、华东师范大学教育学部教育学系在读研究生朱治军博士、黄梦婉博士以及于婷同学。

本书的研究思路和主要框架由我负责设计,全书以“杜威实用主义教育思想”为研究主线,共分十一章内容。各部分撰写者分别为:前言、第一章、第三章、第六章、第十章、第十一章、后记,杨光富;第二章、第五章,于婷;第四章,朱治军;第七章,黄梦婉;第八章,高迎爽;第九章,沈岚霞。我的研究生陈凡、于婷、戴元智、郑丽和卢纪垒等几位同学参与了前期资料的搜集及后期书稿的校对工作。本书是大家集体智慧的结晶,共同努力的结果。正是上述老师和同学们共同的不懈工作,才使得书稿如期完成。

感谢山西出版传媒集团《新课程》杂志社对我的信任,让我有机会参与丛书的研究与撰写工作,感谢《新课程》杂志社编辑孙彦君老师在本书写作过程中给予的指导、鼓励与宽容。同时也感谢本书的编辑所付出的辛苦劳动。

尽管我们已经尽了最大的努力，但由于才学所限，加之各位撰写者风格各异,呈现给读者的这部书稿肯定存在不少值得改进的地方,在此恳请学界前辈、各位同仁批评指正。

杨光富